尝试是一种教学方法，

尝试是一种教育思想，

尝试是一种精神，

尝试是教育改革的核心理念，

人的一生是在不断尝试中成长。

——邱学华

· 教育家成长丛书 ·

邱学华
与尝试教育人生

QIUXUEHUA YU CHANGSHI JIAOYU RENSHENG

中国教育报刊社·人民教育家研究院 组编
邱学华 著

北京师范大学出版集团
BEIJING NORMAL UNIVERSITY PUBLISHING GROUP
北京师范大学出版社

图书在版编目（CIP）数据

邱学华与尝试教育人生/邱学华著；—中国教育报刊社人民教育家
研究院组编 . —北京：北京师范大学出版社，2015.10（2024.8重印）
（教育家成长丛书）
ISBN 978-7-303-17205-4

Ⅰ.①邱… Ⅱ.①邱… Ⅲ.①邱学华—尝试教育—人生
Ⅳ.①G623.502

中国版本图书馆 CIP 数据核字（2013）第 248534 号

图 书 意 见 反 馈　　gaozhifk@bnupg.com　010-58805079
营 销 中 心 电 话　　010-58802135　010-58802786
北师大出版社教师教育分社微信公众号　　京师教师教育

出版发行：北京师范大学出版社　www.bnup.com
　　　　　北京市西城区新街口外大街 12-3 号
　　　　　邮政编码：100088
印　　刷：北京虎彩文化传播有限公司
经　　销：全国新华书店
开　　本：787 mm×1092 mm　1/16
印　　张：21.75
字　　数：350 千字
版　　次：2015 年 10 月第 1 版
印　　次：2024 年 8 月第 3 次印刷
定　　价：70.00 元

策划编辑：伊师孟　　　　责任编辑：倪　花
美术编辑：焦　丽　　　　装帧设计：焦　丽
责任校对：陈　民　　　　责任印制：马　洁

教育家成长丛书

编委会名单

总　序

　　教育是国家发展的基石，教师是基石的奠基者。古人云："国将兴，必贵师而重傅。"兴国必先强教，强教必先重师。党中央、国务院高度重视教师队伍建设。2013年教师节，习近平总书记在给全国广大教师的慰问信中指出："百年大计，教育为本。教师是立教之本、兴教之源，承担着让每个孩子健康成长、办好人民满意教育的重任。"2014年，在第30个教师节前夕，习总书记到北京师范大学视察并发表重要讲话，指出："一个人遇到好老师是人生的幸运，一个学校拥有好老师是学校的光荣，一个民族源源不断涌现出一批又一批好老师则是民族的希望。"《国家中长期教育改革和发展规划纲要（2010—2020年）》也明确提出，"有好的教师，才有好的教育"，要"努力造就一支师德高尚、业务精湛、结构合理、充满活力的高素质专业化教师队伍"。"倡导教育家办学"，要创造有利条件，鼓励教师和校长在实践中大胆探索，创新教育思想、教育模式和教育方法，形成教学特色和办学风格，造就一批教育家。"两个一百年"奋斗目标的实现、中华民族伟大复兴中国梦的实现，归根结底要靠人才、靠教育，而支撑起教育光荣梦想的，是千百万的教师。

　　时代呼唤好老师。有一流的教师，才有一流的教育；有一流的教育，才有一流的国家。出名师、育英才、成伟业，是时代赋予我们教育战线的神圣使命。"所谓大学者，非谓有大楼之谓也，有大师之谓也。"好学校、好教育的最重要标准，就是要有好老师。一所学校、一个地区，乃至一个国家，如果教师有理想、有爱心、有学识、有高超的教育艺术，那么即使硬件设施有些简陋，家长、学生也会心向往之。教师是中国梦的奠基者。教师的重要使命，就是为每个孩子播种梦想、点燃梦想，并帮助他们实现梦想。每一间平凡的教室，每一节朴实的课，都不仅是知识的传递，而且是人类文明精神的接续、人生梦想的起航。正是有亿万个孩子梦想的放飞、绽放，中国梦才更加光彩夺目。如果说中国梦最坚实的土壤是学校，那么教师就是最伟大的"筑梦师"，他们用默默无闻、孜孜不倦的智慧劳动，让每一颗年轻的心灵都与中国梦激情相拥。

倡导教育家办学，造就一批好老师，首先要尊重、珍惜我们的本土智慧、本土创造。教育家不是凭空产生的，而是扎根于自己的民族文化土壤，同时吸收人类文明成果，从而创造出独特而生动的教育实践、教育智慧和教育文明。五千年源远流长的中华文明，不但形成了有我们民族特色的教育理论体系，而且涌现出了千千万万优秀的教育家，有被推崇为"大成至圣先师""万世师表"的孔子，有"匹夫而为百世师，一言而为天下法"的韩愈，有"捧着一颗心来，不带半根草去"的人民教育家陶行知，等等。改革开放 40 年来，随着教育改革的不断深入，教育战线涌现出了一大批杰出教师。他们痴情于教育事业，坚守理想信念和教育良知，在三尺讲台上默默耕耘、刻苦钻研，同时以敢为天下先的精神大胆创新，不断进取、不断超越，形成了各具特色的教育思想和教学风格。正是他们的成功探索和实践，创造了具有中国风格的教育经验，丰富了具有中国特色的教育理论宝库。原由教育部师范教育司组织编写，现由中国教育报刊社人民教育家研究院组织编写的"教育家成长丛书"，就是要向这些宝贵的本土创造性的教育经验致敬。

当前，教育领域综合改革正在深入推进，考试招生制度改革的大幕已经拉开，立德树人、培育和践行社会主义核心价值观成为大中小学教育的头等任务。可以预见，中国教育将发生深刻的变革，将从"中国制造"向"中国创造"转变。"没有革命的理论，就没有革命的运动。"没有适合中国土壤、具有中国智慧的教育理论，就不可能为未来的中国教育改革提供有效的指导。我们的教育要向"中国创造"飞跃，必然要首先创造属于我们自己的教育理论，而不是"言必称希腊"或者老是贩卖欧美的教育理论。170多年前，美国思想家、诗人爱默生发表了著名演说《美国学者》，号召美国知识界："我们依赖旁人的日子，我们师从他国的长期学徒期时代即将结束。在我们周围，有成百上千万的青年正在走向生活，他们不能老是依赖外国学识的残余来获得营养。"由此，美国迈入精神立国阶段。

如今，我们也面临与爱默生同样的情形。随着我国GDP已从世界第二向第一迈进，我们要自觉养成强烈的"中国意识"，独立的中国文化品格，并由此去环视世界，去改造本土实践，去创造属于我们自己的精神养料——这在教育界显得尤为紧迫。"教育家成长丛书"，旨在把我们本土教育实践中蕴含的中国智慧提炼出来，从而形成具有时代意义的中国特色的教育话语体系，再以此去观照、引领、改造中国的教育实践，为伟大的教育改革提供经验、理论支持，也为未来的教育家提供丰富、可资借鉴的精神养料。

让我们为中国教育的伟大未来一起努力吧！

2018 年 3 月 9 日

前　言

　　见证着中国基础教育半个世纪的春华秋实，代表着中国基础教育教学成果的最高成就——"首届基础教育国家级教学成果奖"，闪耀着李吉林、窦桂梅、吴正宪、张思明、洪宗礼、唐江澎、邱学华、于永正、孙双金、薄俊生、龚春燕等一大批优秀教师的名字。而上述这些教师杰出代表恰恰都是《人民教育》"名师人生"栏目中最受读者喜爱的名师，都是"教育家成长丛书"的作者。

　　"教育家成长丛书"（以下简称"丛书"），是在第 20 个教师节前夕，为了研究、总结、宣传和推广我国众多优秀中小学教师的先进教育思想和鲜活宝贵的教育教学经验，培养造就一大批德才兼备的优秀教师和杰出的教育家，促进教师队伍整体素质的提高，根据教育部党组安排，由师范教育司组织编写的一套凝聚着一大批教育家成长智慧的大型教育丛书。

　　"丛书"自 2006 年问世以来，不但得到国务院和教育部领导同志的高度重视，而且先后印刷多次尚不能满足广大读者的需求。这其中的奥秘何在？

　　当你翻开"丛书"，每一部著作都讲述着一位教育家成长的故事。这些著作主要从"成长历程""思想概述""课堂实录"和"社会反响"等方面全景式反映其教育思想、教育智慧、专业精神和专业人格的形成过程与教学实践过程。这是教育家成长的基本素质所在。

　　当你沿着教育家成长的足迹走近他们的时候，你会融入这些带有"草根色彩"、扎根中华教育实践大地、充满田野芳香的真实感人的教育故事中。

当你从"丛书"中，从这些当年和自己一样的普通教师，成长为今天受人尊敬的教育家的成长过程中受到启迪，当你触摸着自己的心，把学生的成长和祖国的未来紧紧连在一起的时候，你会真切地感受到教育家离我们并不遥远。

当你用整个身心蘸着自己的生活积累去品味"丛书"中的每一部著作的"成长历程"时，在一位位名师不断学习、不断超越自我、不断超越学科教学的求索足迹中，你会读懂"教育是事业，其意义在于奉献"的丰富内涵。

当你研读"丛书"中的每一部著作的"思想概述"，和每一位名师展开心灵对话的时候，都会深深地感受到，一名教师对教育独立的理解与执着的追求有多么重要。从一名普通的教师成长为受人尊敬的教育家的过程中，你会读懂"教育是科学，其价值在于求真"的深刻含义。透过"丛书"，你会看到一代代教师用爱与智慧塑造民族未来的教育理想。

随着我们从"知识核心时代"走向"核心素养时代"，教师教育教学活动的视野已拓展到人的生存与发展的方方面面。教师要结合自己的教学实践去感悟"教育理念是指导教育行为的思想观念和精神追求"，应该把爱化为自己的教育行为，让爱充盈课堂，触摸到一个个灵动的生命，让爱产生智慧，让爱与智慧在学生心中留下岁月抹不去的美好回忆，让教育者和受教育者都感受到教育的幸福。这是"丛书"给我们的启示，也是每位教师应有的胸怀和视野。

时代呼唤教育家。为了进一步把我们本土教育实践中蕴含的中国智慧提炼出来，从而形成具有时代意义的中国特色的教育话语体系，以此去观照、引领、创新中国的教育实践并在更大范围加以推广，"丛书"将由中国教育报刊社人民教育家研究院继续组织编写，希望能够在更广大教师的心田中播种教育家成长的智慧，从而出更多的名师，育更多的英才，成就中华民族复兴的伟业。这是时代赋予广大教育工作者的神圣使命。如果广大教师能在每位教育家成长、探索教育智慧的过程中受到启迪，形成自己的教育智慧，则实现了我们编辑这套"丛书"的初衷。

"教育家成长丛书"
编委会
2018 年 3 月

目 录
CONTENTS
邱学华与尝试教育人生

[我的成长之路]

[我的教育观]

走进课堂

众家评说

附　录

我的成长之路

"人生七十古来稀"，这是中国人的一句老话。而今在我们中国，像我这样古稀之年的人比比皆是。

回首往事，历历在目。八十春秋，风风雨雨。虽几经波折，道路坎坷，但在成长的道路上不断尝试，不断成功。虽尝尽人间甜酸苦辣，但也享受了尝试成功的喜悦。我的一生同"尝试"两字结下不解之缘。我没有读过师范却要当小学教师，高中才读半年却要考大学，还是个大学生却要编写大学教材，没有读过数学系却要当中学数学教师，教育理论界崇洋之风太盛我却搞中国特色的尝试教学理论……我什么都敢于"尝试"。我用了50多年时间进行"尝试"教学研究，从"尝试"教学法到"尝试"教学理论，再到尝试教育理论又因执着于"尝试"教学研究而成名成"家"。我曾在《人民教育》杂志上发表一篇文章题为《笑谈尝试人生》，因此，本书书名就叫《邱学华与尝试教育人生》。第一篇 我的成长之路，阐明我对尝试教学研究的轨迹，抒发我对尝试人生的感悟。

一、尝试当小学教师

　　16 岁当农村小学代课教师，开始了我的教育生涯。在小学我当过班主任、教导主任、校长，各个年级各门学科我都教过，特别对算术教学产生了浓厚兴趣，五年的小学教师生涯，奠定了教学实践的基础，使我萌发了教育梦。

　　1951 年，我刚满 16 岁，就在江苏省武进县一所农村小学开始了我的教学生涯。这是我尝试人生的起点，所以必须从当小学代课教师谈起。我怎么会当小学教师，也是取决于一次偶然的机会。

　　1950 年，我考取了省立常州中学高中部。常州中学是江苏省一所很有名的中学，将来考大学是没有问题的。当时我曾梦想当工程师、科学家。

　　1951 年家庭发生了变化，经济困难，我不能再继续读书。为了尽快找到工作，辍学后我进了会计训练班，准备通过几个月的速成，随便到哪家店铺或是工厂去寻个会计活，也好早早挑起家庭生活的担子。

　　这一年盛夏的一个晚上，我正"噼里啪啦"地在家汗流浃背地练习打算盘，姐姐的一位好朋友到我家来玩。她那时已在武进县郑陆桥的塾村中心小学当老师，让我觉得很有点了不起，手里打着算盘耳朵却在偷听她和姐姐的交谈。当我听说她所在学校缺教师，想介绍姐姐去代课，姐姐因胆怯不敢前去应聘时，我眼前一亮，壮大胆子插上去对她道："那，姐姐，能不能让我去试一试？"就这样，第二天我就带上简单的行李跟她下乡，尝试着去当我一直十分敬仰的教师了。在人生的道路上，一个偶然的机会往往能改变人的一生。想来，要是没有姐姐那位好朋友偶然中为我提供的这个机会，我现在肯定不可能成为桃李满天下的教师，说不定当了一辈子的会计师了。

在武进县塾村中心小学门口

　　从常州轮船码头坐了一下午轮船到达郑陆桥，又再步行将近一小时路程来到塾村中心小学时，太阳已经落山了。学校是利用旧祠堂改建而成的。里面到处黑咕隆咚的，只有办公室亮着煤油灯。教室的角落里还停放着一口空棺材，看上去怪吓人的。放下行李，立即跟着走进办公室去见校长。校长听说我才16岁，满脸稚气嘴上没毛，板起个脸显得很不高兴。碍于姐姐那位好朋友的情面，同时也因急缺老师，便答应让我先代课试试再说。校长安排我去上五年级的算术课，同时兼教体育、图画课。

　　当天晚上，在昏暗的煤油灯下，面前摆一本教科书、一本备课笔记，开始了生平第一次备课。想想明天就要走上讲台，心里抑制不住兴奋之情。说也奇怪，当时我并不慌张。我想了一夜，想到小孩子喜欢听故事，就从讲故事开始吧。

　　当我踏着上课铃声走进教室，随着学生班长的一声"立正"，只见齐刷刷站起来几十个和我个头差不多高的学生，有的甚至还比我高半个头，心里吓了一大跳。他们都用怀疑的眼光看着我，看着与他们同龄的老师。这时，有的学生开始交头接耳，有的学生开始骚动起来。当时我非常镇定，先介绍了自己，然后笑着对大家说："今天是我第一次站到讲台上给同学们上课，作为见面礼，讲几个故事给大家听。"教室里一下就安静起来，学生们开始用好奇的眼光看着我。随着故事的跌宕起伏，不时还传出同学们的笑声。校长对我上课并不放心，特地从教室门口走过，但看到学生都安静地在听我讲"课"，满意地笑了。

　　在中学里我当班干部的经历帮了大忙，帮我渡过没有备课也无法备课的第一课的难关。转眼间60多年过去了，生平第一课的情景至今仍记忆犹新。回想起来还真有意思，我竟把算术课上成故事课。现在从教育理论的观点来分析，是先同学生建立起感情，使学生产生良好的第一印象。可当时根本不会想到这些，只是逼上梁山的"绝招"而已。

　　这一招可真灵，他们很快就喜欢上我的课了。从同学们的眼光中，我不但看到敬佩，甚至还能读出一点崇拜来。上算术课，我没有一点"师道尊严"的架势，同学们有问题只管问，我对他们也比较尊重；上图画课，结合画画讲一些古代书画家的故事，让他们感到我肚皮里全是学问，又画得一手山水花鸟；上体育课，带他们打篮球做游戏，我在中学读书时是校篮球队员，学到的本领派上了用场；课外活动时，我带着学生到学校附近爬山做游戏，组织他们开展各种比赛。校长常对别的老师说："别看小邱同志年龄不大，拿学生倒蛮有办法的。"这样，我就在墅村中心小学正式留下当上了一名教师。

我没有进过师范学校，只能通过模仿尝试着怎么样去当好一名教师。那时还不时兴听课，也没人对我进行专门辅导，但我听过父辈讲过他们怎么"偷来拳头学本事"的经历，于是，没课的时候我常常会一个人偷偷站在教室外面听老教师上课，学习他们的一招一式。那些老教师也并不保守，只要有问题请教，他们也总是耐心给以指导。当上小学教师后，自己赚到了一点津贴，趁难得回常州老家的机会，到新华书店买书。当时出版的教师用书很少，所以最大的快乐就是能在新华书店寻找到对我有用的各种参考书，晚上在煤油灯下如饥似渴地学习。我立下志愿要当一名好教师，受学生欢迎的教师。

不知什么缘故，本来对我将信将疑的校长后来竟特别喜欢我，第二年我就被他提拔为教导主任。这时，我才刚满17岁，在教师中年龄最小，如何能领导得了全校的教师呢？在老校长的鼓励下，我还是挑起了他交给我的这副担子。想来想去，最好的办法就是嘴巴甜一点，手脚勤快点，扫地烧水的活样样抢着干。当上教导主任后，学校排课时，我总是先让别的老师挑课，剩下的课全由我大包大揽，因此小学各个年级的各门功课我都上过。大都是一边学，一边教。最难的是教音乐课，要弹风琴，光看书不行，星期天就一个人把自己关在学校里，从早到晚练习弹风琴。我也从此喜欢上了音乐，无师自通地拉二胡吹笛子。人生没有哪段路是白走的，只要你用心去走，只要你大胆去尝试，没有走不通的、没有学不会的。虽说从小吃过不少苦，但现在想想我的吃苦耐劳精神就是在墅村小学养成的。

那时，虽说当上正式教师，每月却没有工资拿，由国家发一点津贴。学生交学费没有现金，大都到年底用粮食、猪肉代替，过年时教师就每人分点带回家。学校没有食堂，我们这些当教师的一日三餐在学生家中轮流吃饭，当地农村里叫吃"供饭"，每学期低年级学生供一天、中年级学生供两天、高年级学生供三天以抵作学费。这样，我们天天接触农民群众，到农民家里做客。江南农村有尊师重教的风气，对教师很尊重，遇到供饭那天，总要设法弄点好菜招待教师。

我渐渐地喜欢学校，喜欢农村了。虽说郑陆桥离常州只有几十里路，一年到头我难得回家，就连寒暑假也在墅村吃百家饭。过年了，乡亲们经常排演当地的锡剧，我不会唱，就帮他们画布景，搭布景，有时乐队缺人，我就帮腔敲敲锣鼓拉拉琴。

塾村小学五年，使我真切地了解了社会，对农村产生了深厚的感情，不但许多学生将我这位小先生当成他们的知心朋友，而且还有许多农民成为我的忘年交。这段经历，对我一生产生了重大影响，后来当我成为大学教师，我还是喜欢和小学生在一起，有事没事还是喜欢往农村跑，和农民交朋友。这种农村情结，这种草根情结，或许也是我的成功之道吧！

我上算术课的时候，遇到一个十分头痛的问题，不管我怎么想办法教，怎么告诫学生不要粗心，学生还是经常算错。怎么办？我买到一本苏联普乔柯的《小学算术教学法》，真是欣喜若狂。普乔柯认为，口算教学有非常重要的意义，加强口算练习可减少学生计算错误。他还在书中介绍了一种口算练习条，练习时挂在黑板上，各条的位置可以调换，可以组成很多口算题目，省去教师书写小黑板或做口算卡片的麻烦。从此，我有意识地对学生加强了口算训练，并依样画葫芦在课堂上使用起普乔柯介绍的这种口算练习条，没想到真的产生了意想不到的效果，就连班里再粗心的学生通过这样的训练也不大会算错了。一学期后，我发现使用不方便，口算条挂在黑板上，学生看不清，又因学生一会儿抬头看题，一会儿埋头做题，影响计算速度，也影响他们集中注意力。能不能将它改成一张表格，给每个学生发一张，让他们照着表练习口算呢？口算表的构思一旦形成，我是吃饭也想，走路也想，睡觉也想，真的达到废寝忘食的地步。这样很快设计出第一张口算表，边使用，边修改。嗣后，我还按照各年级的不同需要，设计各种不同的口算表。从此，塾村小学的数学成绩得到大幅提高，我的名气也在全县慢慢传开，还由此受到武进县文教局的表扬。我的处女作《一张可以组成近万道题的口算表》就是在这时写成的，尔后在《江苏教育》杂志上公开发表。"口算表"可算是我的第一个发明。

我当过班主任、少先队辅导员。回想起来，当时工作特别认真，各项工作都有工作笔记，有班主任工作笔记，辅导员工作笔记，直到现在还保存着。在班主任工作笔记中，有问题儿童的档案记载，详细写着他的家庭情况，有什么特点，造成问题儿童的原因，采用哪些解决办法，等等。在少先队辅导员工作笔记中，有历年的工作计划，主题活动计划，工作总结等。我搞了不少有趣的主题活动。印象深刻的有两次，一次叫"登山夺红旗活动"，全班分成两队登山，沿路要扫除地雷（预先埋在石块底下的题目，必须解答后方能前进），看哪队先登上山顶夺取红旗；一次是放风筝比赛，各小队预先自己制作风筝，比赛时根据制作风筝的水平，放得高低而评分。孩子在活动中个个欢蹦跳跃，兴奋不已。当时我就深切地体会到，教育孩子靠说教收效不大，通过他们喜爱的活动，让他们自己教育自己。由于少先队工作出色，我被评为武进县优秀辅导员。

在塾村中心小学和少先队员在一起

新中国成立初期，很多教师没有受过专业训练，为了提高大家的业务水平，各辅导区办起星期日学校，利用星期日半天时间把教师集中起来学习，采用兵教兵的办法，能者为师。大家推举我担任辅导教师给大家讲课，讲算术教学，讲少先队工作。那时虽然没有聘请专家讲课，但大家学得非常认真，星期日学校办得红红火火。

1954年，我加入共青团的愿望实现了。因家庭出身不好，我的入团申请曾几次讨论都不能通过，后来经过自己出色的工作表现，又有焦溪区政府文教助理员戴祖琪主动当我的入团介绍人，总算在团支部讨论通过。我成为一名光荣的共青团员，给了我极大的鼓舞，从此我坚定了这样的信念：尽管我的人生道路没有别人平坦，但只要我付出比别人更多的努力，一定会达到目的的。

1955年，老校长调离了。县文教局任命我当塾村中心小学校长。那时学校已扩大到7个班，有10位教师，还要管理4所村校。我仍坚持上两个班级的算术，还有历史、地理、音乐、美术课。

五年的农村小学教师生涯，对我来说太重要了，它是我尝试人生的起点，它确立了我一生的追求，它使我同小学结下了不解之缘，它奠定了我搞教育理论研究的实践基础。

二、尝试当大学生

在小学五年，我有许多问题解决不了，为什么辛辛苦苦，教学质量还不高，能不能找到一种教师教得轻松，学生学得愉快，教学质量又很高的教学方法。我怀着这个教育梦决定报考大学。进华东师大教育系深造，读了大量的教育理论著作，打下了较为扎实的理论基础，教育科研工作开始起步。

20岁就当上了中心小学校长，是全县最年轻的中心小学校长，许多人羡慕不已，真是春风得意。可是我却开始酝酿新的目标。在小学摸爬滚打几年，使我深深爱上小学教育。当时热情很高，可是许多问题想不明白，也解决不了。为什么教师辛辛苦苦，学生的成绩还提不高？为什么千叮万嘱，学生还会算错？为什么差生问题始终解决不了？……深深感到自己文化水平和理论水平太低，当时正好允许在职干部考大学，为了研究小学教育，我决定考大学深造。

可是，我仅读过高一半年，考大学谈何容易。仔细算来，中小学12年，我只读了6年半。我要读小学的时候正是在日本沦陷区上海，家里穷，没有钱进学校，只能断断续续进了义务夜校识字。抗日战争胜利后，我们全家回到家乡常州，那时我才正式背起书包进了学校，不知道读几年级，只能按年龄算读四年级。这样小学只读了3年，初中3年，高中读半年，加起来才6年半。

我下定决心去试一试，不试怎么知道我不行。那时没有什么进修补习的机会，只能靠自学。设法借来全套高中课本，白天忙于校长工作，晚上备课批完作业后，开始自学高中课本，在煤油灯下苦读到深夜，那时冬天特别冷，学校没有保暖设备，结果把脚趾都冻坏了。我报考大学的目标很明确，为了研究小学教育，在师范大学里唯有教育系是研究小学教育的，当时报考大学可以填三个志愿，这三个志愿我都填上"教育系"，考不上还是回来当小学教师。

记得那天我在学校里等录取通知书，孩子们也跑到学校里焦急而担心地等待。我希望录取，可孩子们不要我录取。当我拿到华东师范大学教育系的录取通知书时，所有在场的学生都"哇"的一声哭了，他们不愿意我离开。临走那天，孩子们成群结队到轮船码头为我送行。此情此景，我永生难忘。孩子们喜欢我，我也热爱他们。我暗下决心，进大学后要努力学习，将来更好地为他们工作！

1956年，考进华东师大教育系深造是我一生的转折点，也是新的尝试的起点，使我走上了教育理论研究的道路。开学了！我拎着旧纸箱（当时连皮箱都买不起，把衣服用品塞进旧纸箱里）和铺盖走进大上海的华东师范大学，立即被眼前景色惊呆了：雄伟的教学楼群，美丽的草坪、高大的树木，环绕着静静流淌的丽娃河……我，一个连高中都没读完的农村小学教师，居然能走进大学殿堂，非但不要交一分钱，而且每月还有工资津贴，对党和人民的感激之情，油然而生。开学后第一学期，我就向党支部递交了生平第一份入党申请书。

一个农村小学教师能够进大学读书，我深知学习机会来之不易，更如饥似渴地拼命学习，好像一头饿牛闯进了牧场，每天早早起来晨读，中午从不午睡，总是一吃完午饭就到教室去啃书，晚上则泡在图书馆里；星期天常常从早到晚躲进图书馆一个人静悄悄看书，中午有时就啃个馒头充饥。图书馆管理员被我的学习精神感动了，让我享受到教师那样的优惠，每次可借10本书带回宿舍去。这段时间，我读遍了图书馆里所有小学教育方面的藏书，读了许多世界教育名著，例如夸美纽斯的《大教学论》、卢梭的《爱弥儿》、柏拉图的《理想国》、杜威的《民主主义与教育》、赫尔巴特的《普通教育学》；同时系统学习中国教育史，读了《论语》《孟子》《师说》《九章算术》等名著。我特别喜欢读毛泽东的《实践论》、《矛盾论》，这两本书奠定了我的哲学基础，使我受益匪浅，并对我一生产生了重大影响。

华东师大教育系有许多知名教授，如刘佛年、张耀翔、沈百英、邵瑞珍、赵祥麟、胡寄南等，他们严谨的治学态度和深入浅出的讲课风格都对我产生了深远的影响。张耀翔教授是我国心理学界的前辈，是教育系主任。他讲课既严谨认真又幽默风趣，把人们认为神秘莫测的心理学讲得通俗易懂，兴趣盎然，是他使我对心理学产生了浓厚兴趣，从而为后来搞小学数学教学心理学打下了良好的基础。他平易近人，对学生没有一点架子，讲课一丝不苟，上完课总亲自把黑板擦得干干净净才离开教室。沈百英教授所教算术教学法，是我最有兴趣的一门学科，也是我一进大学就确定的主攻方向。沈老师是一位没有留过洋也没有上过大学的大学教授，这在大学里是很少见的，让我感到特别钦佩同时也特别亲切。他早先也曾当过小学教师，后来长期在商务印书馆编写小学课本，新中国成立前全国许多套小学语文、算术课本他都曾参与编写，有丰富的实践经验和编写教科书的经验。他讲课时密切联系小学实际，还总能引得同学们哄堂大笑。我是他这门学科的科代表，因而他对我也特别关心。毕业后，我当他的助教，他是我的指导老师，我受沈老师的影响很深，直到现在我讲课的风格还很像他。

求学时的邱学华在华东师大教学楼前

　　由于在农村小学五年的教师生涯，我对算术教学产生了浓厚的兴趣，因此进大学后很早就确立了主攻的专业方向：小学算术教学法。师大图书馆有关算术教学方面的藏书我都读遍了。我还参加学生科研小组，教育系科研小组大都是高年级学生，按理说一年级学生不够条件，我就找到负责人，向她推荐说，我当过教师有实践经验，我要研究算术教具，能否让我试一试。结果被她破格批准了。利用课余时间，系统整理我在小学发明的口算表，研究设计算术教具。有幸的是在我学生时代教育科研已经开始起步了。

　　1958 年全国开始"大跃进"，同时一场教育大革命也在全国范围兴起。在"破除迷信，解放思想"精神的鼓舞下，我向教育系领导提出一个大胆请求：教育系一直还没有"小学算术教学法"课的教材，能否让学生自己编写一本《小学算术教学法讲义》。教育系领导接受了我的建议，挑选 10 位同学成立了编写组，现在全国知名的课程论专家钟启泉先生就曾是编写组的骨干。教育系都知道我有算术教学法的专长，又是发起人，就推举我当组长。同学们大都没有当过小学教师，没有教学经验，许多任务都落在我的肩上。在沈百英教授指导下，我很快拟定编写提纲，分配编写任务，为大家搜集参考资料，到小学调查研究；我包揽了其中许多章节的编写工作，各人写出初稿后，最后由我对全书进行统稿。"大跃进"时期不上课了，有的去大炼钢铁，有的下农村到工厂。我们留在学校攻关编写教材。我们夜以继日地苦干，我的任务最重，甚至连续几天几乎不睡觉。就这样，不到两个月时间里，一本30多万字的《小学算术教学法讲义》就排版付印了。

　　这本大学用书，作为"大跃进"的成果不免显得粗糙，但它内容丰富，同时也切合教学实际，特别是摆脱了苏联小学算术教学法的体系，探索切合中国学校实际的教学法体系。这本书受到学校和社会上的高度重视，上海许多教研部门和小学都纷纷到华东师大索要这本书，一时成为"抢手货"，我也成了新闻人物。时任教务长的刘佛年教授大力赞扬了这件事，并不断关注我的成长。当时，我们都是大学三年级的学生，居然能编出大学用书，不能不说是个奇迹。这是我第一次参加写书并且取得成功，还承担了其中的主要工作，对我后来不断著书立说起到了类似兴奋剂的作用。从此我更坚信：只要大胆尝试，一定能够成功。

　　随着教育大革命的深入，同学们不能安静地坐在教室里上课了，纷纷走出校门，有的到工厂劳动，有的去农村办学，有的搞社会调查。华东师大党委决定挑选一部分教育系师生到附小进行教学改革。我当过小学校长，又擅长算术教学法，因而被挑选上了。我们教改小组到附小同教师们一起上课，按照"教育必须为无产阶级政治服务，教育必须同生产劳动相结合"的方针实施教学改革。教改小组发挥我的优势，要求我带领全体算术教师进行算术教学改革。一方面进行教学内容的改革，自编教材使之更好地同政治思想和生产劳动相结合；另一方面改革课堂教学，充分体现以练习为主，做到精讲多练，并且大胆尝试，先让学生练习，教师再讲解。这实际上已是尝试教学的萌芽。华东师大附小的算术教学改革经验受到上海市教育局的重视，为此推选了算术教师代表光荣地出席了全国文教群英会。

　　华东师大接受了编写中小学数学革新教材的任务，又把我抽调去编写小学数学教材，这是我第一次参加小学算术教材编写工作，使我学到许多东西，这为我以后进行小学数学教材研究打下了厚实的基础。此时，认识了顾汝佐先生，他是代表上海市教育局配合华东师大参加编写数学革新教材工作，我们成了好朋友，后来他担任上海市教研室小学数学教研员、特级教师、教育部中小学教材审定委员，一直给予我很大支持，直到现在我们还是志同道合的好朋友。

　　华东师大四年的学习生活，为我打下较为扎实的理论基础；小学数学教学改革的实践，使我在大学阶段也没有脱离小学教学实践，这是十分有幸的；当时重视教育与生产劳动相结合，理论同实践相结合，要求知识分子在与广大的工人农民打成一片的过程中加强世界观改造，这对自己今后的成长和发展都产生了重要的影响。

三、尝试当大学教师

　　　　大学毕业留校当助教，对小学数学教学开展全方位的研究，深入华东师大附小搞教学实验，走一条理论联系实践的研究道路，在教育实践的基础上萌发"先练后讲"思想。

　　大学毕业后，作为一名要求入党的积极分子，我曾向组织坚决要求到边疆去工作，最后却被选中留校当了助教，教《小学算术教学法》这门课。命运，又一次将我同小学数学紧紧拴在一起。

　　按当时规定，刚毕业的助教是没有资格上课的，主要任务是帮助主讲教师批改作业和课后辅导，必须有两三年学习准备的时间才能开课。可是我到教育系报到工作时，组织上通知我，我的指导老师沈百英教授病了，要我立即开课。好在教材是现成的，就是前一年由我主要负责编写的《小学算术教学法讲义》。教材是自己编的，用起来特别顺手。五年的小学教师生涯，使我具备了较好的教学艺术，又有生动有趣的实例，因此我的讲课受到大学生普遍欢迎。

　　当上助教，给大学生上课，我很快发现大学生普遍不重视教学法，认为教1+2＝3没什么困难。我想了一个办法"治"他们，请他们推举一个最能干的同学，准备一下，明天到附小教一年级算术课，内容是"9加几"，全班同学都去听课。结果这个最能干的学生上了10分钟的课就没话讲了，看着我焦急地问："邱老师，怎么办？"大家都为这位同学捏了一把汗。然后，全班同学再听附小教师上"9加几"这堂课，这下他们全服了，认识到教学法这门课大有学问。

　　接踵而来的问题是如何开展教育科学研究，大学教师除了上课外，还必须进行科学研究。当时在我的面前有两条研究的道路：一条是关起门搞研究，广泛搜集资料，汇集各方面的观点，再作理论上的分析，就能写出论文或专著，这种办法既省力又容易出成果；一条是深入学校搞教育实验和调查研究，再从实践上升到理论，而教育实验周期长，又容易受外界因素干扰，往往是既费时费力又难出成果。但我觉得第一条路大都是重复别人讲过的话，理论分析得再好也是别人的东西。第二条路虽然艰苦，搞的是自己的东西，能够产生新方法、新思想和新理论。从古至今的伟大教育家，从孔子到陶行知，哪一个不是在长期的教育实践中产生他们各自的教学理论呢？更何况当时的社会大环境，也特别提倡知识分子到基层去经风雨见世面。我毅然决然走出大学校园，深入教学第一线搞教育实验。从此，我始终坚定地走在理论联系实际的大路上。这是一条最终引导我从成功走向更大成功的道路，直到今天我还认为，这其实也是知识分子的一条必由之路。

搞教育实验必须有实验基地，有利条件是我们师大有附属小学，我主动向教育系领导请示到附小搞实验研究。决心已下，我就一边在师大上课，一边到附小搞教学实验，还兼任附小副教导主任。由于绝大部分时间都在附小，我就和附小教师住在一起，和他们同吃同住同学习。由于大学上课不多，每周4课时，我大部分时间在附小，所以很多人弄不清我是大学教师还是附小教师。

几年里，我以师大附小为基地，并深入上海许多学校。其中印象最深的是到建襄民办小学帮助工作。建襄民办小学是"大跃进"涌现出来的一面红旗，由吴佩芳校长带领一帮家庭妇女创办出来的。根据吴佩芳的事迹，当时拍成电影《鸡毛飞上天》，并搬上了沪剧舞台。1963年，吴佩芳校长遇到华东师大党委书记常溪萍同志，常书记关切地询问她有什么困难，她诉说学校教学质量上不去很焦急，常书记立即派我去协助她们。

建襄民办小学校舍很简陋，租用一幢民房，大部分教师是家庭妇女，没有受过专业训练，我就从怎样备课教起。对学生从基本训练抓起，试用我研究出来的一整套口算基本训练卡片、应用题基本训练卡片，课堂教学采用练习为主、先练后讲的办法。经过一年的努力，数学成绩从全区最后一名奇迹般上升到全区第二名。

这个事例，使我清楚地看出改革教学方法的重要性，学校提高教学质量有巨大的发展空间，最差的能变成最好的，这并不是梦想。

华东师大离建襄小学很远，在徐汇区建国路和襄阳路交界处，坐公交车要一个多小时，每周或两周去一次，完全尽义务，非但没有报酬，还要贴上车钱。晚上帮她们备课太晚了，就睡在教室里，早晨起来帮她们生煤炉烧开水。如留在那里吃晚饭，大都是包馄饨，一边包，一边吃，其乐融融。1999年，我专程从常州到上海，参加吴佩芳办学40周年纪念活动，大家在一起谈起往事，都激动得流下了热泪。

1999年邱学华（左三）参加上海建襄小学吴佩芳办学40年回顾
活动和全国劳动模范、三八红旗手吴佩芳（左二）在一起

实践出真知，我这条理论联系实际的道路走对了。我对小学数学教学进行全方位研究，如口算表的系统整理、口算与笔算的相关研究、珠算熟练的心理学研究、珠算教学改革的研究、算术教学中的基本训练研究、算术作业当堂处理研究等。研究成果迭出，相继发表在《心理学报》《上海教育》《福建教育》《江苏教育》等杂志上，引起小学数学教育界的关注。1961年，我在《江苏教育》发表《改进珠算教学的几点意见》，在全国首先提出"口算、笔算、珠算密切结合起来"的观点，并主张对小学生不需要教珠算口诀，这些观点在全国引起较大反响，促进了珠算教学改革，也为"文化大革命"中的"三算结合教学"做了理论上的准备。

我的研究受到校、系两级领导重视，当时教育系党总支书记张波同志非常支持我。1963年，华东师大为了重点培养一批知名教授，成立了红专进修班，是我们的班主任。全校文科班选拔了30多人参加，出乎意料我也被选定为重点培养对象。在

30 多名重点培养对象中，其他人都是讲师、副教授，只有我一个人是助教。教育系选拔了 4 人，除我之外有教育学组瞿葆奎，心理学组朱曼殊，教育史组张瑞璠，他们当时都已经是讲师了，都是我的老师。当时刘佛年教授是教务长，亲自领导这个红专进修班。从这时开始，我接受刘教授的亲自指导，学校从时间、资料、经费等各方面为我创造了许多条件。

师大当时有个规定，不管是谁的研究课题，一旦被列为全校重点研究课题，学校将提供必要的研究经费。这时，我的研究兴趣十分广泛，但却没有一个可称之为重点的课题。一次，我在上海市图书馆看书时，发现一本《日本小学算术课本史》，这本洋洋洒洒 700 多页的巨著，详详细细记载了日本小学算术课本发展的历史，详尽分析各种课本的特点。中国是一个大国，却没有一本自己的课本史，由此我萌生了搞中国小学算术课本史的想法，我的导师沈百英教授对此极为支持。

要搞中国小学算术课本史，首先要找到新中国成立前出版的各种算术课本。我在华东师大图书馆找到了 10 多套课本，那时没有复印技术，用照相技术记录成本又太昂贵，只能择要——做出详细记录。我又给北京图书馆、北京师大图书馆、人民教育出版社等处发出求援信，却收获甚微。听沈百英教授说过以前上海中华书局有一批藏书，根据这个线索，我终于在一家印刷厂的资料室找到了新中国成立前的 20 多套课本，我如获至宝。但他们不同意借出，我只能整天在那里工作，给每套课本作了详细记录。当时生活很艰苦，我常常是啃几个馒头当作午餐。

要搞中国小学算术课本史，比这更困难的是搜集活资料。不少亲历者当时已到古稀之年，如果不抓紧搞这项研究，以后再搞就困难了。这样更使我下定决心，抱着抢救文化遗产的紧迫感着手这项研究工作。经沈百英先生介绍，我到杭州拜访被誉为"算术教学活字典"的俞子夷先生。

俞子夷先生是中国小学算术教学法的奠基人，新中国成立前后许多套算术课本都是他主编的，曾任浙江大学教育系教授，撰写了大量算术教学法著作。新中国成立后他担任浙江省教育厅厅长后，仍坚持小学算术的教学研究。1957 年他被错划为右派，从此一直赋闲在家。我亲自到杭州俞先生家拜访，他听说我要搞算术课本史，十分高兴。我们连续谈了三天，内容涉及新中国成立前后小学算术教学的情况，他还答应我把这些情况写下来。他说："我从事小学算术教学 50 多年，把自己的体会和经验写出来，给人参考，当块垫脚石。将此身心奉献教育，是我终生的愿望啊！"

"活一天，我就要为小学教育写点东西，现在可能没用，总有一天会有用的。"不久，我在沈百英先生那里见到俞子夷撰写的《五十多年学习研究算术教法纪要———一条迂回曲折的路》，这篇回忆录有2万多字，极有价值，我从沈先生那儿借来专门抄了一份。就这样，通过多方调查研究，中国小学算术课本史的脉络基本清楚，按照年代排列，沈百英教授和我很快编写出《中国小学算术课本书目》。

正当小学算术课本史研究有了眉目，欢欣鼓舞的时候，政治运动接踵而来，1965年去安徽农村参加"四清运动"，1966年史无前例的"文化大革命"开始了，研究工作被迫停止。

"中国小学算术课本史"研究没有完成，这是我一生的遗憾。现在再要搞这项研究，困难重重。新中国成立前出版的几十套课本已无法找到。前面谈到的华东师大图书馆保存的10多套课本，中华书局在上海一家印刷厂的资料室保存的20多套课本都在"文化大革命"中散失了，实在可惜，这个损失是无法弥补的。

1988年，为了迎接新中国成立40周年，怀着对祖国的满腔热情，为了研究新中国成立后的小学数学教学史，我写成：《中国小学数学四十年》，向新中国成立四十周年献礼。2005年开始，我在宁波万里国际学校筹建"小学数学教育博物馆"，此事得到万里教育集团的大力支持，特别是林良富校长，他也是小学数学特级教师，对小学数学教育有很深的情结。我把自己几十年来收藏的小学数学课本、图书资料、教具学具共计30多箱，全部捐赠给博物馆，并向社会广泛征集，依靠大家的力量，为国家，为子孙后代留下东西。

四、尝试当中学教师

"文化大革命"期间，我离开师大到溧阳农村当中学数学教师，但没有停止自己的追求，仍痴迷于数学教育改革，采用"先练后讲"自学的办法教中学数学，逐渐形成了"先练后讲"的教学思想。

1966年"文化大革命"开始，我因为家庭出身不好又是业务尖子，被造反派当成师大党委"走资派"培养的修正主义苗子、走白专道路的典型受到批判。我曾去杭州拜望过俞子夷也被当成一条罪状，一时间受到大字报围攻，要我交代到"大右派"那里去干什么,我的宿舍也被抄了。"造反派"把我的全部日记本抄走,想从我日记的字里行间寻找有什么反动的东西,作为他们批判攻击师大党委的炮弹。我从当小学教师开始记日记,共有 10 多本,里面记录了我的工作、学习情况以及对党和人民的感激之情。造反派根本捞不到什么稻草,后来把我撂到一边,我就成了"逍遥派"。

造反派要我交代到"大右派"俞子夷家里去干什么。我隐瞒了俞子夷先生写过一份回忆录的实情,心想如果交出去,肯定要烧毁,我把这份资料藏在旧书堆里。后来我离开师大到溧阳农村,丢弃了许多图书资料,从溧阳农村回常州又丢弃了一批,可是这份资料我一直珍藏着,直到"文化大革命"以后,俞子夷先生的这份回忆录——《五十多年学习研究算术教法纪要——一条迂回曲折的路》,由我交上海《小学数学教师》杂志分三期连载发表,后又编入《俞子夷教育思想研究》一书,使这篇珍贵资料得以重见天日,使俞老先生含笑于九泉之下。这是后话。

大学不上课了,附小不能去了,无法搞小学数学教学研究了,使我感到痛心。但我又不甘心,总想找点工作做。我从一所小学里找来一套上海市新编的数学课本,如获至宝,白天要搞运动不敢写,就利用晚上偷偷地认真研究,写了 10 多页修改意见。当时不敢用真名,就用"螺丝钉"的笔名给编写组寄去,也算为小学数学教材建设做点工作,心理上多少能得到一点安慰。编写组接到我的修改意见十分重视,可又没有留下姓名地址,他们从信封上的邮戳居然找到了我这颗"螺丝钉"。当时,我们在嘉定县马陆公社劳动,我的信是从那里寄出的,编写组通过调查在马陆公社劳动的全是华东师大师生,而搞小学数学教育研究仅有我一人。后来,他们通过组织关系,让我名正言顺地为教材再提出更为详细的修改意见。

造反派"文攻武卫"争权夺利,激不起我的兴趣。于是,我们组织了一个小分队,到上海的工厂和近郊农村去办"红师班",培养工人、贫下中农当教师。我又干起编写小学数学师资培训教材的老本行。

1970 年,家庭情况有了变化,使事业的航船有了波折。我妻子在常州当小学教师,江苏省刮起"上山下乡"运动,也由于家庭出身不好,我妻子带着我的老母亲和两个幼小的孩子下放溧阳县农村去"闹革命"。为了照顾家庭,我毅然离开上海,主动要求调到江苏省溧阳县农村当中学教师。当时很多人劝我不要离开大上海,农村条件艰苦,万一有什么问题,我留在上海还有回旋余地。可是,我不怕,农民世世代代都生活在农村，我们难道就不能生活？另外那时在大学已无事可做，我已厌倦"文化大革命"的喧闹，还是到农村做点实际工作吧。

到溧阳后，我被分配在一所农村中学（茶亭中学）。校长问我："你教什么"，我回答说"教数学吧"，我想教中学数学离小学数学总能近一点吧。其实我心里明白，教中学数学我是不够资格的，我只有高中一年级的数学基础。因为教育系是文科，当年考大学不考数学，到了教育系也不上数学课。多年不用，大部分都忘了。世上无难事，硬着头皮教，开始尝试当中学数学教师。

我只能一边自学，一边教。先自学例题，看懂了再认真做练习题，课本上的题目每道题都做。初中数学还能对付，教到高中数学，说实话课本上的有些难题我都不会做了，但碍于面子我又不敢去问教研室的同行，大学教师连课本上的题目都不会做，岂不成了笑话，逼着我千方百计地去找参考资料，反复思考终于想出来了。有了这样的亲身体会，我就知道学生学的时候难在哪里，怎样突破难点。学生反映邱老师上课听得懂，学得会，都喜欢上我的数学课。以后把自己自学的方法教给学生，让学生先自学课本，先做题，然而教师再讲。其实这就是"先练后讲"尝试教学模式的雏形。这为我 20 世纪 80 年代启动尝试教学法实验研究做好了准备。

我自学了高中数学和高等数学，又从初中教到高中，熟悉了中学数学教材，这为我以后从更高的层面上研究小学数学和在中学搞尝试教学实验打下了基础。

我这个人喜欢动脑筋，搞点新花样。结合中学数学教学，在联系实际、开门办学中我搞了两项小发明：一项是自制平板仪；一项是估计土圆囤里粮食重量的标尺。当时非常重视测量、绘制平面图，学校又没有仪器，我就想法自己制造，给每个小组都配一副。"文化大革命"中农村里大造"备战备荒"的"土圆囤"粮仓，土圆囤里堆了多少粮食，计算比较麻烦，我就想了一个办法：在土圆囤内壁，用红漆画一根标尺，根据土圆囤圆柱体的容积和稻谷的比重，在标尺的刻度上写上重量。粮食堆多高大约就有多重，一看就知道。这个办法竟然在公社粮站推广，因此，我还受到县教育局的表扬。

我在中学教书，也没有忘掉小学数学。"文化大革命"中开展了三算结合教学实验。我就偷偷地跑到附近小学搞实验，对三算结合教学提出自己独到的见解，写出许多有影响的文章。很多人对此不理解，都说我自讨苦吃，既没有报酬，还可能犯错误挨批。后来县教育局发现了我这个"人才"，把我调到溧阳县师范学校工作，搞小学教师培训和主持全县三算结合教学实验工作。

这样，我又得以重操老本行，再教小学数学教学法，培训在职的小学教师。我为自己能重新回到小学数学领域而欣喜万分，小学数学教学研究之舟重新启航了。那时的农村小学教师大都没有受过专业训练，业务水平较低。我必须研究怎样把小学数学教学法讲得通俗易懂、深入浅出，让农村教师听得懂、学得会、用得上。为此，我经常骑着自行车到各公社跑，有时甚至徒步翻山越岭，深入到他们所在的学校听他们上课，了解他们教学上的问题究竟出在哪里，分析他们知识结构中到底紧缺些什么。同时，我还亲自帮他们备课，手把手教他们应该怎样上课。我不但在培训班上讲，还轮流到全县各公社去讲。几年下来，我翻越过溧阳丘陵地带的大小山头，足迹跑遍全县各个角落。当时，溧阳县的"三算结合"教学实验搞得轰轰烈烈，全国各地教师都跑来学习，连北京师大、南京师大的教授也来溧阳考察。

我们全家下放农村后，也分到三分自留田。我在中学教书，妻子在小学当民办教师。我们白天到学校教书，放学回来种自留田，种蔬菜、小麦、山芋，什么都种。在住房旁边搭了两间草房，养猪养羊，养鸡养鹅。我们向老农请教，看农技书，竟然出现了奇迹，种的一只南瓜有36斤，养的两头小猪三个月就长到100多斤，每天长一斤，在当时成为佳话。当地不种大白菜，我们从城里买来菜籽，按照《怎样种菜》书上的要求培育，结果每棵大白菜都有10多斤，又白又嫩一大片，惹人喜爱。此后，附近农民都向我们要了菜籽，家家户户都种大白菜。

我们在房屋四周都种上杨树，屋前种了桃树、梨树，屋边上开了一条沟，引来水渠的清水，水沟上铺了一块石板，不就是小桥流水、绿树成荫了嘛，好一派田园风光。面对困境，我们还是自得其乐。

我们同农民关系很好，全村人待我们亲如一家，把我们当成自家人。种点瓜果蔬菜，大家尝个时鲜；有点头疼脑热的，有人嘘寒问暖。我每月有59元工资，成了村上的"富户"，哪家有困难，只要开口，我都借给他们。

有人说，逆境是财富，这是对的。我在农村9年，虽然生活受到磨难，但意志得到了锻炼，思想得到了净化，使自己更具刻苦精神，使我对中国农村有更深刻的了解，这为"文化大革命"后向教育科研攻关做好了精神准备。

我的两个孩子，在农村生活9年，深知生活的艰苦，养成了热爱劳动的精神、勤俭朴素的习惯，这是金钱所买不到的。因此他们的学习、升学、工作都不要父母操心。现在我的女儿在报社当记者，儿子在一所大学研究院当院长、化学博士、教授。

"文化大革命"中受到冲击，全家下放农村，许多人怨天尤人，愁眉苦脸，意志消沉了，把宝贵的时间浪费了。我却远离城市"武斗""夺权"的喧闹，在溧阳农村找到一方乐土，尝试当了农民，学会了自力更生；尝试当了中学教师、自学了高中数学和大学数学。更重要的是我能够继续进行数学教改实验，使教育科学研究的航船没有停顿。

五、尝试当师范学校校长

"文化大革命"结束，我回到家乡常州，任师范学校校长，探索师范学校办学模式，全面开展小学数学教学研究，正式启动尝试教学实验研究。

"文化大革命"结束，拨乱反正。祖国迎来了教育事业的春天。许多单位都要调我去工作，有中央教科所、江苏省教研室、江苏省教材编写组、南京师范大学以及我的母校华东师范大学。

特别是我的导师华东师大刘佛年校长亲自派人到溧阳，要我回师大。时任华东师大教科所所长的江铭先生受刘校长之托，专程到溧阳农村找到我，要我返回师大到教科所工作。当时我听了激动不已，热泪盈眶，相隔9年了，刘校长还记得我。我婉言回绝了其他单位，决定回母校工作。但调动工作进行了近一年，最后因不能解决户口指标而告终，令人遗憾。虽然不能回母校，但刘校长的知遇之恩，我是永生难忘的。

华东师范大学名誉校长刘佛年教授

后来，常州市教育局派人来联系。1979年，我们全家回到了家乡——常州，为自己家乡的教育事业工作。

　　我被分配到常州市教师进修学院（后划归常州师范学校），主要搞小学数学教师培训。"文化大革命"中，教育事业受到破坏，教学研究几乎停顿。"文化大革命"后，百废待兴，我觉得应该首先抓骨干教师培训，然后再由他们带动大家。这个想法得到羊汉院长的支持，1980 年办起了第一期"小学数学教学研究班"，在当时可能是全国第一个。

　　研究班招收小学数学教研员和骨干教师，每周上两个半天课，为期一年。开设的课程有《小学数学教学研究》《教育心理学》《教学论》《教育科研方法》《教育统计》《教育论文撰写》等，都由我一个人上。在常州连续办了三期，效果很好，一批批学员都在教学第一线发挥着骨干带头作用。江苏省教育厅师范教育处吴大年处长和张行副处长亲自到常州考察研究班，充分肯定了这种培训形式，并要求面向全省分期分批培训全省各师范学校、进修学校的数学教学法教师、各地教研室的数学教研员以及实验小学骨干教师，脱产学习半年，由我主讲。外省许多单位闻讯也纷纷要求参加，学员除江苏外，还来自于新疆、黑龙江、广西、湖南、江西、河南、河北、四川等地，事实上这个研究班已经变成全国性的了。研究班先后办了四期，共 200 多人参加。他们后来大都成了各地小学数学教学研究方面的精英，应用和推广尝试教学法的骨干力量。所以有人戏称这是中国小学数学教学的"黄埔军校"。因此，在全国各地都有我的学生。

　　我以研究班为依托，在 1980 年正式开始尝试教学法的实验研究。下面第七部分我将专门进行介绍，这里不赘。

　　1980 年 10 月发生了一件使我一生难忘的事。有一天，我在办公室备课，听见走廊上我院羊院长在接电话，好像是苏州市教育局邀请我去讲学，羊院长回答说："实在对不起，邱老师马上要出国，要到日本考察访问，只能回国后再到苏州。"我以为羊院长为了推托故意说的谎话。他到办公室后，我对羊院长讲："你不同意我去苏州讲课就实说，何必开玩笑呢？"可羊院长一本正经地对我说："不骗你，你真的要出国了，教育厅直接点名，通知已经到了教育局了。"我还是不相信，以为羊院长是在开玩笑。可是不久，市教育局局长果真亲自找我谈话，正式通知我到省教育厅报到。

那时，我心里久久不能平静，思绪万千。我是一个普通教师，全省教师有几十万，怎么会选上我？以前由于家庭出身不好，自己总觉得低人三分，入团时几次讨论都通不过，入党更没有希望，为此"文化大革命"初期受到批判；为此我妻子下放农村；为此我女儿差点进不了高中。所以连做梦也没有想到自己能够出国。

到教育厅报到后，我才知道我是参加江苏省普通教育考察团到日本爱知县访问，全团5人，有教育厅两位领导徐航副厅长、曹阳处长，还有三位教师，除我以外，一位是南通师范二附小的李吉林老师；一位是南师大附中的胡佰良校长。1980年，改革开放初期，国门刚刚打开，我们非常幸运，成了第一批出国考察的教师。

我们是属于江苏省人民政府委派的代表团，日本方面接待规格较高，所到之处都有市长亲自接待，政府大楼门前高高飘起中国国旗，接待室、学校里都悬挂五星红旗，每一次看到这种场面，我心里就特别激动，我代表的是中国，我身后有伟大的祖国，爱国之情油然而生。

我们在日本见到的是现代化的城市建设，学校都有现代化设备，特别是教学方法先进。相比之下，我们太落后了。我越看心里就越着急，一直问自己："我能为国家做些什么？"

1980年随江苏省教育代表团到日本考察访问

　　这次出国访问对我触动很大，也是我人生道路上的一个转折点，扫除了由于家庭出身不好的自卑感，找回了人的自信和尊严。有人说"改革开放打碎了套在知识分子身上的精神枷锁"，对于这句话，我是深有体会的，真有一种感到"解放"的心情。过去认真钻研业务会说你走白专道路，著书立说会说你有成名成家的个人主义思想。现在终于可以甩开膀子大干了，想人民所想，急国家所急。很多人问我，当时为什么想到尝试教学法研究，为什么能执着坚持30多年，我想从这里可以找到答案。我是从心底里感到邓小平的伟大，感激党的十一届三中全会以后的改革开放的政策。

　　1983年4月，常州师范学校老校长要退休，市教育局党委经过组织考察，广泛征求群众意见，任命我担任主持全校工作的副校长（当时没有正校长），同年12月我加入中国共产党。我从1957年开始写入党申请书，经过26年，终于实现了自己的愿望。在入党宣誓仪式上，我立誓为实现共产主义奋斗终生，为中国教育科学的繁荣发展努力工作，更坚定了尝试教学实验研究的信念。

　　虽说我20岁当过中心小学的校长，但常州师范有1000多名学生，100多位教职员工，当时正在筹建新校舍，工作千头万绪。我是从一个普通教师直接当上师范学校第一把手的，对我来说，又是一次新的挑战，新的尝试，要敢于去尝试，走出一条新的师范办学模式。

　　工作从何着手，我的管理理念是办好学校主要靠教师，从关心教师做起。我在教师会上公开说："校长多关心教师，教师多关心学生，教师无论在工作上或生活上有什么困难尽管找我，我愿做大家的后勤部长。"当时我作了三项承诺（教师们说是邱校长上任的三把火）：

　　（1）上午课间为每位教师送一杯豆浆和一块点心，由食堂送到每个办公室。

　　（2）50岁以上老教师实行弹性坐班制，可以迟点来，早点走，可在家里办公。

　　（3）全校教职员工每人发100元，分期分批到北京参观学习。连食堂炊事员也组织他们在暑假去北京（当时常州到北京的火车票是70多元）。

　　现在看来，这三项决定不算什么，可是在1983年改革开放刚开始时还是引起常州市教育界的轰动，传出许多风言风语，也有人到教育局打小报告。我并不害怕，因为用的是计划外办班的收入，按政策规定可以用于教师福利。我在大会上当众表态，"出了问题，我承担责任"。因为我当师范校长是服从组织安排，本人并不想当，所以不怕丢了乌纱帽。

教师们都是有情有义的，你能为教师承担责任，教师也能为学校承担责任。直到现在，大家都退休了，谈起当年邱校长的"三把火"，还津津乐道呢。在师范的办学方向上，我主张："面向小学、面向实际"。

面向小学：中等师范是培养小学教师的，目标非常明确。我当过小学教师和小学校长，是有切身体会的，小学需要有热爱教育事业、知识面宽、兴趣广泛、教学能力强的教师。因而规定师范学生，一年级到小学听课，同小学生交朋友；二年级教育见习，要跟班见习，并上一两堂课尝试一下；三年级教育实习。师范教师也要求定期到小学联系实际，基础课教师要听课，专业课教师要给小学生上课，都有具体指标，作为考评教师的重要内容。如果师范教师自己都不会上小学的课，如何指导师范生去上课呢？这是非常简单的道理。在学生中广泛开展各项活动，有歌唱比赛、演讲比赛、器乐比赛、写作比赛、写字比赛、数学竞赛、卡拉 OK 大奖赛、教学基本功比赛等，让学生有施展才能的平台。这样把学校课余生活搞得丰富多彩，红红火火。

面向实际：师范学校要同当地教研部门紧密联系，鼓励教师参加地方各种教学研究活动，同小学结合起来开展教育科学研究，鼓励教师参与师范学校教材编写，对有贡献的教师给予奖励。

省教育厅师范教育处对我校面向小学、面向实际的做法给予肯定。因此参观考察的人络绎不绝，学校呈现出一派欣欣向荣的景象。

1984 年初，我被江苏省人民政府评为师范学校特级教师，这是党和人民政府给我的荣誉，我珍惜这个称号。既然是特级"教师"，就应该进课堂上课。因此，我当了校长以后，也没有离开过讲台。我不但给在职教师、师范生上课，还给小学生上课。办在常州师范的江苏省小学数学教学研究班仍然由我主讲，每周上课 10 多节。我是全省师范学校数学教研组大组长，受教育厅委托主编江苏省三年制师范学校课本《小学数学教材教法》《小学数学基础理论》。

尝试教学实验研究工作深入开展，逐步推向全国各地。利用当校长的方便，除了办半年的小学数学教学研究班外，再办 3 天到 5 天的短训班，听尝试教学法的讲座，看观摩课，当时正是教学改革的高潮，教师学习热情高，每期都有来自全国各地的近千人。就这样为全国各地培养了一大批尝试教学法实验的骨干教师，为以后尝试教学法在全国推广做好师资上的准备。

六、尝试当教科所研究人员

　　辞去师范学校校长职务，在教科所当一名普通的研究人员，全身心地投入尝试教学实验研究，走遍全国各地为教师做讲座、上观摩课，并进行总结提高，构建尝试教学法理论体系，撰写教育理论著作。

　　尝试教学实验研究发展迅猛，许多县、市都在大面积推广，急需要一本系统的理论书籍进行指导，也需要我亲临各地去指导。而师范校长行政事务繁忙，我家住在常州城区最西边，而学校在最东边，每天骑自行车上班往返要花将近两个小时。时间矛盾越来越尖锐，或当校长，或搞实验，两者只能选取其一。我思量再三，决定辞去校长工作，集中精力搞实验。开始，教育局党委不同意，好说歹说磨了多少次，总算同意。可是教育厅师范教育处又不同意，说邱学华是师范学校为数不多的特级教师，不能调出师范教育系统。我又去做工作，直到 1988 年 8 月才正式调离师范，到常州教育科学研究所当一名普通研究人员，调动时我坚持不当所长，做一个普通的研究人员。后来常州市委组织部就把我作为能上能下、能官能民的典型。

　　现在回过头来看，当时的决定是对的，这样才能使我有时间进行系统的理论研究和撰写著作；才能跳出常州，到全国各地宣讲尝试教学法，指导实验工作。从我的身上可以看出，如果业务尖子都套上一官半职，并不是一个好办法。其实应该给予充足的时间，创设良好的工作环境和条件，使其在业务上进一步发展，对国家，对个人都有好处。现在对中国 60 多年来在科学技术方面没有出一个诺贝尔奖获得者的原因，议论纷纷，很多人都怪罪于教育制度和教学方法，说教学方法太落后，没有培养学生创新能力，其实并没有说到点子上，我认为根本的原因还是在体制上。这个问题太复杂，不是我们能说得清楚的。

　　我辞去师范校长职务，许多朋友说我是傻子，有官不当，有权不要。还有一些人乘机放出话："邱学华在师范混不下去了。""邱学华犯错误了，免职了。"对于这些议论，我不屑一顾。

在教科所做一名普通研究人员，使我换来了最宝贵的时间。在常州师范当校长期间，我搞研究只能利用业余时间，我没有星期天、节假日，吃了苦还要被旁人说"不务正业"。调教科所以后，搞研究就是我的正业，我可以正大光明全身心地投入，心情感到特别轻松愉快。教育局和教科所领导非常关心照顾我，一般不布置其他任务给我，让我集中精力搞尝试教学实验研究。

这期间，我从几个方面抓紧工作，形成攻关态势：

（1）有计划学习现代教学理论著作，不断充电；

（2）为了手中有典型，有计划建立实验基地，培养实验研究骨干分子；

（3）到全国各地宣讲尝试教学法，大力推广；

（4）申报"八五"规划全国教育科学重点研究课题："尝试教学理论研究与实践"，组织全国各地 106 个子课题配合研究；

（5）把尝试教学理论推广到中学、幼儿园、聋哑学校等。

工作千头万绪，十分繁忙，真是比在师范当校长还忙，不过都是自己主动要求做的工作，没有任何人逼我去做，再苦再累心里也是欢畅的。

在广西自治区东兴市邱学华（右二）参加实验基地挂牌仪式

　　我开始先以常州市博爱路小学为基地，逐步扩大到宁波市万里国际学校、广州市流花路小学、深圳市松坪学校、上海市明珠小学、绍兴市职教中心、山东省杜郎口中学、常州市聋哑学校。1993年成立尝试教学理论研究会后，实验基地迅速增加，直到现在已有2700所。

　　把实验引入聋哑学校，也出自一次偶然机会。在一次常州市人代会上，遇到聋哑学校刘校长。我从来没有去过聋哑学校，出于好奇心，向刘校长提出去聋哑学校参观。那天去聋哑学校，应我的要求听了一节数学课，教师采用的教学方法同普通学校差不多，也是教师先讲例题，学生再做习题，教师比画着手语一遍又一遍地教，聋哑学生非常认真地看着教师，目光里饱含着求知的渴望，看来弄不懂，急得他们"咿咿呀呀"地叫着，他们听不见，说不出，实在太可怜了，我是含着眼泪听完这堂课的。结束后，我沉思良久，能否为他们做点什么，我想：聋哑学生已经听不见了，教师翻来覆去"讲"，效果有多少呢？能否用尝试教学法试一试？我把这个想法告诉刘校长，得到他的支持。他选派了两位教师搞实验，我同他们一起研究后试教。一周后初见成效，令人振奋。上课时先出示尝试题，引起学生注意，然后引导他们看课本自学例题，聋哑学生模仿力强，让他们仿照例题去做尝试题，尝试练习后再进行正误对比，教师帮助他们分辨谁做对了，谁做错了，接着进行第二次尝试、第三

在江苏常州举行"培养幼儿尝试精神研讨会"

次尝试，直到他们全明白了。聋哑学生在课堂里都露出了笑容，看到他们的笑脸，我也心花怒放。随着实验研究的深入，实践证明，尝试教学法完全适合聋哑学生，并且能起到神奇的功能。学生学得高兴了，教师也教得轻松了。江苏省召开的特殊教育研讨会上，常州市聋哑学校介绍了经验，引起与会代表的兴趣，全国各地的聋哑学校纷纷到常州取经学习。

尝试教学思想引进幼儿园，我是看到一则报道引发的思考。有一篇报道介绍，在75位曾获诺贝尔奖的科学家举行的一次集会上，记者采访一位老学者："请您谈谈，您是在哪所大学、哪个著名的实验室学到了您认为最重要的东西？"老学者略想了一下说："在幼儿园，我学到了最重要的东西：把自己的东西分一半给小朋友，不是自己的东西不要拿，东西要放整齐，吃饭前要洗手，做错了事要道歉，午饭后要休息，要仔细观察周围的大自然。从根本上说，我学到的东西就是这些。"与会科学家都表示赞同。

这篇报道虽不长，但极大地震撼了我。这位老科学家的话给了我两点启示：一是幼儿教育对一个人的成长有着极其重要的作用；二是幼儿教育最重要的是培养一个人的精神和良好的习惯。由此使我下决心把尝试教学思想引进幼儿教育，培养人的尝试精神从幼儿开始。

说干就干，我立即联系常州市的5所幼儿园作为实验基地。我在小学、中学、大学、师范工作过，就是没有当过幼儿园老师，这项实验可以使我有机会向幼儿园教师学习，补上这一课。幼儿园老师工作认真，虚心好学，我很乐意跟她们合作。我们一起备课、一起施教、一起总结。实验效果令人满意。幼儿教育实验研究的定位在"培养幼儿尝试精神"，着眼点是培养一种精神，不要生搬硬套中小学的尝试教学模式，总结出幼儿教学活动的"四前四后"：

幼儿在前，教师在后；尝试在前，指导在后；练习在前，讲解在后；活动在前，结论在后。

　　5 个幼儿园的实验取得成效后，逐步推广，先后已由江苏、上海、浙江、山东、湖南、湖北等地 300 多所幼儿园参与。研究成果《幼儿尝试教育活动设计》一书，由教育科学出版社出版，已成为幼教方面的畅销书。

邱学华亲自在幼儿园搞实验，参加幼儿园小朋友的活动

　　这期间我的一项重要工作是到全国各地宣讲尝试教学法和尝试教学理论，全国各地都纷纷邀请我去，真是应接不暇。为什么各地教师如此地欢迎我，除了尝试教学法本身的生命力外，主要是我能给小学生上观摩课，既做报告又借班上课成了我讲学的特色。一个搞教育理论的人，为什么能如此大胆在小学教师面前班门弄斧，这还得从山西太原的一次研讨会上说起。

　　以前我经常给小学生上课，主要是为了搞研究，取得第一手的资料。一般不上公开课，就是有人听课，也是小范围的。1986 年一次偶然的机会，我被"逼"上了大型公开课。

　　1986 年 4 月，在山西省太原市举行全国协作区第二届尝试教学法研讨会，与会代表临时提出建议，要求我亲自用尝试教学法上观摩课。当时我思想斗争很激烈，一方面考虑自己应该上，我要求大家尝试，难道自己就不能尝试？一方面又害怕上，有来自全国各地近千名代表听课，万一课上不好，我这个特级教师可没有面子了，最后，我还是决定上。我想一个人应该有努力拼搏的精神，个人有没有面子是小事，何况我当过小学教师，现在又经常上实验课，对自己有信心。我决定给三年级小学生上"几倍求和两步应用题"这堂课，临时准备了教具和学具，了解了学生情况，课前做了充分准备。

那天上课时，太原市的很多教师都闻讯赶来，1500多人把一个影剧院挤得水泄不通。我站在舞台上给小学生上课，往下一看黑压压的一片，开始时真有点紧张，但是小学生是天真的，他们看到人多反而高兴，孩子们轻松愉快的情绪使我也放松了。课上，学生们的积极性非常高，不时发出愉快的笑声。学生的笑声也说明了这堂课获得了成功。大家反映，这堂课既体现了尝试教学思想，又充分调动了学生的积极性，上得生动活泼。大家的肯定，使我受到了鼓舞。

会后，《山西教育》杂志刊登了这堂课的教学设计，并加了编者按。这样一下就轰动了，传开了：邱学华不但能做学术报告，还能亲自给小学生上示范课。以后每到一地，都要求我既讲学，又上课，逐渐形成了我的讲学风格，理论与实际密切合起来。先讲尝试教学法理论，再运用尝试教学法上示范课，使教师清楚地看到尝试教学法在课堂教学中如何具体运用，把高深的教育理论同具体的操作活动结合起来。许多教师说，听了邱老师的报告还是顾虑重重，看了邱老师亲自上课，才下决心搞尝试教学法实验的。这样，我走一地，传一片。我的课堂教学录像在中央教育电视台播放，这使更多的教师都能看到尝试教学的教学过程。尝试教学法所以能在短时间内在全国大面积推广应用，与我能到全国各地宣讲和上示范课是分不开的。

从在山西太原第一次上大型公开课后，我在全国各地已经上了几百场公开课，北到黑龙江黑河，南到海南岛，东到山东威海"天尽头"，西到新疆伊犁。单是黑龙江"北大荒"就去了10多次，两次上了世界屋脊西藏，广西和云南几乎每个地市都跑遍了。一次在昆明市讲学，连讲3天，云南省教育厅唐副厅长坐在那里也连听了3天，场场必到，最后对我说："你讲得实际，对老师有帮助，请您到云南的每个地市都去讲。"

每次讲学对自己也是一次教育，感受到广大教师对教育的热诚，对学习的渴望，他们是尝试教学法的实践者，是我最强大的后盾。每次都有难以忘怀的激动场面。通过到全国各地的讲课，我把先进的教育理念传送给广大教师，所以中国教育学会副会长朱永新教授称我为：

教育的光明使者　　创造许多纪录的长者

这里仅写印象最深的三次。一次在西藏拉萨，世界最高的地方；一次在广东佛山，参加人数最多的一场；一次在昆明，边远贫困山区教师参加最多的一次。

1992 年 8 月，我应西藏自治区拉萨市教体委的邀请，赴拉萨讲学，宣讲尝试教学法。行前，大家都劝我不要去，说高原反应会使人头痛不适，流鼻血，甚至耳朵也会出血。我没有被吓倒，毅然去了。

那天，拉萨市教研室的同志带着氧气袋到机场接我。说也奇怪，我走下飞机，没有感到任何不适，只感到空气特别新鲜，根本用不上氧气袋。我在拉萨连讲了 5 天，每天都要讲六七个小时，连西藏的同志都感到惊奇。特别值得一提的是，在拉萨，我见到了模范共产党员孔繁森同志，他当时还是拉萨市副市长，分管文教卫生工作，他设晚宴接待我，非常和气，没有一点架子，谈吐豪爽，对西藏教育事业充满信心，给我留下了深刻印象。后来他调到西藏阿里地区，为西藏人民献出了宝贵生命，现在我还珍藏着他送给我的哈达和当时拍的照片。

1992 年去西藏自治区拉萨市讲学，在布达拉宫前

拉萨市教研室组织了五六百位教师听我讲学，其中 70% 是藏族教师。他们大都是内地民族学院培养的，都能听懂普通话，听我的讲座没有问题。我最担心的是借班上示范课，亲自用尝试教学法给小学生上课，如果藏族学生听不懂我的话怎么办？如果他们不适应我这一套教法怎么办？如果学生都不开口，如何把课上下去呢？

那天上示范课的内容是"三步复合应用题"，借的是拉萨市实验小学四年级藏族班。结果出人意料，学生思维很活跃，课堂气氛热烈，顺利地完成了教学任务。藏族学生一口流利的普通话，内地的汉族学生也很难讲得这样标准。学生思维敏捷，反应快，我并没有讲例题，让他们尝试自己编题、自己做题，结果全班 95% 的学生都做对了。最后，我布置一道思考题让他们试做："电视机厂一月份生产彩电 1500台，二月份生产的台数是一月份的两倍，三月份生产的台数比前两个月生产的台数总和还多 500 台。三个月一共生产多少台？"这是一道六步计算应用题，已超出教学大纲的要求，可是全班有 60% 的学生都能算出来，使我大为吃惊。有个名叫次多的小同学竟能列出最简便的算式：$1500×(1+2+1+2)+500$。我在全国各地都借班上课，比较来看，这个藏族班学生的素质已达到一流水平。

进藏前，有人说藏族学生由于高原缺氧，思维反应慢，记忆力差，这是毫无根据的。从实验小学藏族班的情况来看，只要教学得法，藏族学生同样能达到高水平。

1999 年在广东佛山市举行全国协作区小学数学课堂教学观摩会，除有大陆几位顶尖的小学数学特级教师上课外，还邀请了香港、澳门、台湾的优秀教师上课。这是一次教师共聚一堂的盛会，全国 29 个省、市、自治区都有教师参加，特别是珠江三角洲的许多学校更是非常重视，开了校车来听课，参加观摩会竟有近五千人，把偌大的一个佛山体育馆挤得水泄不通。体育馆门前广场以及四周路边都停满了汽车，公安局都出动民警来维持交通秩序，盛况空前。

近五千人怎样搞观摩会，简直不可想象。上课的学生在中间比赛场地，听课的教师坐在学生周围及四周看台上。全场用的是搞演唱会的音响系统，声音清楚响亮，采用闭路电视，四周看台上有几十台电视机同步放映课堂实况。黑板两旁还有大屏幕投影。上课用多媒体电脑辅助教学，大家都能看得清楚。观摩教学也应用了现代科技，一派现代化气息。当时到会的港、澳、台教师都很吃惊，一次教研活动有这么多人参加，大陆教师对教学改革有如此热情，教学设备如此现代化，这一切使他们感到由衷的敬佩。尤其是台湾来的教师，她们是第一次到大陆，以前只听说大陆

在佛山市体育馆举行全国协作区小学数学课堂教学观摩会有近五千人参加

很落后，可是见到广州、佛山现代化的城市建设，在体育馆里搞如此大规模的教学观摩活动，有如此现代化的教学设备，大陆教师高超的教学水平，她们说简直不相信自己的眼睛了，羡慕得不想回台湾了。在这次观摩会上，我上了三年级"年、月、日"一堂课，我的两位弟子，深圳的黄爱华老师和香港的谢爱琼老师也都上了一堂课。

　　1997 年，在昆明市举行庆祝香港回归小学数学课堂教学观摩会，我上五年级"质数和合数"一堂课，学生是借中华小学的学生，虽是刚见面，但是学生们都喜欢我，上完课久久不愿离开"课堂"，有的学生拉着我的手说："邱老师，不要走了，留下来当我们老师吧。"听了实在使人感动。这次活动在昆明体育馆举行，有三千多人参加。这次活动最大的特点是邀请贫困山区的教师参加，名额由省教研室同各地市教研室商定分配，一共邀请了 200 多位边远山区的少数民族教师，他们不交会务费，还赠送会议资料，对其中 20 位优秀教师，还可以报销车费和住宿费，经费是从会务费收入中解决。在优秀教师座谈会上，他们激动万分，因为他们大都从来没有走出过山区，这是第一次到昆明，第一次参加这样大规模高水平的观摩会，第一次学习尝试教学的先进教育理论，说着说着都流下了眼泪，感谢我做了好事。我说，不要感谢我，我并没有拿出一分钱，是党和政府为大家创造了这样好的条件，我也是来学习的。这件事，受到云南省教育厅领导的赞赏，称赞把教育扶贫工作真正做到实处。

云南省教育厅曾组织调查组深入山区调研，他们发现边远山区许多教师都能用尝试教学法上课。我听了十分高兴，这同我十多次到云南讲学，每次做一点扶贫工作是分不开的。我相信，只要付出，定有回报。

以后，每次开研讨会或观摩会都有扶贫措施，有时干脆把观摩会放到贫困地区召开，所有讲课的专家和特级教师都义务讲学，组织沿海地区的学校和当地贫困学校建立手拉手关系，就在观摩会上签订协议。我想，我个人的力量是有限的，每次只能帮助十几人或几十人，如果大家都来做这件事力量就大了。

那时，我每年大概有七八个月在外面，东奔西跑，走南闯北。时间对我来说太宝贵了，利用旅途的时间我做了两件事：一是为写书做准备，写点素材；二是写回信，几乎每天都有全国各地的来信，我都一一回信。

1993 年到新疆讲学在草原上

回到常州，我主要的任务是写作，我的几部重要著作都是在这期间写成的，如《尝试教学法》《邱学华小学数学教育文集》《中国小学数学四十年》《小学数学教学研究》《尝试开拓创新》等。每本书都有几十万字，任务非常艰巨，我必须利用每一分钟、每一秒钟。每天坐在书桌前10多个小时，的确很辛苦，可是我觉得每天生活很充实，很有价值，当一本书写成后，心中产生的满足感和成就感是无法用文字形容的。

辞去师范校长职务，到教科所8年，争取到宝贵的8年时间。这段时间正是尝试教学法升华到尝试教学理论的关键时期；这段时间正是尝试教学法向全国大面积推广的时期；这段时间正是我写作的旺盛时期；这段时间正是我跑遍祖国山山水水，到处讲学的时期；这段时间对我一生的发展起着极其重要的作用。

可是在中国许多单位里，不干活的非议干活的，干得越多，遭受的非议也越多。我不会坐办公室一张报纸一杯茶混日子，搞教育科研必须深入基层，亲临教学第一线。由此，我常常遭到非议，"邱学华经常不上班，没有组织纪律"，"邱学华到处讲课，想捞钱"，"邱学华只能搞小学，有什么水平"，"邱学华只能跑跑农村"……听了这许多非议，我一笑了之，根本不去理会，我已经没有时间同这些人纠缠了。

按政策我可以延长到65岁退休，为了摆脱一些人的非议和纠缠，1996年我按时办理退休手续。这样我可以获得更多的时间和更大的空间。从1996年到现在，尝试教学研究又有了更大的发展。

七、尝试搞尝试教学实验研究

从尝试教学法到尝试教学理论，有挫折，有发展，随着教学改革前进的步伐，密切配合素质教育，创新教育、新课程改革，不断创新，与时俱进。

前面是按照我的工作阶段介绍的，可以看出我如何从一个农村小学代课教师成长起来的。我的一生中最重要的事是尝试教学实验研究，长达50多年时间，它是我尝试人生中的主要部分。我是随着尝试教学的发展而成长的。现在沿着尝试教学实验研究的轨迹，继续探索我成长的道路。

教育实验也是一种尝试，而且是一种高层次尝试。物理化学的实验对象是物质，失败了可以再做，而教育实验的对象是青少年，如果失败了，给青少年带来的心灵上的损害是无法挽回的，因此必须力争成功。教育实验要处理方方面面的关系，特别是人际关系，非常复杂，传统教育的习惯势力比较顽固，不是轻易可以改变的，这一切决定了教育实验的复杂性、艰巨性和不可预测性。所以教育实验不能"心血来潮、空穴来风、急功近利"。应该用大胆尝试的精神，谨慎细致的工作方法去搞尝试教学实验。实验工作必须采取渐进的方式，从酝酿、实施，到总结、提高；由点到面，由几个实验点到小范围试用，再到大面积推广。这一过程，分成五个阶段，走了60多年。

（一）酝酿阶段

"教师不先教，先让学生试一试，学生在尝试中学习。"这是一个大胆的设想，在我头脑里已酝酿很长时间了。

到新疆讲学，到蒙古族牧民帐篷里做客

当小学教师的时候，我跟着老教师上课，用的是满堂灌的方法，教师要讲得清清楚楚，明明白白，甚至还要讲深讲透，学生都听懂了，点头了，然后再去做练习。这种教学方法，教师讲得很辛苦，学生学得也很辛苦，成绩又平平。这种传统的教学方法能不能改呢？当时我还年轻，既缺乏教育科学知识，又缺少经验，无法解决这个问题。

我进入华东师范大学教育系深造后，从古今中外的教育理论著作中，发现古今中外教育家的思想，虽各有特点，但他们都有一个共同的思想：

相信学生，要让学生主动学习

1960 年毕业后，我留校当助教，一边在大学教小学数学教学法；一边到附小搞教学实验。我和附小教师一起试验，"让学生先做题，然后教师再讲"，这是尝试教学思想的雏形，但那时政治运动不断，无法搞系统的教学实验，后因"文化大革命"而中断。

到溧阳农村当中学数学教师，我是一边自学一边教，采用的办法是自己先做例题，做完后再对照课本校对，自己做对了还是做错了，研究其中的道理，再找参考书分析，最后再做习题。我发现这个办法学得很快，后来就把这个自学方法教给学生，收到意想不到的良好教学效果。事实上这已是尝试教学模式的雏形。由于正处在"文化大革命"期间，也无法搞教学实验。

（二）初试阶段

"文化大革命"后，我回到家乡常州。"学生能不能在尝试中学习"这个思考已久的问题重新在我头脑中浮现。改革开放的大好形势鼓舞着我，时机已经成熟，我决定进行系统的教学实验，来证实这个大胆的设想。

"教师还没有教，先让学生尝试练习"，这个设想步子太大了，大部分教师很难接受，不敢实验。我找到我的学生，小学数学教学研究班的学员劳动中路小学徐廷春老师，他一口答应，就在他教的四年级班上开始试验。我制订了试验方案，大家共同上课，他上课我听，我上课他听。一年后，实验班学生的自学能力和学习成绩大幅度提高，在一次"三步应用题"测试中，学生自学课本后做尝试题的正确率，实验班达 88.2％，而普通班只有 54％。期末考试成绩，实验班平均 96.5 分，而普通班只有平均 80.6 分。在其他学校，实验班也取得同样的教学效果。实验取得了成功，实验证明："学生能在尝试中学习"，原来的大胆设想，已成为现实。

当时有一个问题我琢磨很久，为这一新教法起什么名称，曾想用"五步教学法"、"探究教学法"、"引导发现教学法"、"先练后讲法"等，都不理想。早晨骑自行车上班，是我思考的好机会，早晨空气新鲜，心情舒畅，许多好主意都是在这时想出来的。一天早晨，在自行车上我忽然想到，取名为尝试教学法。"尝试"两字在中国通俗易懂，而且能揭示这一新教法的本质特征，能够区别于其他教学法。学生先练是带有尝试性质，可以做对，也可以做错，在这基础上，教师作针对性讲解。我觉得用"尝试"比用"发现""探究"更切合学生实际。

我用 3 个多月时间，经过反复修改写成论文《尝试教学法的实践和理论》。文章写成了，到何处去发表？当时"文化大革命"刚刚结束，极"左"思潮仍然有影响，我这篇标新立异的文章是很难发表的。中国教育理论界向来看不起自己的东西，外国人可以提一个教学法，中国人就不行。我比较了各地教育杂志，发现《福建教育》杂志刊登的文章观点比较新，决定向《福建教育》投稿。

当时《福建教育》杂志的数学编辑是陈辉和陈笑晴同志，他们收到我这篇文章后，极为重视，立即请示总编龚玉书同志。龚总编详细审阅了稿件，觉得此文观点鲜明，操作性强，符合教改方向，批准立即刊发。当时，第 11 期杂志已经编好，决定重新调整版面，在 1982 年第 11 期以显要的位置发表了这篇文章。

意想不到的是，这篇文章发表后，在国内引起强烈的反响，"学生能在尝试中学习"的新观点震动了大家。各地教育杂志相继转载，各地教师纷纷开展试验。各地试验都取得了成功，证明"学生能在尝试中学习"的观点是正确的，各地教育杂志纷纷报道了实验情况，全国掀起了一股尝试热。

（三）挫折阶段

正当我沉浸在实验初获成功的喜悦中，意想不到的打击已经来了。1983 年 10 月，在西安举行的一次全国性的小学数学教学研讨会上，一位小学数学教育界权威人士公开指责说："不要提这个法那个法，小学生还能自学？"大家心里明白他指的是尝试教学法。在教育杂志编辑的座谈会上，他更露骨地指着《福建教育》杂志社陈笑晴同志说："你们《福建教育》不要乱发表文章，要跟中央保持一致。"这顶大帽子真够厉害的。

这位权威人士的话被当成"西安会议"精神传达到全国各地，一时间尝试教学法受批判了的消息不胫而走，各地实验纷纷下马，有些教育杂志也不敢发表这类文章了。在江苏情况更糟，一位参加西安会议的江苏代表，在江苏各地传达"西安会议"精神，宣称"小学生不能搞自学，尝试教学法是错误的"。于是，江苏大部分学校的实验都下马了。在常州，原来反对尝试教学法实验的人找到了"理论依据"，讥笑说，邱学华想创造新教法，异想天开，"邱学华犯错误了……"。当时，作为师范学校的一名普通教师，面对内外夹攻这么大的压力，我没有胆怯，"文化大革命"的大风大浪都经历过了还怕这些？可是实验将会夭折，"学生能在尝试中学习"的教学设想将会落空，我焦急万分。当时"文化大革命"刚结束，极"左"思潮还存在，人们思想中还是一切要"唯上"。那位权威人士的"要跟中央保持一致"这顶大帽子谁都受不了。

这事如果发生在过去，尝试教学法就可能被一棍子打死。但是，现在不同了。党的十一届三中全会以后，恢复了实事求是的马克思主义思想路线，重申一切从实际出发，实践是检验真理的唯一标准。正由于党的十一届三中全会以来的正确路线、方针和政策，尝试教学法实验研究工作得以继续发展。

在我最困难的时候，江苏省教育厅和常州市教育局给予了支持和帮助。他们排除干扰，坚决支持我的实验研究。1983年4月，我被任命为常州师范学校副校长，主持学校工作，同年底被授予"特级教师"的称号，被选举为常州市人人常委会委员。事实证明，教育行政部门支持尝试教学实验，邱学华没有犯错误。

西安会议结束后，《福建教育》编辑陈笑晴回到福州，向龚玉书总编汇报情况，龚总编当即表示，《福建教育》杂志社受福建省教育厅党组领导，应该坚持教改方向，支持新教法的实验，要保持宣传尝试教学法的连续性。从此以后，《福建教育》非但没有被权威人士所吓倒，反而加大力度追踪报道尝试教学法实验研究的发展，到现在已连续追踪报道了30多年，发表了100多篇文章，这在教育杂志出版界是没有先例的。

广大教育工作者（包括教师和教研员）并没有理会权威人士的指责，他们相信实践的效果，尝试教学法以其观点鲜明、操作简便、效果显著而赢得大家的信服，实验范围不断扩大。广大教师的积极支持，是尝试教学法发展的重要动力。

教育理论界人士的参与和支持，促使尝试教学法从理论上站住脚，推动尝试教学法走出困境得以发展。我的导师、华东师范大学名誉校长刘佛年教授，支持我的观点——学生能在尝试中学习，并要求我继续实验研究。华东师范大学李伯棠教授、华中师范大学姜乐仁教授、河南师范大学陈梓北教授等都亲自撰文从理论上阐明，学生在尝试中学习不但是必要的而且是可能的。特别使我感动的是，陈梓北教授当时有严重的心脏病，正在养病，他是抱病写了《有胜于古、有胜于洋》的评论文章。尝试教学法终于顶住了权威人士的压力，走出困境，继续向前。

（四）尝试教学法研究阶段

1985 年 4 月，由 24 个单位联合发起，在常州市举行全国协作区第一届尝试教学法研讨会。有来自全国各地 400 多位代表参加。这是第一次举行全国性的尝试教学研究活动，受到教育媒体的关注，《中国教育报》《福建教育》《江苏教育》《湖南教育》等十几家教育报刊、杂志社的编辑都到会采访报道。《中国教育报》记者张玉文出发前，领导曾交代她，到常州参加研讨会只要听，不要表态，不要报道。张玉文在会上看到各地代表对尝试教学法热情高涨，便私下采访代表，了解到实验是真实的、科学的，连夜打长途电话向领导汇报，领导立即决定，要求张玉文尽快写成新闻稿传真到报社。

会后《中国教育报》以最快速度在头版刊登了报道："常州等地开展小学数学尝试教学法的实验——这种教学方法有利于培养学生自学能力，有利于调动学生积极性，减轻学生课后作业负担。"各地教育杂志社都做了相应的报道。《中国教育报》是国家教委的机关报。因此，张玉文记者的这篇报道在全国引起很大的反响，这是尝试教学法发展的一个新的起点。我一直和她说笑话道："您的一篇报道救了我啊。"以后，张玉文对尝试教学研究进行跟踪报道，1994 年 7 月 15 日她在《中国教育报》头版头条发表了"邱学华和尝试教学法"的长篇报道，全面介绍产生尝试教学法的艰苦历程，尝试教学法的实质特征以及在教育界产生的巨大影响。这篇报道在全国产生更广泛的影响。

在这以后，我根据各地实验研究中所提出的新问题，继续撰写出《再谈尝试教学法》《三谈尝试教学法》。而后又把以前发表的有关尝试教学法的三篇论文进行归纳整理，理论提高，写成《小学数学尝试教学法的实践和理论》，刊登在中央教育科学研究所主办的理论刊物：《教育研究》（1986 年第 4 期）上，不久译成日文在日本《新算数研究》杂志上全文刊登，日本国立横滨大学片桐重男教授亲自为该文写了按语。后来此文又收录到华东师范大学瞿葆奎教授主编的《教育学文集》中。同时，这项研究获得了江苏省教育科研成果一等奖。到此，尝试教学法已得到教育行政部门和教育理论界的认可。

　　按理说尝试教学法研究已大功告成了。但是，广大教师迫切需要更具体的操作方法，理论上还必须

《中国教育报》头版头条报道了邱学华和尝试教学法

进一步提高，靠写几篇文章是不能解决问题的，为此我决定写一本专著：《尝试教学法》。当时工作十分繁忙，既要当校长，又要搞研究，我只能利用休息的时间写作，对我来说已没有星期日和节假日，就这样前后将近用了一年的时间完成了这本著作，由福建教育出版社出版。该书从理论和实践上回答了"学生能在尝试中学习"的命题，并建立了比较完整的理论体系，对如何在小学数学、语文、常识以及中学数学教学中的运用提出具体操作模式。我国著名教育家刘佛年教授和日本片桐重男教授为该书题词。此书出版后，大受教师欢迎，促进了尝试教法的推广与应用。几年里再版重印数次，总印数达 10 多万册。1989 年举行全国首届教育理论著作评选，这

是新中国成立以来第一次，参加评选的都是一些著名教育理论家撰写的重要著作，结果仅评选出 49 本书获优秀教育理论著作奖，出乎意料的是，《尝试教学法》一书竟获此殊荣。

　　1990 年在北京举行国际数学教育会议（RCME），我在大会上宣读《尝试教学法在数学教学中的应用》论文，受到与会代表的关注。我和日本片桐重男教授在一个小组内，并共同主持会议，令人十分高兴。台湾数学教育界朋友第一次来大陆参加数学教育会议，他们把《尝试教学法》一书带到台湾，向台湾的师范院校学生介绍。屏东师范学院黄金钟教授还亲自在一些学校试用尝试教学法并获得成功。尝试教学法论文译成日文、英文、德文在国外杂志上发表。1992 年在常州市举行全国协作区第六届尝试教学法研讨会，中国新闻社记者陈琪以"中国历经十年研究和实验，尝试教学法推广已获实绩"为题，向海外作了报道，引起强烈反响。世界各地纷纷来信，大都是华侨和华裔教师，有的要求进一步了解情况，有的要求索取资料。1993 年，我应日本数学教育研究会邀请到日本讲学，着重介绍了尝试教学法。而后上海市教师培训中心的德国专家岗特·雷诺先生亲自到常州考察尝试教学法，由他推荐在德国《世界教育》杂志发表尝试教学法的论文，编辑部特别加了"编者按语"，郑重推荐这篇论文。我为我国自己创造的教学法逐步走向世界而感到自豪。

应日本数学教育研究会的邀请到日本介绍尝试教学法

（五）尝试教学理论研究阶段

从 20 世纪 90 年代开始，我有了新的思考："为什么尝试教学法在中小学各科都呈现积极的效果反应，是否受一种教育规律所制约?"尝试教学法在小学数学教学中开始实验，后发展到语文、常识等学科，又从小学发展到中学、大学，又从普教发展到幼教、特教、职教。大量的教学实践充分证明："学生能在尝试中学习"是带有普遍意义的。因此我萌发出把尝试教学法升华到尝试教学理论的设想，提出"尝试教学理论研究与实践"的研究课题。

这项研究得到国家教委和中央教育科学研究所的支持，经全国教育科学规划领导小组审核批准，"尝试教学理论研究与实践"列入"八五"规划全国教育科学重点研究课题。尝试教学的研究进入了一个新的阶段，一项雄心勃勃的研究计划开始了。

构建教学理论是一项复杂的系统工程，靠个人的力量是有限的，必须联合各方面力量攻关。原来尝试教学法有一个全国研究网络，在此基础上形成新的研究网络，以重点研究课题为核心，在全国各地联合 106 个子课题相配合。我的研究重点也转向理论层面，同时指导全国 106 个子课题的研究。

经过近 5 年的研究，我终于写成"尝试教学理论研究与实践"研究主报告，106 个子课题也相继写出实验报告和研究论文，汇编成近 60 万字的论文集《尝试、成功、发展》，由湖北人民出版社出版。研究主报告提出了尝试教学理论的理论框架，在理论层面上有以下几个方面的突破：

（1）探明尝试教育思想的历史渊源，从古代的孔子和孟子，到现代的陶行知和叶圣陶，都蕴含着尝试教育思想。历史事实证明，尝试教学理论渊源于中国，在中国这块沃土上产生和发展尝试教学理论，这是历史发展的必然。

（2）阐明尝试教学理论的实质，概括成"学生能尝试，尝试能成功"。

（3）提出"尝试成功理论"新观点，以区别于美国桑代克提出的尝试错误学说，并阐明达到尝试成功的七个因素。

（4）提出了尝试教学的操作模式，有通用模式、基本模式以及各种变式，建立灵活多样的尝试教学操作模式体系。

　　1996年10月，在湖北省十堰市举行了全国协作区第八届尝试教学法研讨会，同时举行对国家重点研究课题"尝试教学理论的研究与实践"的专家鉴定会，全国教育科学规划领导小组委派以四川省社会科学院查有梁研究员为首的专家组进行鉴定。

　　这里有一件难忘的事。当时进行专家鉴定，没有经费。湖北省十堰市教委主任王福海对我说："邱老师你放心，出版论文集、专家鉴定的经费由我们来承担。"我只有千谢万谢，他却说："你为中国教育做出这么大的贡献，你又为了什么！我们做一点工作是应该的。"听了真是催人泪下。

　　专家组成员尚有华中师范大学姜乐仁教授和翟天山副教授，中央教科所戴汝潜研究员，苏州大学朱永新教授。专家组全程参加了全国第八届尝试教学法研讨会。这次会议有来自全国各地近2000名代表，盛况空前，一个大会堂挤得满满的，连走道上、主席台上都坐满了代表，一个民间研讨会会有这么大的吸引力，本身就说明了问题。全国教育科学规划领导小组的办公室主任金宝成全程参与鉴定工作，他对

《尝试教学理论研究与实践》专家鉴定组成员：查有梁（右二），
姜乐仁（右三），翟天山（左二），全国教育科学规划
办公室主任金宝成（左三），右一是邱学华

尝试教学理论受到第一线教师如此欢迎，我同各地教育局和教研室的关系如此密切，感到惊奇和赞赏。他由此得出一个重要观点，教育科研成果要转化成生产力。

专家组听了来自全国各地代表的发言，又听了7节尝试教学法的观摩课，然后再审读课题的研究主报告及子课题研究报告。他们对研究成果给予较高评价，专家鉴定意见中有两条主要结论是：

(1) 尝试教学理论，主要是在中国古代优秀的教育思想基础上，升华出的现代教学理论。

(2) 尝试教学理论，从实践到理论已经历了15年的实践检验。尝试教学法普适性强，已成为基础教育的重要教学方法之一，值得推广。

国家重点研究课题"尝试教学理论研究与实践"通过专家鉴定，标志着尝试教学法已升华到尝试教学理论。

1999年9月，这项研究荣获全国第二届教育科学优秀成果二等奖，由教育部颁发证书和奖牌。这给予参与尝试教学实验研究的几十万教育工作者充分的肯定和莫大的鼓舞。

"尝试教学理论研究与实践"研究课题结题，并不表示研究的结束，而是开创了一个新的起点。一种教育理论的形成和发展，必须经过长时间的反复实践，并在教育实践中不断提高，不断完善。全国教育科学规划领导小组同意我继续进行滚动研究。

1998年10月，我在湖南省张家界市举行的全国第九届尝试教学法研讨会上作了"尝试教学是实施素质教育的有效途径"的主题报告，并提出"尝试与创新"的研究主题。全国1000多个实验基地学校，展开新一轮的实验研究，在理论和实践上探索尝试教学与创新教育的关系，构建尝试创新教学模式，使尝试教学理论达到一个新的水平。

2000年10月，在山东省济南市举行的全国第十届尝试教学法研讨会上，我作了"尝试中创新"的主题报告，完整地提出"学生能尝试、尝试能成功、成功能创新"的新观点，要使学生在"尝试中学习""尝试中成功""尝试中创新"，形成了尝试教学理论的核心。《中国教育报》在"邱学华谈尝试与创新"专栏下，连续发表了

邱学华同志的《尝试教学理论研究与实践》

荣获全国第二届教育科学优秀成果

二 等 奖

中华人民共和国教育部
一九九九年九月

我的 6 篇文章，系统论述"尝试中创新"的新观点。尝试教学适应了创新教育的要求，符合培养 21 世纪人才的需要，这给尝试教学理论的研究开拓了广阔的天地。

为了不断充实尝试教学理论体系，在教育科学出版社的大力支持下，"尝试教学理论研究丛书"得以编辑出版，这也是一项复杂艰巨的系统工程。这套丛书的出版，将作为奠定尝试教学理论的基石。国家教育部总督学柳斌先生亲自为这套丛书题词："深化教改实验，建设有中国特色的教学理论体系"。

这里有一段小故事。柳斌先生当时担任国家教委副主任，仅在 1990 年参加国际数学教育会议（RCME）欢迎外宾的宴会上见到过一次，并不认识。我觉得这套丛书十分重要，能否请柳斌先生题词呢？有人劝我：请国家教委领导题词很难，要找熟人介绍。我又找不到熟人，只能抱着试一试的心情，给柳斌先生写信和附上"尝试教学理论研究丛书"的编写计划。不久，接到柳斌先生的回信和题词。国家教委领导工作日理万机，想不到能为一个不认识的普通研究人员的著作题词，直到 2010 年，柳斌先生应常州市教育局邀请参加"邱学华从教 60 周年暨尝试教育理论报告会"，我才有机会当面向他表示谢意。

随着新课程改革的开展，尝试教学研究又进入一个新的阶段：从学习论的角度，研究尝试学习理论。把尝试作为学生的一种学习方式，改变学生的学习方式是这次

教育科出版社出版的"尝试教学理论研究丛书"

新课程改革的重要内容。倡导学生自主学习，主动参与，自由探究，因而尝试学习不失为一种理想的学习方式。2002年11月《人民教育》发表《尝试学习的原理、策略与实践》一文，把尝试教学研究与实施新课程改革结合起来。

目前，全国已有近2700个实验基地学校，有七八十万教师参与实验研究，并有更多的教育理论工作者加入了研究队伍。这样大规模的实验研究，在当今世界上是不多见的。尝试教学实验研究还在继续发展，我们有信心、有能力把这项具有中国特色的教学理论深入研究下去。

八、尝试人生的感悟

从自己成长的道路，感悟尝试人生的真谛，总结出七条启示可供大家参考，也引导自己继续尝试人生的道路。

走过近80年尝试人生，留下了人生的足迹，也对人生有了感悟，我将从自己成长的道路感悟到的几点，写出来供大家参考。

1. 祖国和人民的培养，方方面面朋友的支持

我的成长离不开祖国和人民的培养、方方面面朋友的支持。这绝不是"大话""套话"，这是发自肺腑的内心话。我 16 岁当农村小学代课教师，现在看来那时还是一个不懂事的毛孩子，是国家和人民培养了我，使我从一个不懂事的孩子成为一名中心小学校长；我在大学读书，非但不要一分钱，还每月领工资津贴，是人民养育了我；"文化大革命"中全家在农村遇到各种各样的困难，是周围朴实善良的农民帮助了我们；在尝试教学实验遇到挫折，是党和人民支持了我，任命为师范校长，评为特级教师……这是千言万语也说不完的。

人民养育了我，我是人民的儿子，为人民努力工作是我应尽的责任。做人要有良心，古人都知道"滴水之恩，涌泉相报"，我们就不能为国家、为人民多做一点工作？国家有了翻天覆地的变化，一个国家在发展中肯定会遇到困难，会有不尽人意的地方，我们不应该去埋怨、责备，而是应该想到我为国家和人民做点什么。

在我的成长道路上，在尝试教学实验研究的发展中，不知有多多少少的朋友，关心和帮助了我。有七八十万教师参与实验研究，有许多教育界的专家、学者参与理论建设，有许多教育行政领导全力支持积极推广，有许多媒体朋友积极扶植大力宣传，有许多学校校长换了几任还坚持实验。没有他们的关心支持和努力工作，尝试教学研究是不可能成功的。我一直说，尝试教学理论不是我个人的创造，它是集体智慧的结晶，是 30 多年来改革开放和教学改革的成果，凝聚了千千万万人的心血，绝非个人力量能够办得到的。

2. 改革开放的正确路线，稳定的政治局面

我的成长的关键时期是党的十一届三中全会以后，改革开放的 30 多年。改革开放的路线迎来了知识分子的春天，打碎了套在知识分子身上的精神枷锁，可以甩开膀子大干。过去想干又不能干，欲罢又不能，特别是家庭出身不好的帽子压得你喘不过气来，怕说错话，怕犯错误，怕政治运动挨整。现在真是幸福，想学习有进修机会，想改革有领导支持，想说什么可以大胆地说，想干什么可以大胆地干。现在的青年人是很难体会到当年的苦难的。

过去由于受各种政治运动的影响，政策、口号经常变，大纲教材不稳定，教学

实验很难进行，大都半途夭折，大家都有切肤之痛。教学实验周期长，没有相对安定的政治局面是无法坚持下去的。特别是由于极"左"思潮的影响，教育实验工作者搞实验研究都是胆战心惊，担心哪一天会受到批判，被一棍子打死。

党的十一届三中全会以来，由于有稳定的政治局面，经济飞速增长，教育事业稳步发展，大纲教材相对稳定。改革开放的政策，促进了教学改革，鼓励大家放手搞实验研究，这样才使得尝试教学研究坚持了 30 多年，使尝试教学法上升到尝试教学理论，得到不断的发展。

前面谈到实验初期被权威人士压制受到挫折，如果没有改革开放的正确路线，尝试教学法早就被一棍子打死了。

改革开放以来，新教学法不断产生，各种试验教材相继出现，丰富的教育实践又推动教育理论的发展，呈现出一派繁荣景象，这是我国教育科学发展最兴旺发达的一段时期。因此，我们应该珍惜来之不易的安定团结的政治局面，国家需要稳定，教学改革的深入和教育科学的发展也需要稳定。

3. 热爱教育事业，树立远大理想

我为什么喜欢教师这个职业？主要是 5 年的农村小学教师生涯，使我爱上了孩子，爱上当教师。如果从我出身经历来看，还有深层次的原因，这还得从我的儿童时代说起。

我从小很苦，父亲是磨豆腐出身，没有文化，后来为了生计从苏州来到常州火车站做了清洁工，后来当了检票员。抗战期间，沦落到上海在旅馆里做茶房（现在叫清洁工），在旧社会是很低下的工作。家里没有钱让我进学校读书，我十分羡慕别的孩子背着书包去上学。后来，我想办法进了基督教青年会办的义务夜校。这个学校不收学费，还送课本，晚上上课。来上学的都是穷苦的孩子，教师都是年轻的大学生。这对我幼小的心灵触动很大，当时我曾暗下决心，将来长大当一名校长，穷人读书不要钱。这个愿望在新社会果真实现了，我不但当了小学校长，还当了师范学校校长。

我热爱教育事业，我喜欢孩子。看到孩子们的笑脸，我就有无穷无尽的乐趣，再苦再累也心甘情愿。中国的中小学生有两亿多，我的工作能为两亿多学生服务，该有多重大的意义！这是我努力工作的最大动力。

干一行要爱一行，热爱自己的事业，甘心为此献身，才能有所成就。一个人连自己的事业都不热爱，当然不会有成功。我几十年执着追求，艰苦奋进，如果不用热爱来解释是无法理解的。

几十年的亲身经历，我坚信中国的一句老话：

有志者　　事竟成

按说，我的条件并不好，首先是家庭出身不好，这在改革开放以前是一个致命的弱点；其次，我原本是一个只有高一文化程度的农村教师。但这些不利条件没有使我退却，我相信一个人只要有志气，有远大的理想，是能够干出一番事业的。重要的是要不断地在自己前面树立新的目标，时时自勉，不断奋进。

刚登上小学讲台，我就立下志愿，要当一名好教师。

为了研究小学教育，我立下志愿，一定要考取师范大学教育系。

大学毕业留下当助教，我立下志愿，在小学数学教学研究方面做出成绩，争取做小学数学教育专家。

"文化大革命"后，大胆进行尝试教学实验研究，我立下志愿在教育理论上走一条创新之路，向人民教育家陶行知先生学习。

一个人应该有远大的理想，要有梦想，有志气，有雄心，否则就会失去前进的目标，奋进的动力。

4. 执着追求的精神，勤奋刻苦地工作

一个人树立了远大的理想，立下了志愿，只是在人生的道路上跨出了第一步，要达到目的，实现志愿必须有执着追求的精神，勤奋刻苦地工作。不付出艰苦的劳动，"成功"不会从天上掉下来。远大的目标必须靠一步一个脚印地向前走才能接近，才能达到。"千里之行，始于足下"，空谈是永远得不到成功的。

在农村当小学教师的时候，我为了编制口算表，简直到了废寝忘食的地步，每天晚上都搞到深夜。从一张口算表，到设计每个年级配套的口算表。进大学后，我

对口算表进行了系统整理，"文化大革命"后再进行修改，才正式由上海教育出版社出版。这本仅有 20 多页的小册子，前后经历了 20 多年，不知花费了多少心血！

20 世纪 70 年代末，我开始研究小学生口算能力测定。为了制定口算能力的标准，在大家的帮助下，我们对全国 16 个省、市、自治区进行广泛的调查测验，测验学生达 72000 多人次。当时没有计算机，几万人数据都是用算盘进行统计分析的，工作量之大可想而知。

为了调查尝试教学法的应用范围以及数据，我进行了三次全国性调查，每次都印发一两千份表格，没有助手，从发信、收信到统计数据，都要自己亲自干，每次都要用几个月的时间。

从 1978 年到现在，我编著和主编的著作达 280 多本，平均每年八九本，总字数达 3000 多万。同时，在这期间我跑遍了全国 31 个省、市、自治区，为教师做了 600 多场次报告。很多人对此疑惑不解，问我哪里来的这么多时间。我回答说，我是用别人休息和打扑克的时间在工作。

由于我能做报告、会写文章，又能上公开课，一些朋友开玩笑地叫我"江南才子"，其实我心里明白，我并没有太高的天赋，只是能吃苦而已。我这个人别的本领没有，坐功挺大，一天在书桌前连坐 10 多个小时读书写作，都无倦意。以前在师范学校工作，离家很远，骑自行车往返需近两个小时。白天利用点滴时间思考问题，晚上伏案写作。搞研究的人，要耐得住寂寞，应该钻得进去，坐得下来。

一个人在事业上取得成功，还必须有较好的身体素质。我每天工作 10 多个小时，从来不觉得头痛或头昏。两次到西藏拉萨，都感觉不到高原反应。当年从昆明到思茅，要坐整整两天汽车，我都没有不适应的感觉。现在我已古稀之年，精力还感到充沛。我有这样的身体条件，应归功于青年时代的锻炼。在大学期间，我每天坚持长跑锻炼，还是一名篮球运动员。在常州师范学校当校长时，每天近两个小时骑自行车上下班，也是很好的锻炼。其实在全国走南闯北，东奔西跑，也是一种锻炼。

5. 理论联系实际，一切从实际出发

30 多年来，尝试教学法从一个实验班发展到几十万个班级，从小学发展到中学、大学，从普教发展到幼教、职教。这中间并没有靠国家的红头文件，国家也没有拨专门的研究经费。许多人感到奇怪，认为这是教育研究中的一个奇迹，也有人称之为"邱学华现象"。

其实并不奇怪，我靠的是理论紧密联系实际的研究道路。我坚持教育研究是为了解决教育的实际问题，使学生能够受益；我坚信，教育实践是教育理论的源泉。为解决教育实际问题，在教育实践中产生的理论，才有生命力，才会受到广大教师的欢迎。我的许多新思想、新方法，都是在教育实践中萌发出来的。

尝试教学研究所以能坚持长达 30 多年时间，经久不衰；所以能受到广大教师的欢迎，道理就在于此。古人说得好：

纸上得来终觉浅，绝知此事要躬行

大学毕业后留校当了大学教师，我义无反顾地到附小搞教学实验，为了方便，我干脆和附小教师住在一起。"文化大革命"中，在农村已经到了穷困潦倒的地步，我还偷偷到附近小学搞实验，别人都以为我疯了。在担任师范学校校长时，工作千头万绪，我还是坚持到小学搞实验。为了把尝试教学思想引进幼儿园，我深入幼儿园达 10 多年之久。

走出办公室，投身到教学实践中，虽然道路艰难困苦，但有取之不尽的源泉和

无穷无尽的乐趣。在教学实验中，应该平等对待教师，不要以指导者自居。不能单做指挥员，同时也要做战斗员，自己要亲自上研究课，取得第一手实验资料。

我能亲自给小学生上公开课，成了我得天独厚的条件。我到各地讲学，都是先讲理论，再借班上课，大受教师欢迎，他们觉得亲切可信。这样，走一地，传一片。30多年来，我跑遍了全国各地，这对推广尝试教学法起了极重要的作用。

深入教学第一线，你会有机会交很多朋友，有第一线的教师、学校管理者、教研室教研员以及教育局领导，他们会给你支持，也会给你出好的主意。这些好朋友都是构建尝试教学理论的无名英雄。个人的力量是有限的，要组织大家一起来研究。主要有三方面力量：一是第一线教师；二是教研部门的教研员；三是教育理论工作者。从1985年开始，每一年或两年举行一次全国协作区尝试教学法研讨会，已经坚持开了16次。这种研讨会把培训教师、互相交流、发表论文结合起来，受到大家欢迎。每次都有一两千人自愿参加，充分显示了广大教师的教改热情，正如原《河南教育》主编冯振山指出的：

"伴随着尝试教学法深入发展而出现的一次又一次群众性教学法研究热潮，便已构成了现代中国小学教坛上的一大奇观！"

2004年在浙江宁波召开全国协作区第十二届尝试教学法研讨会

6. 敢于尝试、大胆创新、走自己的路

在教育研究中要敢于尝试，大胆创新、走自己的路。不唯书，不唯上。

记得早在农村当小学教师的时候，看到苏联普乔柯《小学算术教学法》书上介绍的口算练习条，特感兴趣，就照此使用，发现使用不方便，我就大胆加以改进，创造了"口算表"，当时我只是一个不满 20 岁的农村教师。在大学读书时，我大胆提出大学生自己编写《小学数学教学法讲义》，而且不用苏联算术教学法体系，摸索符合中国学校实际的教学法体系。传统的"先讲后练"的教法走不通，我大胆设想能不能反其道而行之，倒过来试一试，"先练后讲"的尝试教学法就这样诞生了。

中国教育理论界一向崇洋，看不起自己的东西。翻开教学论著作，全是外国的教育理论。纵观中国近代教育理论的发展，先是学日本，后来学美国，新中国成立以后又"全盘苏化"学苏联，现在又全面"开放"，外国各种各样的教育理论、教育思潮涌进中国。我读过许多本《中国教育史》和《外国教育史》，为我国古代光辉灿烂的教育文明史深感自豪，也为近代教育照搬照抄外国而羞愧。直到现在，有些人只相信外国人，开口布鲁纳，闭口赞可夫，总看不起自己，不敢相信自己的东西。我国是 13 亿人口的社会主义大国，有几千年的文明史，还有两千多年的教育优良传统和经验，难道就不能在教育理论研究上走一条创新之路，建立具有中国特色的教学理论？我是憋着这股气而发奋工作的。

邱学华（右）在四川省凉山彝族自治州，访问彝族家庭

在中国，有 80％以上的学校在农村和山区，目前农村和山区经济尚不发达，教学设备并不好，教师教学水平也不高。这是我们考虑问题的出发点，广大教师急

需的不是羞涩难懂的外国教育理论，他们需要教育观点鲜明，操作程序具体，表述语言清楚的教学理论。尝试教学理论正符合这些要求，因而受到广大教师的欢迎。外国教育理论研究得再有水平，终究是外国人的东西。我们应该根据中国的国情，走自己的路，解决中国教育的实际问题。

尝试教学理论继承中国古代教育思想的精华，又从中国教育的实际出发，具有鲜明的中国特色，因而受到国外教育界的关注。我的导师刘佛年教授曾指出，中国的教育理论必须"具有中国特色，才能走向世界"，这是十分正确的。借鉴外国的教育理论是重要的，但是我们不能照搬外国的东西，应该根据中国的国情，走尝试创新的道路。创新教育呼唤教育的创新。

对尝试教学法和尝试教学理论评价如何，我并不在乎。我高兴的是，这种教学法已为我国几十万教师所掌握，已影响了几千万学生，对推动教学改革和大面积提高教学质量产生了一定的作用。

7. 不怕逆境困境，受得住非议，经得起磨炼

一个人的成长不可能是一帆风顺的，总会遇到困难，也会身处逆境。

面对困难，不要惧怕，对自己要充满信心，只要奋发图强，努力工作，没有过不去的坎，真所谓船到桥头自然直。身处逆境并不可怕，可怕的是不能因此而精神崩溃，我下放农村整整 9 年，我们笑对逆境，自得其乐。在最困难的时候，我对党和国家都没有失去信心。

有的人不怕困难，就怕遭人非议，有时冷嘲热讽，流言蜚语甚至会把一个人淹没。

"文人相轻"是中国少数知识分子的劣根性，他们看到别人的进步就妒忌，看到别人出成绩就眼红，喜欢在背后说三道四，冷嘲热讽。这些人对领导拍马奉承的功夫特别好，往往会受到青睐。在一些单位里，平平庸庸混日子没人管。谁要想有什么创意，或想做一番事业就会引来风言风语。所以在中国教育界为什么"墙内开花墙外香"的现象比较普遍，我想原因就在这里。

我对此深有体会，我在成长道路上经受的非议和磨难太多了。"文化大革命"中，我钻研业务，刻苦学习，却成了走"白专"道路的典型，遭围攻，受批判；粉碎"四人帮"后，在揭批"四人帮"爪牙的时候，我又受到了围攻，逼我交待两个

问题：一是"三算结合教学实验"是从上海搞起来的，而上海是"四人帮"盘踞的地方，邱学华搞三算结合实验同"四人帮"有什么联系？二是邱学华每天都有来自全国各地的信件，有没有"四人帮"爪牙写来的信？简直是莫名其妙，使人哭笑不得。在尝试教学实验研究初期，一位权威人士的一句话，使实验纷纷下马，有些人就说：邱学华犯错误了。为了集中全力搞实验，我主动辞去师范校长职务，又有人传出：邱学华在师范混不下去了，邱学华犯错误了……这种事例太多了。

这些非议的确使人难过，辛辛苦苦努力工作还要受冤枉气，有时委屈得也会流泪。我经常用马克思《资本论》里引用但丁的一句诗"走你的路，让人们去说吧"来激励自己。在我办公桌玻璃台板下，压着一首诗，我用它时刻激励自己。

> 长短任人说，是非有公论；
> 扪心无自愧，坦荡何所惧。

我已近 80 岁了，看上去只有 60 岁左右，很多人问我有什么养生之道，我回答说："受了挫折，有了气，不要往心里去，什么事情要想得开，乐观地看待每一件事，要懂得保持心理平衡。"遭受非议并不是一件坏事，真所谓："能受天磨真铁汉，不遭人忌是庸才"。

九、八十老翁的教师节

2014 年 9 月 9 日　北京　晴

今天太高兴了！我所敬佩的习近平主席亲切地同我握手，并祝我教师节快乐。

我因尝试教学法研究成果荣获《基础教育国家级教学成果》一等奖，赴京参加庆祝第 30 个教师节暨教育系统先进集体和先进个人表彰大会。

今天 7:20 从京西宾馆出发到人民大会堂。我坐 1 号车，上车后才通知我，接见合影时我坐第一排，座位上有我的名字。我受宠若惊，忐忑不安，第一排都是中央首长和各级领导坐的，我是一个普通老教师怎能坐第一排？大概今天是教师节，也是尊重教师的安排吧。

人民大会堂接见厅灯火辉煌。果真在第一排的座位找到我的名字，一看才有 8 位教师坐在第一排。全国教师千千万，有幸我是 8 个人中的一个。其他代表都站在阶梯式的台阶上。

大家都揣着一颗激动的心，等待着，盼望着。接近 9 点时，灯光大亮，接见厅里响起一片热烈的掌声，中央首长徐徐走来了，习主席迈着矫健的步伐走在第一个。习主席同代表一一握手，站在后排的代表尽可能伸长手想同中央首长握手，习主席尽可能满足大家，态度谦虚随和。走到我跟前，亲切用力同我握手，并说教师节快乐。李克强总理握着我的手问："今年多大年纪啦？"，我回答："80 岁了"。李克强总理惊奇地看着我说："你长得太年轻了，好好保重。"时间定格在 9 月 9 日 9 时。

今日情景我是永生难忘的。回首往事，历历在目，八十春秋，思绪万千。16 岁那年在省常中还没读完高一，为了自己养活自己，我毅然到武进郑陆桥塾村中心小学当代课教师，20 岁成为全县最年轻的中心小学校长；21 岁考入华东师范大学教育系深造，毕业后当了大学教师；"文化大革命"中被迫到溧阳农村当了中学教师；"文化大革命"后回家乡，在常州师范学校，先当教师，后当校长；为了集中精力搞尝试教学法研究，我辞去校长职务，到教科所当一名普通研究人员，直到退休；退休后仍活跃在中小学第一线。我一直没有停息，永远在进步。

我一生有个教育梦，追求一种理想的教学方法，教师教得轻松，学生学得愉快，质量又很高。这个教育梦，通过半个多世纪的努力，实现了！我创立了具有中国特色的尝试教学法，已有全国 31 个省、市、自治区以及港澳台地区推广应用，试用教师约 80 万，受教学生达 3000 多万，被美国瓦格纳教授誉为：这是世界上规模最大的教改实验。为了把这种先进的教学法传送给广大教师，我走遍了祖国的山山水水，编著了 200 多本著作，因此著名教育家把我称为：教育的光明使者，创造许多记录的长者。

我一生没有虚度时光，为国为民我尽力。想不到在我 80 岁时，还能有这样的荣耀，对国家对人民我充满感恩之情。现在我身上的各个零件还没有多大毛病，再干 10 年、20 年，活到 100 岁，干到 100 岁，哈哈！

我的教育观

我对尝试教学进行长达 50 多年的实验研究，形成我一生中最重要的教育理念："学生能在尝试中学习，学生能在尝试中成功。"

　　根据这个教育理念，在教育实践中逐步建立了尝试教学理论，这一教学理论的架构为：

　　以"先让学生试一试"为指导思想；

　　以"学生能尝试、尝试能成功、成功能创新"为理论核心；

　　以中华教育思想的精华为理论支撑；

　　以"先练后讲、先学后教"为操作模式；

　　以全国范围 3 000 多万学生为实验基础；

　　以长达 30 多年的实验为实践检验。

　　我们先用简明的形式介绍"尝试教学理论概要"，使大家能从整体上了解尝试教学理论的框架，然后再按专题论述介绍。

尝试教学理论概要

明确一个观点：

学生能尝试，尝试能成功，成功能创新。

理解两个特征：

先试后导，先练后讲。

培养三种精神：

尝试精神，探索精神，创新精神。

促进四个有利：

有利于大面积提高教学质量，提高全民族的素质；

有利于培养学生的创新精神，促进智力发展；

有利于提高课堂教学效率，减轻学生课外作业负担；

有利于教师教育思想的转变，提高教师素质。

掌握五种操作模式：

一种基本式（七步教学程序）加上四种变式（调换式、增添式、结合式、超前式）。

运用六条教学原则：

尝试指导原则	准备铺垫原则
即时矫正原则	合作互助原则
问题新颖原则	民主和谐原则

重视七个达到尝试成功的因素：

学生的主体作用	学生之间的互补作用
教师的主导作用	师生之间的情意作用
课本的示范作用	教学手段的辅助作用
旧知识的迁移作用	

一、"尝试"的重要意义

"尝试"两字似乎是很普通的字眼，但它却蕴含着博大精深、不可估量的内涵和价值；蕴含着极为丰富深刻的哲理，透发出无穷无尽的教育价值。

解读尝试教学理论，应该先从"尝试"说起。

"尝试"两字似乎是很普通的字眼，但它却蕴含着博大精深、不可估量的内涵和价值；蕴含着极为丰富深刻的哲理，透发出无穷无尽的教育价值。我从20世纪60年代开始酝酿思考，到80年代正式启动教学实验，对尝试教学进行了长达50余年的研究与实践，越来越感受到"尝试"的深奥。

查阅中国流行的语言词典，我们就会看到它们对"尝"、"试"、"尝试"的注解所占篇幅较大。考证涉及许多古代经典论著，诸如《论语》《孟子》《庄子》《荀子》等。《康熙字典》中说，尝——试也；《辞源》中说，尝——试探；《辞海》中说，尝——试，如尝试。《左传·襄公十八年》："诸侯方睦于晋，臣请尝之，若何?"杜预注："尝，试其难易也。"看来杜预对"尝"的注解是十分贴切的。

在现代汉语里，尝试是一个复合词，由"尝"和"试"两个字组成。"尝"乃探测问题的难易；"试"乃探测解决问题的方法的有效性。这两个字合在一起为"尝试"，所以尝试乃是对问题的一种探测活动，目的是获得关于问题的难易程度，知晓解决问题的方法的有效性，最终达到解决问题。

小学语文有一篇课文叫《小马过河》，把尝试的含义诠释得非常清楚：

这篇课文，叙述了一匹小马要过河，老牛对它说水很浅，能蹚过去。松鼠对它说水很深，会淹死你的。弄得小马没了主意，回去问妈妈。妈妈对它说：光听别人说，自己不动脑筋，不去试试，是不行的。你去试一试，就会明白了。小马听了妈妈的话，果然去试了试，原来河水既不像老牛说的那样浅，也不像松鼠说的那样深。

这篇课文，通过童话揭示了辩证唯物主义认识论的一条重要规律：认识来自实践，实践是检验真理的唯一标准。同时，它也说明，"试一试"是学习的基本形式。因此这篇课文把尝试的含义诠释得具体形象，淋漓尽致，我们必须从哲学高度来认识"尝试"。

对于尝试，邓小平高度概括成一句通俗易懂的话："摸着石头过河"，意思是，要知道河的深浅，不要站在岸上看，要亲自去尝试，摸着石头过河。正是这句话，他带领全国人民走上改革开放的道路，建设有中国特色的社会主义。

摸着石头过河

从社会发展史来看，尝试，促进了人类的发展，推动了社会的进步。类人猿为了生存，尝试站立起来，这是其进化成人的关键一步，远古人通过不断尝试逐渐学会钻木取火、打猎捕鱼、制造工具，使人类本身获得了发展。由于人类不断尝试，才有千千万万的创造发明，造就了丰富多彩的现代文明。

每一次社会变革都是一次尝试。毛泽东思想中蕴含着丰富的尝试思想，创建井冈山革命根据地，农村包围城市，建立统一战线，直至取得革命胜利都是伟大的尝试。邓小平同志是一位大无畏的尝试者，他的名言"摸着石头过河"就是要求大家敢于尝试，他的创建经济特区、"一国两制"等创举都是震惊世界的成功尝试。江泽民在总结中国共产党建党 80 周年的革命实践时，根据新时期的新问题和新任务，提出"三个代表"的重要思想，这也是划时代的尝试。由于人类不断尝试改革，才推动社会不断进步。

尝试是人类学习的基本形式，真正的学习都是带有个人意义的尝试学习。

"尝试是创造的前提，尝试是成功的阶梯"这两句话，是简单朴素的真理，为世人所公认，充分说明了尝试的重要意义。

古今中外的科学家、发明家的创造无不是从尝试开始。"发明大王"爱迪生是最好的例子。

美国科学家爱迪生（1847—1931）被人称为"发明大王"，他不仅发明了电灯，还发明了电唱机、蓄电池、发电机、电影机等，他一生中共有2000项大大小小的发明，平均每5天就有一项发明。这些发明深刻地改变和影响了人类的生活，爱迪生对人类文明所作出的贡献，是难以估量的。

发明电灯，关键在于找到一种合适的材料做电灯泡中的灯丝，爱迪生尝试用了1600多种材料做试验。有的材料反复试验多次，这1600多种材料一共试验了多少次，连他自己也说不清楚。爱迪生已经达到了"发疯"的程度，连自己的头发、老人的胡子、棉线、竹子都拿来试验。

爱迪生搞发明的故事，充分证明了一条真理：尝试是创造的前提，没有尝试就没有发明创造。同时还证明，除尝试精神外，惊人的自学能力和顽强的意志力也是十分重要的。

"尝试是成功的阶梯"，无论从事何种职业，要想取得事业上的成功一定要从尝试开始。毛泽东没有进过军事学院，却成为伟大的军事家，他靠的是尝试，在战争中学习战争；魏书生没有进过师范学院，他却成为当代著名特级教师和教学改革家，他靠的是尝试，在教学中学习教学；美国的比尔·盖茨连大学都没有读完，他却靠高科技成为世界首富，他靠的是尝试，在经营中学习经营……

国内外许多企业家成功的范例都能证明"尝试是成功的阶梯"。所以有人说：

> 在人类居住的这个蓝色星球上，什么样的奇迹都会发生，问题在于你是否敢去尝试！

尝试必须大胆，有时需要冒险。如果不去尝试，机会只能是零，试一试就会有50％的成功机会。世界上聪明的人很多，胆大的人却太少，主要是不敢去尝试。做到做不到，试一试就知道。

所以世界上不同国家、不同民族都重视尝试，美国人最喜欢说的一句话就是"Let me try"（让我试）。

综上分析，使学生从小学会尝试，培养他们的尝试精神是十分重要的。

二、尝试教学的实质与特征

尝试既然这么重要，为什么不把尝试思想引进教学活动中来？尝试教学活动有其鲜明的特征，概括成两句话就是"先试后导、先练后讲"。

尝试既然这么重要，为什么不把尝试思想引进教学活动中来？正由于这个想法，才引发出我 50 多年的尝试教学实验研究。

尝试教学的最初做法，是在课堂教学中，教师先不要讲解，而是大胆地让学生先试一试，做对了很好，做错了也无妨，学生尝试后，教师根据学生在尝试中存在的问题再进行针对性的讲解。

1. 尝试教学的实质

以后经过教育实践的不断完善，不断总结提高，对尝试教学进行界定，我把尝试教学的实质表述为：

尝试教学的实质是让学生在尝试中学习，在尝试中成功。它改变了传统的教学模式，不是先由教师讲解，把什么都讲清楚了，学生再做练习，而是先由教师提出问题，学生在旧知识的基础上，自学课本和互相讨论，依靠自己的努力，通过尝试练习去初步解决问题，最后教师根据学生尝试练习中的难点和教材的重点，有针对性地进行讲解。在现代的教学条件下，把教师的指导作用和学生主体作用有机地结合起来，创设一定的教学条件，可使学生的尝试活动取得成功。

2. 尝试活动构成三要素

人的尝试活动至少应由三个要素构成：

(1) 尝试活动的主体，指进行尝试活动的人，这是首要的条件；

(2) 尝试问题，既然尝试是一种针对性的活动，那么尝试问题也就应成为尝试活动必不可少的要素；

（3）探测活动，它是联系主体和问题的纽带，也就是尝试主体去解决问题的过程。

3. 尝试活动的四种形式

现实生活中有各种不同的尝试，一般有三种：生活中的尝试、科学研究中的尝试、教学中的尝试。

（1）生活中的尝试是指学走路、骑车、穿衣服、拿筷子等，一般是属于技巧性的；

（2）科学研究中的尝试是有目标的实验，一般是属于发现性和创造性的；

（3）社会变革中的尝试，如社会革命、经济改革、政治体制改革、医疗改革等，一般属于试探性的、实践性的。

（4）学校教育中的尝试是指学校中的尝试课堂、尝试德育工作等教学，一般是指学习性的。

4. 尝试教学活动的特点

根据上述分析，学校教育中的尝试是一种特殊的尝试活动。它既是尝试活动又是教育教学活动。这种尝试活动具有三个特点：

（1）通过学生尝试活动达到课程计划和课程标准所规定的教学目标，尝试目标非常明确；

（2）学生是在班级授课制环境下的，尝试有教师的指导和学生之间的合作交流，它是一种有指导的尝试；

（3）尝试形式主要是解决教师根据教育教学的目标所提出的尝试问题。

我们必须分清不同性质的尝试活动，了解不同性质尝试活动的特点。为下面讨论"尝试成功"观点找到立足点。生活中的尝试、科学研究中的尝试，一般在开始都可能失败；而教学中的尝试，由于有教师的指导，尝试任务又比较明确和单一，因此学生的尝试活动能争取成功。

5. 尝试教学的特征

尝试教学活动有其鲜明的特征，归纳成两句话：

先试后导　先练后讲

"先试后导　先练后讲"，其实也就是"先学后教"。传统教学的特征一般是"先教后学　先讲后练"，这是注入式教学的特征。上课先由教师讲解，把什么都讲清楚了，学生都听懂了，然后学生再做练习，把教师讲解的内容巩固消化。尝试教学与传统教学截然相反。

传统教学　　尝试教学

先教后学→先学后教（先试后导）

先讲后练→先练后讲

从先讲后练到先练后讲，虽只是前后顺序调换一下，可这是教育思想的巨大变化，是传统教育观向现代教育观的转变。前者强调教师的主宰，是接受性教学；后者强调学生的主体，是尝试性学习，也是自主性学习。一前一后，谁前谁后，不是简单的顺序问题，它代表了一种教育观。这是两种世界观、两种教育思想的分歧所在。中国古代《礼记·大学》中有一句话："物有本末，事先始终，知所先后，则近道矣。"说明先后的问题乃是反映我们是不是遵循某种规律办事的标志。

现代教育家陶行知，原来先起名为陶知行，后来他认识到"行是知之始，知是行之成"，也就是先行后知，先有实践，后有认识，而不是认识在实践的前面。所以先行后知，还是先知后行不仅是简单的先后顺序问题，而是唯物主义与唯心主义的分歧所在。于是教育家陶先生，后来决心改名：

陶知行→陶行知

三、解读"先试后导、先练后讲"

从"先讲后练"到"先练后讲"会引起教学过程中的深刻变化，这些变化正是新课程改革中的主要教育理念。"先练后讲"是学生自主学习的重要形式。

先试后导，就是让学生先尝试，然后教师再指导。学生的尝试，主要是通过练习；教师的指导，主要是通过讲解。所以"先试后导"与"先练后讲"实质上是一致的，所不同的是这里所指的练习，不是一般的练习，而是尝试练习。"先试后导，先练后讲"这两句话，可以合并成一句话，就是"先练后讲　先学后教"。

1. 从"先讲后练"到"先练后讲"会引起教学过程中的深刻变化

（1）学生的地位变了，从被动地位转化为主体地位。

在"先讲后练"的模式中，学生始终处于被动地位，请看下面分析：

教师讲，学生听→学生被动听讲

教师问，学生答→学生被动应答

教师出题，学生做题→学生被动应付

为什么"以学生为主""以学生为主体"已经提了几十年了，可是到现在许多课堂上学生还是"主"不起来，究其原因，毛病主要出在"先讲后练"的模式上，"先讲后练"的模式已经把学生定位在被动听讲的位置上，学生是无法"主"起来的。

如果把"先讲后练"改为"先练后讲"，情况就不同了。一上课，让学生先练，就把学生推到主动位置上。提出尝试问题后，学生主动去思考，想一想自己能不能做出来，遇到困难，会主动去自学课本，主动向同学请教，做完尝试题后，不知道自己做得对不对，就会主动进行讨论，主动听教师讲解，指点迷津，听教师讲解已成为学生的主动要求。所以"先练后讲"的尝试教学模式，才能真正保证学生的主体地位，是学生自主学习的重要形式。

（2）教师的角色变了，从主宰者转化为引导者。

在"先讲后练"的模式中，教师的讲解是主要的，是一堂课的中心，教师要讲得清清楚楚，明明白白，讲得学生都听懂了，才能让学生练习，学生的练只是起到验证的作用，能否听懂刚才教师的讲解，当然处于次要地位。课堂教学是以教师的讲解为中心展开的，教师自然而然成为课堂的主宰者。

我教你，因此你必须听我的任何一句话，包括废话。因此说教师这个"主宰者"的角色，不是自己要扮演的，而是"先讲后练"模式下自然形成的。因此，责任不在教师，而是"先讲后练"的教学模式惹的"祸"。

如果从"先讲后练"改为"先练后讲"，情况就不同了。一上课，学生先练习尝试题，学生遇到困难，教师再指导学生自学课本，合作讨论，最后再根据学生尝试练习中存在的问题进行讲解，这种讲解仅是指导点拨而已。因此，在"先练后讲"模式下，教师无法扮演主宰者的角色，只能发挥"引导者"的作用。

（3）课本的作用变了，从练习本转化成自学本。

在"先讲后练"的模式下，上课以教师讲解为中心，学生只要听教师讲解，无须看课本，直到教师讲完后，需要做练习时，才打开课本，课本仅仅起到练习本的作用。

如果把"先讲后练"改为"先练后讲"，情况不同了。一上课教师先不讲了，先让学生做尝试题，没有现成饭可吃，只能认真去自学课本，从课本中寻找问题的答案和解决问题的线索，真正成为"学本"了。

（4）学生之间的关系变了，从各听各的到合作交流。

"先讲后练"的模式，学生的任务是听教师讲，大家各自认真听教师讲，各听各的。把"先讲后练"改成"先练后讲"，情况不同了，教师还没有教，学生先做练习，肯定会出现有的会做，有的不会做，学生就需要互相请教，互相讨论，自然会出现合作交流的局面，同时也就引起课堂气氛的变化。

从以上简单朴实的分析中可以清楚地看出，从"先讲后练"到"先练后讲"，虽是讲和练位置前后调换一下，但确实能引起课堂教学的一系列根本性变化，而这些变化，不需要教师刻意去做，是"先练后讲"的尝试教学模式本身所固有的。

上面所讲的这些变化，如保证学生的主体地位，促进教师的角色转换，指导学生自学课本自主探索，鼓励学生合作交流，都是新课程改革的主要教育理念。

这里给我们一个很大的启示，实施新课程改革的新理念必须抓根本，抓住教学模式这个根本，从"先讲后练"到"先练后讲"。一步走对，全盘皆活。

真所谓：退一步　海阔天空　换一下　焕然一新

尝试教学模式并不复杂，也不难，具有较强的可操作性。只要把"先讲后练"改变成"先练后讲"，简单来说，把课倒过来上。原来学生练放在后面的，现在调到前面；原来教师讲放在前面，现在调到后面。这也是一种逆向思考，正面走不通，倒过来试一试。

2. "先讲后练"的弊病

先讲后练，一上课教师先长篇大论地讲解，教学实践证明是低效费时的。

（1）学生在心理上、知识上没有做好准备，没有引起学生注意和兴趣，因此往往教师讲了半天，很多学生还不知道教师在讲什么。

（2）教师的讲解是连续的，没有给学生留下足够时间去思考，影响学生的理解。

（3）有时教师讲解没有抓住主要问题，引出许多次要问题，学生的注意力经常在主要问题和次要问题中转换，从而影响学生对主要问题的加工和理解。

（4）教师的讲解不能有效地适应学生的个别差异。一般教师只能根据班级的整体水平进行讲解，因而对优生来说是多余的信息，对差生来说又是听不懂的信息。

（5）课堂学习进程是受教师讲解所控制。学生学习节奏的快慢，是由教师控制的，教师讲到哪里，学生必须听到哪里。不能根据学生自己在学习中遇到的问题自主学习。

（6）学生容易倦怠。教师长时间的讲解，比较单调，会引发学生倦怠、昏昏欲睡的状态，降低听课的效率。

（7）教师一开始把什么都讲清楚，学生就用不着思考，用不着自己去探索，就无法培养学生的尝试精神和探究能力。

上面的第七条是最重要的。"先讲后练"模式中的教师先讲，把现成的结论告诉学生。学生当然不必去思考。课堂上，千万别让你的"告诉"扼杀属于孩子的一切！让孩子自己去尝试，去体验，去探索，去感悟，去尽情地展示自己吧！有两句谚语值得深思：

> "懒惰是培养出来的。哪里有事无巨细、越俎代庖的人，哪里就有快乐的懒汉和庸人。"
>
> "参天大树下，周围难出小草，什么都给孩子包办很难培养出人才。"

3. "先练后讲"的长处

以上分析，并不是否定教师的讲解，为了发挥教师的指导作用，教师不但应该讲，而且必须讲，关键的问题是在什么时候讲，讲什么，怎样讲。

"先练后讲"的尝试教学模式，主张放在后面讲，先让学生尝试练习，然后教师再讲。放在后面讲与放在前面讲，情况就大不相同了。

（1）学生通过先练，已在心理上、知识上做好准备，再听教师讲，瓜熟蒂落，水到渠成。

（2）学生先在尝试练习中花了一番心力，知道哪里重要，哪里有困难，然后再听教师讲，效果好。所谓"练后知不足，再听讲，听得进"。

（3）尝试练习好像"火力侦察"一样，能够暴露出学生存在的问题，以便教师根据学生暴露出来的问题有针对性地讲解。

（4）学生通过先练，已经自学课本，已经作了尝试练习，对这堂课所学内容已经了解了百分之七八十，因此教师不必从头讲起，只要针对学生的问题讲，大大节约了教师讲解的时间。

（5）学生通过先练，已经做了一番努力，发现困难所在，急需要教师"解惑"，这时教师的讲解已成为学生的迫切需要，教师这时才讲解，真是"雪中送炭"了。

四、尝试教学的必要性

从小培养"试一试"的精神，长此以往，逐渐形成一种敢于探索的精神。古往今来，无数事实证明，人们的探索精神的强弱，是一个国家、一个民族兴旺发达与否的重要标志。

上层建筑决定于经济基础。一定的经济基础必然会产生与之相适应的教育思想和教学方法。尝试教学法和尝试教学理论是在中国新时期改革开放的经济基础上产生和发展起来的，它具有强大的生命力，它适应了现代社会的需求和现代教育的需要。

1. 从社会发展的需求分析

当今社会是科技高速发展的时代，社会需要的是自己能获取信息、加工信息的人才，具有大胆尝试、勇于创新的人才。

世界的竞争，归根结底是人才的竞争。所以当前教学改革的着眼点是提高全民族的素质，加强创新精神和实践能力的培养。

由于几千年的习惯势力，造成中国人大都封闭保守，依赖胆小，唯书唯上。

大家都在关心和议论一个问题：新中国成立 50 多年了，为什么我们在科学技术方面还没有出一个诺贝尔奖获得

邱学华在河南省栾川县讲学接受小朋友献花

者？虽然原因很多，但陈旧的教育思想和教学方法应该是一条重要的原因。美籍华人、诺贝尔奖获得者杨振宁教授语重心长地指出：

> 中国学生要在科学界创出成就，就必须具有勇于尝试的冒险精神。

　　无数事实证明，潜移默化的作用十分强大，教师天天给学生上课，他们所采用的教学方法对学生的思维方法和习惯会产生巨大的影响。如果采用"教师讲、学生听"注入式的旧教学法，教师把知识嚼得很烂喂给学生，学生只能被动地接受教师灌输的知识，什么都跟着教师走。长此以往，学生就会养成"人云亦云"、"依样画葫芦"、"吃大锅饭"、"随大流"等思想方法和习惯。这样的人是没有多大出息的。

　　如果采用尝试教学法，冲破注入式的传统教学方法的束缚，大胆让学生自己去尝试练习，在尝试中学习，在尝试中成功。这样从小培养学生"试一试"的精神，长此以往，逐渐形成一种敢于探索的精神。他们长大以后，对于不懂的事物，不会做的工作都能有"让我试一试"的精神。这种敢于尝试的探索精神是极其可贵的。社会主义现代化建设就需要大批敢于探索的闯将。

> 古往今来无数事实证明，人们探索精神的强弱，是一个国家、一个民族兴旺发达与否的重要标志。

　　因此，作为一个清醒的教育工作者，目光要放远点，采用什么样的教学方法，并不仅仅是为了提高学习成绩，而是关系到人才的培养和国家的兴旺。

2. 从教育现状来分析

　　由于几千年的习惯势力的影响，造成中国的家长特别溺爱孩子，从出生、上学、就业、结婚、生孩子……什么都要包办，而且全心全意承包到底。进学校后，教师大都采用注入式满堂灌的办法，学生的学习由教师包办代替，养成了孩子"在家靠父母，上学靠教师，工作靠领导"的依赖心理。中国的孩子大都缺乏独立精神，缺少自信心，胆小、唯书、唯上。

有一个小学生不知怎么吃煮好的鸡蛋，因为从来都是吃妈妈给他剥了壳的鸡蛋，有一次春游，妈妈在他背包里放了几个煮熟的鸡蛋，结果他没有吃仍旧背了回来，原来他拿出鸡蛋，发现鸡蛋没有缝不知道怎么吃。

有一位大学生不知回家的路，因为每次回家返校都是父母接送，有一次父亲带着已是大学生的儿子回家，中途父亲办点事，结果同儿子走散了。这位大学生在街上找了半天也没有找到父亲，想给家里打个电话求助，身上又没有钱，急中生智只能请警察帮忙。

有一则儿歌，生动地描写了那些被家长溺爱的孩子的形象。

> 吃饭妈妈喂，走路爸爸背，长到十八岁，干啥都不会。

学生在课堂上不准动，不准笑，连举手都要整齐划一，不准高，也不准低，真是活受罪。

有的学校教师是抱着学生走，采用的是注入式、满堂灌、题海战术。语文教师一句话，学生写半天，"今天回家从第1课一直抄到第10课"；数学教师一句话，学生写一天，"明天星期天，回家从1写到10000"，结果学生写了一天还没有写完，教师还振振有词地说："这样学生才知道一万有多大了！"怪不得有人说了一句吓人的话：

> 想让孩子笨吗？很简单，把孩子送到学校去！

这句话，虽然很刻薄，教师听了会受不了，不过这也说明了，有的学校教育的陈旧落后，已经到了非改不可的地步。

3. 从教学改革发展的需要来分析

随着改革开放的大潮，20 世纪 80 年代初兴起的教学改革，一浪高过一浪，不断深入，不断提高。尝试教学适应了教学改革发展的需要。这里必须指出一个重要现象：

尝试是众多教改实验的共同亮点

在尝试教学法实验研究的同时，其他众多的教改实验，也闪耀出尝试教学的思想。

顾泠沅的"青浦实验"明确指出，"尝试指导，反馈纠正"使得上海青浦初中数学的教学质量得到大面积提高，研究成果令人瞩目。

魏书生的"六步教学法"的核心是培养学生的自学能力和自育能力，"六步"包括定向、自学、讨论、答疑、自测和小结。定向是提出尝试问题，自学和讨论实质上是由学生自己尝试解决问题，答疑是教师指导，自测和小结是学生对尝试结果自我评价。

刘京海的"成功教育"的着眼点是使所有学生都能获得成功、得到发展。开始是用"帮助成功"，后来提出"尝试成功"和"自主成功"，形成尝试成功的教学模式。

卢仲衡的"自学辅导法"的核心是自学，也就是让学生先尝试自学，发现有困难，教师再辅导。在教师指导下，充分利用三个本子（课本、练习本、答案本）让学生自学、自练、自改作业，让学生在不断尝试中充分学习。

"洋思经验"，讲的是江苏省泰兴市洋思初级中学，以所谓"三流"的师资、硬件、生源，却培养出一流的学生，大多数毕业生都能够考入重点高中，成为教育上

与蔡林森校长（左）在洋思中学校园里

的奇迹。洋思经验的教学模式是"先学后教，当堂训练"，这也是让学生在尝试自学自练的基础上，教师再指导，充分体现尝试教学思想。我多次去洋思中学考察学习，同蔡林森校长促膝长谈。学习蔡校长艰苦创业、勇于改革的精神，学习洋思经验的课堂教学特色。

认真分析一下，我们发现，众多教改实验虽各有特点，但共同的亮点是尝试，为什么会异曲同工，不谋而合呢？这值得我们教育理论界深思。

众多教改实验不谋而合的现象，正说明"尝试"是学习的基本形式，抓住了学习的本质。这可以视为教育改革中的"趋同"现象，"趋同"正说明"尝试"抓住了教学的规律与根本。尝试教学过程实质上是学生自主学习的过程，是一种学习方式，也是一种学习策略。

现在有各种提法，有的提"发现教学法"，有的提"探究教学法"，有的提"研究性学习"等。我认为，对中小学学生而言，提尝试更为切合实际，符合中小学学生的学习特点。"发现"和"探究"一般属于科学范畴，"尝试"一般属于学习范畴。让学生试一试，仅是解决教科书中的某一个内容，有难度，但不是高难度，学生跳一跳可以做到，更何况在尝试过程中，可以充分发挥教师的主导作用、课本的示范作用、旧知识的迁移作用、同学之间的互补作用和教学手段的辅助作用等，为学生的尝试成功提供了有利的条件。另外，提"尝试"，通俗易懂，便于操作。尝试可争取成功，也允许失败，学生没有太大的负担，更具宽容性和灵活性，更具人文精神。

当前，促使新课改的进一步发展。对教师来说，关键在于转变教育观念；对学生来说，关键在于改变学习方式。尝试学习正符合当前课程改革的要求。教育部颁布的《基础教育改革纲要（试行）》中指出："改变课程实施过于强调接受学习、死记硬背、机械训练的现状，强调学生主动参与、乐于探究、勤于动手，培养学生搜集和处理信息的能力、获取新知识的能力、分析和解决问题的能力以及交流与合作的能力。"改变学生的学习方式是这次课程改革的重要内容，倡导学生自主学习、主动参与、自主探究、动手实践，因而尝试学习不失为一种比较理想的方式之一。尝试教学可以为实施新课程改革服务。

4. 从终身学习的要求来分析

为了适应科技高速发展的需要，适应信息化时代的需要，人必须终身学习，未来的社会也就是学习化的社会。

有人做过调查，人们在实际工作中所用到的知识，大体上是他们在各级学校中所学知识的 20％～30％。这就是说，走向工作岗位以后，70％～80％的知识需要重新学习。

现代人不仅要有丰富的知识，更重要的必须具有迅速获取新知识的能力。学会学习比学到什么更重要，所以，联合国教科文组织推出的《学会生存——教育世界的今天和明天》一书中明确指出：

"我们今天把重点放在教育与教学过程的'自学'原则上，而不是放在传统教育学的教学原则上。"

自学能力是打开知识宝藏的钥匙，在学校里，学生在获取知识的同时，又得到获取新知识的能力（自学能力），也就是获得打开知识宝藏的钥匙。当学生走上社会后，就能用这把钥匙，去打开未来知识领域的大门，去探索世间丰富的宝藏。

"先练后讲"的尝试教学模式，要求学生以尝试的精神，用自学的方法，自己去获取知识，解决问题。这种学习方式和学习策略同学生离开学校，走上工作岗位的自学方式是一致的。在学校里采用尝试教学，已经在模拟学生走上工作岗位的自学方式，这样对学生的终身学习将会产生巨大的影响。

学会学习的着眼点应该是尝试学习，学会尝试才能学会学习，没有尝试的学习，永远不能学会学习。

五、尝试教学的可能性

新知识对学生来说并不完全陌生，而是七分熟，三分生。学生可以利用"七分熟"的旧知识作为基础，去尝试学习"三分生"的新知识。尝试是人的本性，尝试是学生的权利，教师应该保护和尊重学生进行尝试的权利。

尝试教学的必要性，一般大家都可以接受。可是对尝试教学的可能性，开始的时候许多人抱有怀疑的态度。

教师还没有教，学生居然能做尝试题，有些人百思不得其解，其实道理很简单，可以从四个方面进行分析。

1. 人有思维属性

从人的本质上进行分析，人有三种属性：生物属性、社会属性和思维属性。动物有生物属性，也可能有社会属性，但却没有思维属性。人有思维属性，这是人与动物的根本区别。人是有意识的，只有人才意识到自己的需要，并通过自己的活动来满足需要。人不仅把周围世界当作自己认识的对象，而且把自身也作为认识的对象。人不仅能控制、改造世界，而且能控制、改造自己。正如马克思指出："动物和它的生命活动是直接同一的，动物不把自己同自己的生命活动区分开来，它就是这种生命活动。人则使自己的生命活动本身变成自己的意志和意识的对象。"

由此可见，作为教师必须懂得一个简单而重要的道理：

学生是人，而人是有意识和自我意识的。

邱学华到福建省南安市扑里中心小学与教师座谈

英国心理学家托尼·布赞在《充分使用你的大脑》一书指出：

"你的大脑大约有一亿个活动神经细胞。每个细胞又长出树状的分支以存储信息，每个细胞可长出多达两万个树枝状的树突。每个细胞就是一台高功率的电脑。每一细胞，通过沿着一根长长的轴突传送电化信息，与其他细胞相连。"

"每个细胞与几万至几十万个脑细胞连接。它们来回不断地传送着信息。这被称为迷人的织造术，其复杂和美丽程度在世间万物中无与伦比。"

因此，托尼·布赞对人脑的巨大潜力惊叹之余发出呼声：

你的大脑就像一个沉睡的巨人

古希腊生物学家、散文家普洛塔戈（Plutarch）在三千年前就说过：

　　头脑不是一个要填满的容器，而是一把需被点燃的火把。

人的大脑是进行思维的物质基础，也是人能尝试的物质基础，有了这个物质基础，人能够做到模仿记忆，触类旁通，举一反三，由此及彼。

2. 人的大脑中有内存

人的头脑里并不是空白的，借用电脑的术语来说，已经有了内存。它已经储存了许多旧有的知识结构和生活经验。

学生完全可以利用大脑中的内存和已获得的学习能力，在尝试中学习，在尝试中获得新知识。打个通俗的比方：

新知识对学生来说并不完全陌生，而是七分熟，三分生。这样学生可以利用"七分熟"的旧知识作为基础，去尝试学"三分生"的新知识。

这里再讲一个寓言故事，使大家更容易明白其中的道理。

　　一位印第安老人，赚了钱，买来一辆汽车，他不知道汽车有内能，可以去开动它。而是雇了匹马拉着它走。看来，这位老人确实可笑。但是，在我们学校里，也确实有这样的印第安老人，他们不知道学生有内能（内存），可以去激活他们，而偏要用教师的能量去硬性拖着学生走。

我们也可以从中国的武术智慧中得到启发，功夫精深的武术高手，常常把打斗对象的力量看作是自己的资源。当对手冲过来的时候，他并不正面硬拼，而是顺势轻轻一拨，就把对手放倒了。这比那些与对手拼命对冲的人，不仅境界要高，而且省力又省时。

把这个现象类比到我们教育上来，当然学生不是武打对手，他是教育对象。教师不仅要把学生当成教育的对象，也应该看到学生自身有力量，具有可利用的资源，教师应该激活学生自己身上的资源，利用学生自身的资源去解决新问题。

3. 儿童喜欢尝试是人的本性

尝试是一种甜蜜的体验，喜欢尝试未曾见过的事物是孩子的本性。俗话说："周半儿，摸坛摸罐。"婴儿出生不久，听到声音，眼睛就会朝向声音那里，这就是开始试探了。幼儿喜欢爬行，喜欢到处行走，进一步开始试探这个世界。幼儿喜欢扔东西，拿到什么扔什么，这也是一种尝试，扔下去会不会发出声音？扔出去会不会滚动？小孩喜欢试探周围的世界，把玩具拆开，试探从玩具中找出哪里发出的声音。

有人认为培育幼儿有两件事是最成功的，一件是学会说话；一件是学会走路。按理说这两件事是十分困难的，是人和动物的区别所在。可是家长并没有刻意去教，是幼儿在尝试中学会的。当幼儿能站立的时候，最笨的妈妈也知道要放手让他自己试着走，一步、两步，跌倒了，家长把他扶起来，重新再让他试着走。

> 永远抱在妈妈怀里的孩子，是学不会走路的。

教师应该从这里得到启示，为什么我们连最笨的妈妈都不如，抱着学生不放呢？

尝试是人的本性。因此，尝试是学生的权利，好像游戏是孩子的权利一样，教师应该保护和尊重孩子进行尝试的权利。

幼儿会经常问为什么，提出许多稀奇古怪的问题，初进小学后热情不减，所以在低年级仍能见到学生积极提问的生动活泼的场面，可是随着年级的升高，这种热情逐渐没有了。因为在教师一声一声的训斥声中，这种热情逐渐被磨灭了。

在教学中，采用"先练后讲"的尝试教学模式，是顺应了人的本性，合乎规律发展是不会感到困难的。凡是孩子自己能办的事，都要让他自己去做。

4. 尝试教学活动是一种教学手段

在前面界定"尝试教学"中已经指出，它既是尝试活动又是教学活动。这种尝试教学并不是要求学生通过尝试去发明创造，仅是解决教科书的一个内容，它仅仅作为一种教学手段。在尝试教学过程，既有教师的指导，又有课本可以自学，尝试教学就成为可能。

5. 长期的教育实践有力证明尝试教学的有效性

实践是检验真理的唯一标准。尝试教学实验研究已经历 30 多年时间的考验，范围遍及全国，已有七八十万教师与三千多万学生参与，实践充分证明尝试教学不仅是可能的，而且是有效的。

人们怀疑尝试教学的可能性，对尝试教学有许多顾虑，这里选择主要的几个问题作简单分析。

顾虑之一：尝试教学要求学生先练，教师再讲，会不会浪费时间？

有些教师担心，教师还没有讲解，学生就做尝试题，题目做错了还要订正，何必兜圈子，浪费时间呢？

刚开始应用尝试教学，有些班级由于学生自学能力较差，对新的教学方法还没有适应，可能要多花一点时间。这是应用一种新教学法难免要经历的一个阶段。有些教师习惯于"教师讲，学生听"的传统方法，总觉得教师应该把什么都讲清楚后学生再练习才放心。

对于这个问题，让我们用一个生活中常见的例子来分析。比如，寻找一个陌生的地点，有三种走法：

第一种，不动脑筋随便跟着人走，当时虽然一切很顺利，又很省力，可是离开别人帮助，自己再去走，又不认识了。

第二种，自己摸索找路，找人问路，当时虽然费时较多，也可能要走弯路，但走了一遍，不会忘记。但是还是每次要问别人，不能举一反三。

第三种，先学会看城市地图，然后按地图的位置和路线找到目的地。当然，起初要费时一点，但学会了按图找路的方法以后，不管什么地方都能迅速找到。而且去同一个地点，可以找到几条不同的路线。

尝试教学好比是第三种走法。它不仅使学生学会知识，更重要的是在学会知识的过程中培养自学能力，掌握思考方法，发展智力，具备举一反三、触类旁通的本领。有了这种能力，不要看现在慢了一点，以后就可以超过别人。一位教育家说得好：

> 知识是可能被遗忘的，但能力却不会被丢弃，它将伴随你的终身。

三种水平的教师领学生走路有三种方法，得到三种结果。这三种教师显露了三种教学水平。

> 高明的教师引导学生自己走路，
> 笨拙的教师牵着学生走路，
> 无能的教师代替学生走路。

作为一个清醒的教育工作者，不能只顾眼前省力，目光要放远一些。教师要像打仗一样，用战略的眼光看问题，不要为眼前一城一池得失而灰心丧气。当时好像绕了弯路，实际上是避免后来走更多的弯路。当时好像是放慢了脚步，事实上为了后来走得更快。

顾虑之二：应用尝试教学法，中差生能适应吗？

最初试验尝试教学时，我们也曾有过这样的顾虑。总以为教师还没有教，让学生先做尝试题，对优秀生不会有什么问题，中差生就难适应了。教学实践的结果，打消了我们的顾虑。出乎我们的意料，中差生更喜欢尝试教学，他们的学习成绩提高的幅度更大。

在一次座谈会上，他们的发言很发人深省："以前，我们听老师讲课，摸不着头脑，糊里糊涂，到做练习时发现困难，已经下课了，我们不敢再问老师。现在做尝试题，知道困难在哪里，再听老师讲就清楚了。""以前，老师要我们看课本，我们不知道从哪里看起，现在为了做尝试题，看课本特别认真，容易看得懂。""先让我们试一试，做错了也不要紧，再听老师讲，这种办法好，我们学起来很有劲。"

有些教师以为中差生理解能力差，采取一味迁就的办法，把知识嚼得很烂喂给他们。越是这样，他们越是不肯动脑筋，越是觉得没有兴趣，越是无法提高学习成绩。

有一位心理学家作了一次实验，设计两份练习题，一份是难题；另一份是简单题。要求学生任选一份进行练习。照我们推想，大概是优秀生选难题，中差生选简单题。实验结果同我们的预想不同，90％以上的学生都选择难题，连中差生也是如此。这个实验证明，中差生也具有自尊心、好奇心、好胜心。他们对嚼得很烂的烦琐讲解也会感到厌烦。

学会看书，学会思考，这正是中差生最缺乏的东西。学生自己获得知识的过程，是教师讲授所无法替代的。尝试教学能引导学生主动地去自学课本，促使他们进行思考，恰好能对症下药，解决中差生的根本问题。

顾虑之三：学生尝试做错了是不是让错误先入为主了？

有些教师试用尝试教学有顾虑，他们认为老师还没有教，学生先做尝试题，如果做错了，这不是把错误的印象先入为主了吗？

这里必须分清两种性质的尝试，一种是盲目的尝试；另一种是有指导的尝试。20世纪初，国外有的心理学家曾提出"尝试错误学习"，他们认为尝试错误学习可以在没有模仿的情况下进行，自己去尝试，在犯了许多错误之后，逐步纠正错误，从中学会知识和技能。这种尝试过程，多少带有一点盲目性。（这个问题在本书第128页～134页会有详细分析）

尝试教学并不是盲目的尝试，而是有指导的尝试。我们创造了三个条件，使学生有可能尝试成功。

第一个条件：旧知识的基础作用。一般教材对学生来说不会完全陌生，而是七分熟，三分生。这样学生可以用"七分熟"的知识作为基础，去探索尝试"三分生"的知识。

第二个条件：准备题的引导作用。尝试题并不是突然出现的，而是由准备题过渡到尝试题，准备题是旧知识，尝试题是新知识。由准备题过渡到尝试题，按心理学的观点就是产生知识的迁移作用。

第三个条件：课本的示范作用。学生自学课本，可以通过类比推理去解决尝试题。

教学实践证明，学生通过自学课本后，尝试题的正确率一般都在 80％以上，有 20％左右的中差生会发生错误。但是运用尝试教学，开始做错尝试题并不要紧，因为接着就是学生讨论、教师讲解，学生能够很快发现错误，纠正错误，再加上后面还有几个层次的练习，一般是能当堂解决问题的。

顾虑之四：为什么尝试教学用尝试问题引路，从疑问开始？

尝试教学的特征是"先练后讲"，让学生先尝试练习，练习总要有问题，也就是让学生先解决尝试问题。这种做法表现为

从尝试着手　　从练习开始

上课从疑问开始，如何上课呢，能保证教学质量吗？这又是一个顾虑。其实"从尝试着手，从练习开始"，正是尝试教学的巧妙之处。从疑问开始，能够引起学生的注意，激发学生的兴趣，激活学生的思维。疑问（尝试题）就像一盏引路的灯，引导学生采用各种学习策略，逐步解决问题。整个教学过程也就是解疑的过程。

这个道理中国古人就已知晓。"学起于思，思源于疑。""学贵有疑，小疑则小进，大疑则大进。"

宋代理学家、教育家朱熹在《学规类编》中指出：

读书无疑者，须教有疑。有疑者却要无疑，到这里方是长进。

英国思想家培根的一句名言，说得更有哲理：

> "如果一个人从肯定开始，必以疑问而告终，如果他准备从疑问着手，则会以肯定结束。"

六、建立尝试教学体系

经过30多年的实践研究，从尝试教学法到尝试教学理论，又向尝试教育理论研究方向发展，建立了比较完整的尝试教学的理论体系。尝试教学理论还在不断向前发展。

从1980年正式开始启动尝试教学实验研究，历经30多年，现已建成比较完整的尝试教学的理论体系。

以"小学数学"作为突破口，逐步向小学语文、常识等科，再向中学各科延伸发展，扩大实验面，在中小学各科都取得积极的效应，在此基础上形成了适合中小学应用的普适性强的尝试教学法，前后花了将近十年的时间。

从1990年开始，根据教育实验发展的需要，向理论研究方面拓展，相继开展尝试教学原则和尝试教学理论的研究，"尝试教学理论研究与实践"列入全国教育科学"八五"规划重点研究课题，组织全国各地106个子课题配合，开展协作研究。1996年，由全国教育科学规划办出面，组成专家组对重点研究课题"尝试教学理论研究与实践"进行专家鉴定，专家组给予很高评价并一致通过，至此标志着尝试教学法已升华到尝试教学理论。尔后又继续开展"尝试教学理论与素质教育"、"尝试教学理论与创新教育"的研究。从尝试教学法到尝试教学理论，前后又经历了将近10年的时间。

从2000年开始，又开展尝试教学理论与新课程改革的整合研究。重点是从学习论的角度，研究尝试学习方式，从而试图建立尝试学习理论。

随着研究的深入，尝试已突破课堂教学范畴，已向学校管理、德育工作、班主任工作、团队工作、课外活动以及家庭教育等方面拓展，提出"大尝试"的设想。

尝试学习不应局限于智育范畴，应该渗透到德育、体育等范畴。教师在班级管理、少先队工作中不要包办代替，让学生自己尝试主持班会、组织野炊活动等；让学生轮流当班长，使每个人都来尝试管理班级，为同学服务；让学生参与各项社会公益活动，在尝试活动中学会服务、学会理财、学会管理，并在活动中逐渐形成良好的道德品质。体育课要鼓励学生大胆尝试，自己完成规定动作，领会动作要领。

尝试学习应延伸到家庭教育、社会教育。中国的父母对孩子太溺爱，孩子在学校依赖老师，在家依赖父母，不需要尝试，也没有机会尝试。学校可以通过家长学校培训转变家长对孩子的教育理念，从婴儿开始单独睡觉，尝试一个人独处；孩子跌跤，让他尝试自己爬起来；从小鼓励孩子尝试自己洗脸、穿衣，自己的事情自己做；尝试帮助父母做家务等。学校通过同社区和有关方面联系，给学生创造适宜他们尝试的社会环境。

教育的各个领域、各个部分都是相互联系的，基本理念应该取得一致，才能形成合力，有利于培养人的尝试精神和创新精神。"敢于尝试，才能创新"，这是大家公认的道理。有一所学校在教室贴上这样一条标语，简明朴素地道出了这个真理。

> **从小学会尝试　长大能创新**

30 多年来，在实践和理论两方面的不断探索和实践，从一种单一的教学法不断提高升华，已建立了比较完整的尝试教学的理论体系。它的发展轨迹用下面图解表示：

小学数学尝试教学法——从小学数学开始实验作为小学数学的具体教学方法

尝试教学法——推广到中小学各科，成为通用的教学方法

尝试性教学原则——作为一种教学原则提出，从教学法提升一步，向理论研究发展

尝试教学理论——从教学法升华为教学理论，建立教学理论体系，更具普遍规律

尝试学习理论 ——把尝试作为学生的学习方式，从学习论的角度形成尝
试学习理论

尝试教育理论 ——把尝试思想引进学校管理、德育工作、班主任工作、
团队工作、家庭教育、社会实践活动等，从大尝试的
角度形成尝试教育理论

尝试是一种教育思想，
尝试是一种教学原则，
尝试是一种教学理论，   它们之间是互相联系、互相制约的共同的精髓：
尝试是一种教学模式，
尝试是一种教学方法，   让学生先试一试
尝试是一种学习方式，
尝试是一种精神，
......

在尝试教育思想指导下，在课堂教学范畴内产生和发展尝试教学理论，尝试教学法是尝试教学理论的具体化，尝试教学法在课堂教学应用形成尝试教学模式。

从尝试教学理论发展的轨迹来看，从学习论角度研究分析，派生出尝试学习理论；从创新教育的角度研究分析，又派生出尝试创新理论。

在尝试教育思想指导下，在课内课外和校内校外范畴内又产生和发展成尝试教育理论。

通俗地来说，教师在课堂教学中应用的是尝试教学法，它有尝试教学模式，而尝试教学法受尝试教学理论所指导。尝试教学理论又在尝试教育思想影响下形成。不管何种表述形式，不管在何种场合下应用，核心问题都是"先让学生试一试"，这是尝试教育思想的灵魂。随着尝试教学研究的不断发展，尝试教学理论还在不断向前发展。

经过30多年的努力，目前在教育界，关键词"尝试"、"尝试教学"、"尝试教学法"、"尝试教学理论""尝试教学模式"等已逐步流行起来。在2004年7月26日和2013年6月12日两次通过互联网"搜索引擎"（www.google.com）搜索：

	2004 年	2013 年
尝试	860 000 条	160 000 000 条
尝试教学	189 000 条	24 500 000 条
尝试教学法	10 100 条	17 500 000 条
尝试教学理论	69 100 条	9 480 000 条
尝试教学模式	69 000 条	2 090 000 条

从上面数据对比中，有关尝试教学的信息量已几十倍、几百倍地增长，"尝试教学"已成为中国教育界热门的流行语了。

七、尝试教育思想在我国源远流长

尝试教学理论吸取了不断发展的中华教育思想的营养，继承和发展了中华教育的优良传统，是具有中国特色的教育理论。在中国这块沃土上产生和发展尝试教学理论，这是历史的必然发展。

我国教育历史悠久，尝试思想自古有之。

远在殷周时代的《周易》（也称易经），以原始的方式记录了中华上古文明，在其第四卦"蒙"（关于生命启蒙、社会教育机制的一卦）石破天惊地指出："匪我求童蒙，童蒙求我。"意为师长不应该强迫地教育孩子，而应该等待孩子来求教。为什么要等待孩子来求教呢？只有孩子产生内在的教化需求，师长的启蒙教育才能够达到预期的效果。这表明中华远古教育文明从一开始就从原始的生命直觉上，提出"童蒙求我"，确认教育应当前置于受教育者，这在人类教育史上是非常了不得的文明创造。这种"童蒙求我"的教育思想，为历代中国教育家所重视，并继承发扬光大。

孔子（前 551—前 479）是春秋时代伟大教育家。孔子的"启发诱导"思想闪烁着尝试思想的光辉。孔子的名言"不愤不启，不悱不发，举一隅不以三隅反，则不复也"是孔子启发教育思想的生动展示。

对于"不愤不启，不悱不发"，宋代学者朱熹在《四书集注》中曾作过解释："愤者，心求通而未得之意；悱者，口欲言而未能之貌。启，谓开其意；发，谓达其辞。"孔子的"不愤不启，不悱不发"的意思是，不到学生想弄明白又弄不明白时，不要告诉他什么意思；不到学生想说而又说不出来时，不要告诉他如何表达。很显然，这是"童蒙求我"教育思想的发挥，待到学生有内在需要时，处于愤悱的心理需求状态时，才去启发学生。实质是"先愤后启，先悱后发"，这同现在的"先试后导，先学后教，先练后讲"的尝试教育思想是一致的。

值得提出的是，孔子的教学经常在讨论中进行，一般由他首先提出问题，然后学生自由发表见解，最后孔子加以归纳，这同尝试教学模式相似。

孟子（约前372—前289）是中国教育史上第一个提出"尝试"的教育家。他的名言曰："我虽不敏，请尝试之。"

意思是，我虽然迟钝，也要尝试。这道出了尝试的普遍性。他主张教不是教学过程的开端，而主张学后再教，强调让学生自求、自学、自得才能学有收获。

孟子说："求则得之，舍则失之，是求有益于得也，求在我者也。"意思是能自求就能得，不自求就无得，结论是自求有益于自得的。

孟子又说："君子深造之以道，欲其自得之也。自得之，则居之安；居之安，则资之深；资之深，则取之左右逢其源。故君子欲其自得之也。"（《孟子·离娄下》）

孟子认为，要使学生真正地依照正确的方法得到高深的造诣，就必须积极主动地有所得。这样才能将所得到的知识融会贯通，运用起来才能得心应手，左右逢源。清代《孟子字义疏证》一书中解释阐发孟子的上述名言时也写道：

> 如血气资饮食以养，其化也即为我之血气，非复所饮食之物矣；心知之资于问学，其自得之也亦然……荀知问学犹饮食，则贵其化，不贵其不化。记问之学，入而不化者也；自得之则居之安，资之深，取之左右逢其源；我之心知，极而至乎圣人之神明矣。

他认为，正如饮食要经过消化才能为人体所吸收并转变为血气一样，问学也要经过消化才能转变为心知。

《学记》是我国最早的教学论著作，它已经用朴素的语言揭示教学必须启发学生思考和重视学习方法的道理。《学记》中提出：

"故君子之教，喻也：道而弗牵，强而弗抑，开而弗达。道而弗牵则和，强而弗抑则易，开而弗达则思。"

意思是，教师诱导而不把学生被动地牵着走，师生之间就会和谐融洽；激励不使学生感到压抑，学生就会感到学习是愉快的事；启发开导以打开学生的思路，不代替学生思考做结论，学生就肯积极地动脑筋了。《学记》还要求应把握教师讲的时机，"必也其听语乎。力不能问，然后语之"。意思是，必须细心地倾听学生提出的问题，只有当学生提出问题，又说不出究竟的时候，老师才给他解说，实质上这已经体现了"先练后讲"的思想了。《学记》中有句名言：

"学然后知不足，教然后知困。知不足，然后能自反也；知困，然后能自强也。故曰：教学相长也。"

这段话虽是在阐明教学相长的思想，但也渗透了尝试教学思想。如果把这两句话延伸一下，

"学然后知不足，知不足然后再学；教然后知困，知困后再教"

就成为现代尝试教学理论中"先练后讲，先学后教"的特征了。

朱熹（1130—1200）是宋代教育家、思想家，他进一步阐发尝试教学的思想。朱熹认为，学习是学生自己的事情，是别人不能代替的，必须强调自学。他在《朱子语类辑略》中说：

读书是自家读书，为学是自家为学，不干别人一线事，别人助自家不得。

他主张学生的最佳学习过程是自己读书，自己思考，反对别人把学习内容领会

了向学生灌输。他又认为，教师在教学过程中，虽然占有重要地位，但终究不能代替学生的作用。教师只是做一个引路人，"指引者，师之功也"。因此要少说话，多指导学生去实践。他又说：

> "某此间讲说时少，践履时多，事事都用你自去理会，自去体察，自去涵养。书用你自去读，道理用你自去究索，某只是做得个引路人，做得个证明底人，有疑难处，同商量而已。"

近代教育家都十分重视学生自学，学习要从问题开始。近代思想家、教育家梁启超（1873—1929）在《教授法》一文中指出：

> "教员不是拿所得的结果教人，最要紧的拿怎样得着结果的方法教人。善教人者，是教人的研究方法。"

近代教育家、曾任北京大学校长的蔡元培（1868—1940）认为：

> "最好使学生自己去研究，教员竟不讲也可以，要教给学生学习方法，等到学生实在不能用自己的力量了解功课时，才去帮助他。"
>
> "我们教书，并不是像注水入瓶一样，注满了就算完事。最重要的是引起学生读书的兴趣。"

陶行知（1891—1946）是我国近现代最著名教育家，他极力反对注入式教学法，提倡让学生自己学。他指出：

> "我以为好的先生不是教书，不是教学生，乃是教学生学。教学生学有什么意思呢？就是要把教和学联系起来：一方面先生要负指导的责任，另一方面学生负学习的责任。对于一个问题，不是要先生拿现成的解决方法来传授学生，乃是要把这个解决方法如何找来的手续程序，安排停当，指导他，使他以最短的时间，经过相类的经验，发生相类的理想，自己将这个方法找出来，并且能

够利用这种经验理想来找别的方法，解决别的问题。"

他重视试验，主张通过尝试去发明创造，"试验就是用科学的方法来探新的生路"，并特别强调"不能不说是十分有把握但深愿试他一试"。他认为教育法的演进可以分为四个阶段，即：

第一阶段	教授法	花不开　果不结
第二阶段	教学方法	花开　不结果
第三阶段	偶尔尝试	结果
第四阶段	科学地尝试	美味果子

陶行知认为只有以科学的志向善于尝试才是最高境界的教育法。"须教他们不要以看书为满足，必在试验上去追求真知识"，因为，"善能独出心裁，干得与书不同，这孩子在将来便有发明创造的希望"，他尊重学生，相信学生能尝试创造，他写了一首儿歌：

> 人人都说小孩小，谁知人小心不小；
> 你若小看小孩小，便比小孩还要小。

胡适（1891—1962）是我国著名学者，他十分重视尝试，明确提出尝试观，他早年写的一本新诗集就取名为《尝试集》。他说：

"我生求师二十年，今得'尝试'两个字，作诗做事要如此，虽未能到颇有志。作'尝试歌'颂吾师，愿大家都来尝试！"他喊出一句至理名言：

> 自古成功在尝试！

他的尝试思想主要有三点：树立尝试成功的新概念；正确对待尝试中的失败；希望人们一切都要大胆尝试。胡适有具体的尝试方式：一是注重自修，他认为"灌进去的知识学问是没有多大用处的"，"真正可靠的学问都是从自身修得来的。"二是"寻找问题"，告诫人们"总得时时寻一两个值得研究的问题"，因为，"问题是知识学问的老祖宗，古往今来一切知识的产生与积聚都是因为解答问题"。并说"没有问题的人们，关在图书馆里也不会读书，锁在试验室里也不会有什么发明"。

叶圣陶（1894—1988）是现代著名教育家，他比较系统地论述了尝试教学思想。他明确指出：培养阅读书籍的能力，养成良好学习习惯的方法，最好的办法是：

唯有让他们自己去尝试

邱学华（右）在宁波万里国际学校接受小记者的采访

他认为启发学生运用自己的心力是尝试的宗旨。他在《论中学国文课程的修订》一文中对此作了详细的阐述：

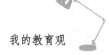

　　"学生不甚了解的文章书本，要使他们运用自己的心力，尝试去了解，这才和养成读书习惯的目标结合；因为我们遇到一篇文章或一本书，都不能预言必然能了解，总是准备着一副心力，尝试去了解。"

　　"无论成功与否，尝试都比不尝试有益得多；其故就在运用了一番心力，那一番心力是一辈子要运用的，除非不要读书。"

　　叶圣陶先生在他的著作中，明确指出学生通过尝试会产生三种结果，而这三种结果对学生来说都会有收获：

　　(1) 尝试成功了，"尝试的结果，假如真了解了，这了解是自己的收获，印入必然较深，自己对于它的情感必然较浓"。

　　(2) 尝试遇到困难了，"假如不能了解，也就发现了困惑所在，然后受教师的指导，就困惑所在加以解答，其时在内容的领悟上和方法的运用上，都得到恍然有得的快感；对于以后的尝试，这是有力的帮助和鼓励"。

　　(3) 尝试结果有出入，即使当教师讲解或讨论的时候，"见到自己的理解与讨论结果不甚相合，就做出比量长短的思索"。

教为了不需要教

叶圣陶明确指出：

　　"教任何课，最终为了不需要教，目的都在于达到不需要教。假如学生进入这样一种境界：能够自己去探究，自己去辨析，自己去历练，从而获得正确的知识和熟练的能力。"运用学生自己尝试的方法，去达到教为了不需要教的境界。

叶圣陶先生在半个世纪前，已经比较系统地阐述了尝试教学思想，这是非常有远见的，这是他留给后人的极重要的精神财富。

　　鲁迅（1881—1936）是 20 世纪中国伟大的文学家、思想家，他对许多问题的看法都入木三分。他对儿童教育尤其有许多闪光的见解，其中蕴含了尝试思想。他以学步为例，深刻地揭示了尝试的重要意义。他说：

　　　　"孩子初学步的第一步；在成人看来，的确是幼稚、危险，不成样子，或者简直是可笑的。但无论怎样的愚妇人，都是以急切地希望的心，看他跨出这第一步去，决不会因为他的走法幼稚，怕要阻碍阔人的路线而逼死他，也决不至于将他禁在床上，使他躺着研究飞跑时再下地。因为她知道：假如这么办，即使长到一百多也是不会走路的。"

　　鲁迅对于长者也提出了自己的要求，"长者必须是指导者、协商者，却不该是命令者"。
　　这与尝试教学中教师角色是一致的。鲁迅有一句名言：

　　　　什么是路？就是从没路的地方践踏出来的，从只有荆棘的地方开辟出来的。

　　这是鲁迅鼓励人们去大胆开拓，大胆尝试，大胆创造，对大胆尝试的人给予了高度赞扬。
　　文学作品是现实社会的反映，也能透发出作者的教育思想。在曹雪芹的《红楼梦》中也折射出许多尝试教学的思想因素。特别是第四十八回中黛玉教香菱学诗一节，可以说是一篇艺术化了的尝试教学实录。
　　《红楼梦》的这节文字写香菱想学诗找到黛玉，黛玉采用让香菱自学，尝试习作。香菱在黛玉指导下，勤学苦练，逐步掌握了写诗的规律，终于写出了题为《吟月》的脍炙人口的佳作。黛玉为香菱精选了一些名家名篇：王维五言诗一百首；杜甫七言律诗一百二十首；李白七言绝句一二百首。要求香菱自学，细心揣摩透熟了，并说：

"我已得了，不用再讲；要再讲，倒学离了。你就作起来了，自是好的。"

"你只要看红圈的，都是我选的，有一首念一首，不明白的，问你姑娘，或者遇见我，我讲与你就是了。"

细心揣摩透了，就是要独立思考，独自领悟，"不明白的"去问，也就是"童蒙求我"的办法。香菱经过自学、揣摩、责疑问难，终于掌握了诗歌创作的"三昧"。然后黛玉要求香菱"只管放开胆子去做"，习作写成后再评讲：

"意思却有，只是措辞不雅。皆因你看的诗少，被他束缚住了。把这首丢开，再作一首，只管放开胆子去作。"

香菱在黛玉的指导下进行三次尝试性的写作练习，一次比一次进步，终于写出了一首"新巧有意趣"的好诗。

革命领袖也都强调尝试的重要性，社会革命实践本身就是一种尝试，他们且身体力行，自己就是一个伟大的尝试者。

毛泽东思想中蕴含着丰富的尝试思想。毛泽东（1893—1976）的名言：

"你要有知识，你就得参加变革现实的实践。你要知道梨子的滋味，你就得变革梨子，亲口吃一吃。"

用通俗易懂的生动实例说明尝试的重要性。毛泽东同志总结了土地革命战争的经验教训以后，在著名的《中国革命战争的战略问题》一文中，系统阐发了尝试学习思想，他写道：

"读书是学习，使用也是学习，而且是更重要的学习。从战争中学习战争——这是我们的主要方法。没有机会进学校的人，仍然可以学习战争，就是从战争中学习。革命战争是民众的事，常常不是先学好了再干，而是干起来再学习，干就是学习。"

毛泽东同志创立井冈山革命根据地、建立统一战线，直至革命胜利都是伟大的尝试，也是社会革命实践中尝试成功的典范。

邓小平是我国改革开放和现代化建设的总设计师，他的名言"摸着石头过河"就是要求大家敢于尝试。他明确指出：

> "看准了的，就大胆地试，大胆地闯。""没有一点闯的精神，没有一点'冒'的精神，没有一股气呀、劲呀，就走不出一条好路，走不出一条新路，就干不出新的事业。"

创办深圳经济特区就是一个伟大的尝试。建设有中国特色的社会主义，就需要有千千万万的闯将去尝试。

30多年来，从尝试教学法到尝试教学理论的实验研究，就是在毛泽东思想和邓小平理论的指导下，继承和发展了我国两千多年来的优秀的教育思想，有3000多万中小学生参与实验，已形成一套比较完整的尝试教学的理论体系。

综上所述，从古代教育家孔子、孟子，到毛泽东、邓小平，无不重视尝试，亲自尝试。尝试教育思想在我国源远流长，尝试教学理论渊源于中国，是具有中国特色的教学理论，由此，在中国这块沃土上产生和发展尝试教学理论，这是历史的必然发展。

八、尝试教学的操作模式

尝试教学的操作模式不是固定不变的，不是单一的，它已经建立了适应各种不同教学需要的教学模式体系。尝试教学模式有基本模式、灵活模式、整合模式三类。

从学懂教学理论到实际运用，有一个转化过程。因此，学习尝试教学理论不能停留在一般的原理和原则上，应该以教学模式作为中介，在教学实际中加以运用。

每一种教学理论都应有相应的教学模式。没有一定的教学模式，不能成为成熟的教学理论。

教学模式是客观存在的。"教学模式"反映了教育的客观规律，也反映了一定教学活动的特性，它不是任何人杜撰和强行规定的。没有一个模式，没有一个程序，就不知道先怎么做，再怎么做。教师不掌握这个程序，就无法去执行这种教学理论。多种多样的教学要求，需要多种多样的教学模式。

教学模式是许多优秀教师根据一定的教育思想和教学理论在教学实践中逐渐形成的，是优秀教师的经验总结。教学模式的应用，可以避免更多的教师（特别是新教师）走弯路。它源于教学实践，又反过来指导教学实践。因此，教学模式的出现和应用，是教学的进步。

有人认为尝试教学模式有一定的教学程序，是束缚教师手脚的条条框框，是教条主义的东西，这种认识是欠妥的。尝试教学模式有一个基本教学程序，它只是为教师合理组织教学活动指示了应遵循的科学程序。但是，教学情况是千变万化的，各不相同的，生搬硬套一个模式也是不科学的。但是生搬硬套所造成的问题，不是教学模式本身的过错，而是教师使用不当。

尝试教学法没有固定的模式，根据尝试教学的实质与特征，根据各种教学情况变化的要求，根据 20 多年教学实践中许多优秀教师的经验，我把尝试教学模式分成三类：

一、基本模式（适用一般情况的常用教学模式）

二、灵活模式（灵活应用基本模式的变式）

三、整合模式（把尝试教学模式与其他教学模式整合起来的模式）

由上可见，尝试教学模式不是固定不变，不是单一的，它已经建立了适应各种不同教学需要的教学模式体系，这样给教师选择有较大的空间，达到既有模又无模的境界。

（一）基本模式

一种教学模式，必须要有基本模式，适用于一般情况下的模式，也就是能在中小学各科中常用的模式。在基本模式的基础上再灵活应用，产生各种变式。如果没有基本的，谈不上灵活应用。

这个基本模式必须充分体现尝试教学的"先试后导、先练后讲"的基本特征，按照尝试教学过程，为了便于教师操作使用，在长期的教学实践中逐步形成一套基本操作模式，在一般情况下中小学均可使用，并且行之有效。它的教学程序分成七步进行。

尝试教学基本模式

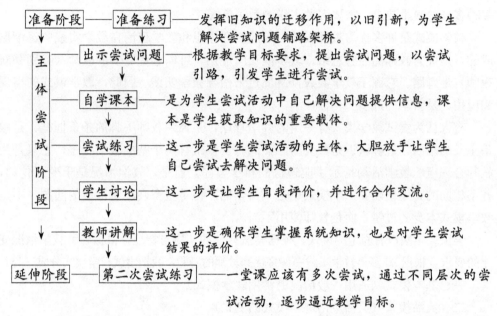

以上七步基本模式，分为三个阶段：准备阶段、主体尝试阶段、延伸阶段。这七步是一个有机整体，反映了学生完整的尝试过程，也是一个有序可控的教学系统。这七步中，中间的五步是主体，第一步是准备阶段，第七步是延伸阶段，这两步都是为主体尝试阶段服务的。以下按这七步，逐步介绍具体的操作方法：

第一步：准备练习

这一步是尝试教学的预备阶段，一般要做好两个准备：

心理准备：创设尝试氛围，激发学生进行尝试的兴趣。

知识准备：新知识都是在旧知识的基础上引申发展起来的，尝试教学的奥秘就是用"七分熟"的旧知识自己学习"三分生"的新知识。所以必须准备"七分熟"的旧知识。

为了使学生有可能通过自己的努力解决尝试问题，必须为学生创设尝试条件，先进行准备练习，然后以旧引新，突出新旧知识的连接点，为解决尝试题铺路架桥。

第二步：出示尝试题

这一步是提出问题，也就为学生的尝试活动提出任务，也是确定尝试的目标，让学生进入问题的情境之中。思维始终是由问题开始的，有了需要解决的问题，才能激活学生的思维。问题是教学的基础，也是促进师生交往的核心。

提出尝试题是尝试教学法的起步，起步好坏将会影响全局，所以编拟、设计尝试题是应用尝试教学法的关键一步，是备课中应当着重考虑的问题。

尝试教学法同其他教学法的区别之一，就在于有尝试题引路。尝试题的作用主要有三个方面：

（1）让学生明确本节课学习的内容和要求；

（2）使学生产生好奇心，激发学生自学课本的兴趣；

（3）通过尝试题的试做，获取学生自学课本的反馈信息。

尝试题按照教学需要一般有 5 种设计方式：

（1）同步尝试题：它与例题同类型、同结构、同难度，只改变内容、数字；

（2）变化尝试题：它与例题的内容、形式、结构有些微变化，难度大致相同；

（3）发展尝试题：它较例题略有变化，难度也略有提高；

（4）课本尝试题：它以课本例题做尝试题；

（5）学生自编尝试题：教师引导学生自己编出尝试题。

一般情况下大都采用同步尝试题，以减少尝试坡度，使大多数学生通过自学课本后，能举一反三，自己解决尝试题，如果学生的自学能力和思考能力提高了，同步尝试题对学生来说，已毫无困难，可用变化尝试题和发展尝试题。

有时用课本例题做尝试题，也能收到较好的教学效果。学生做完尝试题，立即翻开课本看例题，发现自己做得同课本例题一样，会分外高兴，这时自学课本只能起到验证的作用。采用这种方法的前提，一般是教材难度不大，估计学生没有自学课本也能自行解决的。但只能偶尔用一次，给学生一个意外的惊喜。因为用课本例题做尝试题，不能先自学课本了，而培养自学能力是尝试教学的重要目标之一。

有时在教师指导下，让学生自己编出尝试题。例如，在教学"两步应用题"时，教师先演示：教师一手拿 5 支红铅笔，另一手拿 3 支黄铅笔，然后两手合起来，再拿出 2 支铅笔送给小朋友。学生观察教师的演示后编出题目："老师有 5 支红铅笔，

3支黄铅笔，送给小朋友2支，还剩多少支？"这道自编题就可作为尝试题。

教师要根据学科的特点、学生的年龄特点和知识结构，决定设计哪种尝试题。难易要适度，太容易了，学生会浅尝辄止；太难了，学生会望而却步。

尝试题出示后，要注意创设尝试的气氛，激发学生尝试的兴趣。教师可进行启发性的谈话："这道题就是这堂课要学习的新知识，谁会做这道题目？""教师还没有教，谁敢试一试？""看谁能动脑筋，自己来解决这道题。"先让学生思考一番，然后转入下一步。

第三步：自学课本

出示尝试题并不是目的，而是诱导学生自学课本的手段，起着引起学习动机、组织定向思维的作用。学生通过自学课本，自己探索解决尝试题的方法，这是培养学生独立获取知识和能力的重要一步。如果说，出示尝试题是尝试教学法的起步，那么"自学课本"应是起步后学生探索知识的阶段。以尝试题引路自学课本，这是尝试教学法的一大特点。

在"自学课本"这一步中，学生的主体作用得到充分发挥，它同教师的指导作用和课本的示范作用将会有机地结合起来。因此，这一步并不是简单地让学生看看书，而是一个复杂而重要的教学过程。

事实上，"自学课本"是尝试教学的第一次尝试，是让学生通过自己阅读课本，尝试探索解决问题的思路和方法，从而去解决尝试题，为了掌握好这一步，必须注意如下几个问题。

由于教材要求不同，学生基础不同，学生自学能力不同，所以自学课本的指导方式也有所不同。一般有三种方式：

第一种，"扶着走"。 在低年级，学生识字量少，刚开始自学，如果让学生独立去自学，困难较大。这时，要立足于"扶"，一般由教师带着学生一起看书。这是培养学生自学能力的启蒙阶段。

教师带着学生看书，要详细指导，从哪里看起，怎样依次看，不但看课文，还要看插图。边看边提问，边看边动手操作。

第二种，"领着走"。 学生有了一定的自学能力，就不必再扶着走，可以领着学生走。这是一种"半扶半放"的办法。

在自学课本前，教师要先作指导，看课本时要着重看什么，解决什么问题，也可先作适当的讲解，扫除学生自学中的障碍。在学生自学过程中教师也可作点拨。

在"自学课本"这个阶段中，要使学生逐步掌握自学的方法，一般按以下几个步骤进行：

（1）阅览梗概——初步了解学习内容。

（2）仔细阅读——逐字逐句仔细阅读。

（3）勾画批点——边看边做符号，如在重点句子下面标上"＿＿"，在疑惑处标上"?"，也可在书上写写画画，提出问题。

（4）思考问题——回答教师布置的思考题。

第三种，"自己走"。 经过训练，学生的自学能力有所提高，也掌握了一定的自学方法，可以放手让学生"自己走"。教师布置思考题后，让学生自己看书分析；也可边看书边做尝试题，也可先做尝试题再看书。先尝试练习，再自学课本，这时的自学作用，在于利用课本的示范性，让学生检验自我尝试的正确性。

这种带着问题自学课本，目标明确，要求具体，效果好。因为自学课本后，必须解决黑板上的尝试题，自学课本的效果当时就能看到，这样就可以调动学生的积极性。

自学课本中，学生遇到困难可及时提出问题。教师要鼓励学生质疑问难，同学之间也可以相互讨论。

通过自学课本例题，大部分学生对解答尝试题有了办法，都跃跃欲试，时机已经成熟就转入下一步。

第四步：尝试练习

出示尝试题是诱导学生自学课本的手段，尝试练习则是检验自学课本的结果。

这一步在尝试教学法的七步程序中，起着承上启下的作用，它既是检验前两步的结果，又为后面两步（学生讨论、教师讲解）做好准备。教师要根据学生在尝试练习中反馈的信息，组织学生讨论，然后教师进行重点讲解。

搞好"尝试练习"这一步的关键，在于教师要及时掌握学生的反馈信息，主要有：

（1）学生做尝试题正确与否；

（2）错在哪里，有几种错法，什么原因；

（3）学生对本节课的教材内容哪些理解了，哪些还有困难；

（4）学习有困难的学生做尝试题的情况如何，困难在哪里。

因此，这一步并不是教师休息片刻的机会，而必须通过巡视等手段掌握来自学生的反馈信息，并能及时辅导学习有困难的学生。

长时间练习学生会产生厌学心理，要想让学生在和谐的氛围中掌握知识必须克服这一不利因素。在尝试练习过程中要巧妙运用多样化的题型、竞赛游戏化的组织形式吸引每一位同学。设计必答题、风险题、抢答题、挑战题等。给全班同学按实力分组，以组长的名字命名。尝试练习时以学生板演为主，板演的同学自觉积极走上讲台，下面的组员齐心协力共争满分。这样，学生个个争先恐后，以高度的集体荣誉感和浓厚的兴趣来学习。对于个别失误的同学，组里的同学都愿意伸出援助之手来帮助他，从而出现了一种人人为集体添光彩的良好风气。

黑龙江省宝泉岭农管局举行"邱学华尝试教学理论讲习观摩会"

第五步：学生讨论

"尝试练习"后，发现学生有做对的也有做错的，已经了解到了他们理解新知识的情况。接着教师是否可以讲解了呢？不行，火候未到。这时，要求学生作进一步尝试，尝试讲道理，充分发挥学生之间的相互作用，达到合作交流的目的。

"学生讨论"这一步，能培养学生的语言表达能力，发展学生思维，加深理解教材，同时也会暴露学习新知识中存在的缺陷，为教师有针对性地重点讲解提供信息。

这一步是尝试教学法中较难掌握的一步，处理不好，会出现"无话可讲"，讨论不起来，或是叫几个优秀生讲讲，走过场了事。

讨论从哪里着手？经过反复试验，一般从评议尝试题着手为好。

尝试练习后出现了几种答案，哪个是对的，哪个是错的，学生有话可讲，讨论从这里着手就可化难为易了。判定了谁对谁错，教师直接引导学生讨论、分析做对的道理以及做错的原因，把讨论引向深入。

这种作业评议式的讨论也有各种不同层次，应该根据学生的情况以及教材的特点，提出不同的要求。

学生讨论的形式可以多种多样，有同桌两人议论，前后四人小组讨论，全班集体讨论。一般采用前后四人小组讨论。四人小组要推选一人当组长，可轮流担任。如果座位按小组围坐，讨论起来就更方便了。

第六步：教师讲解

教师从前面两步——"尝试练习"、"学生讨论"中得到学生理解新知识程度的反馈信息，在此基础上，教师再进行有针对性的重点讲解，这是保证学生系统掌握知识的重要一步。

这里的讲解与过去的讲解是不同的，主要是学生的起点不一样。过去"先讲后练"，学生对新知识不甚了解，教师必须从头讲起。现在"先练后讲"，学生经过"自学课本——尝试练习——学生讨论"，对新知识已经有了初步的认识，当然就不必面面俱到，从头讲起，而是根据前几步的反馈信息，针对难点有重点地进行讲解。

如果这里还像过去一样，按部就班，从头讲起，那就失去运用尝试教学法的作用，成了"穿新鞋走老路"了。

有个别教师开始试用时，讲了尝试题仍不放心，又把例题讲一遍，这样新课教学的时间反而比过去还要长，变成变相的满堂灌，是没有必要的。那么究竟该讲尝试题还是例题呢？根据我们的实践经验，应该讲尝试题，不讲例题。我们从尝试教学法的全过程来看，开始用尝试题引路，看课本例题的目的是为了做尝试题。学生做的是尝试题，讨论的也是尝试题，当然对尝试题印象深刻，教师接着讲解尝试题是趁热打铁，顺理成章的。如果教师反过来讲解课本上的例题，就会显得别扭，影响教学效果。当然，我们也不能把例题丢开，可以联系例题来讲尝试题。

教师讲解这一步是尝试教学法七步当中最难掌握的一步，难就难在教师的嘴巴太会讲了，一讲就像决了口的河水收不回来。教师讲解要适度，由于有了学生先练的基础，已经暴露出学生在认识新知时所存在的问题，只要根据学生存在的困难进行点拨就行了。

练在刀口上　讲在困难处

第七步：第二次尝试练习

这一步是给学生"再射一箭"的机会。在第一次尝试练习中，有的学生可能会做错，有的学生虽然做对了但没有弄懂道理，是依样画葫芦的。经过学生讨论和教师讲解后，其中大部分人会有所领悟。为了再试探一下学生掌握新知识的情况，以及把学生的认识水平再提高一步，应该进行第二次尝试练习，再一次进行信息反馈。这一步对学困生有所帮助，也可以说是为学困生专门安排的，是面向全体学生，使每一个学生都得到发展的一条有力措施，能够保证他们尝试成功。

第二次尝试练习题不能同第一次相似，否则就失去了第二次尝试的意义。它一般同例题稍有变化，或采用题组形式。如出三道题，其中一道同例题相仿，一道较例题稍有变化，一道是以前的旧知识。

这三题组成一个知识系统，把新旧知识在一起练习，使学生在比较中进一步掌握新知识，促进学生内化，形成新的知识结构。

第二次尝试练习后，教师同样要组织学生讨论，评价尝试结果。教师要根据学生在第二次尝试练习的情况，进行补充讲解。

以上的七步基本模式是一个有机整体，一环套一环。在教师的指导下，从提出问题到引导学生逐步自己尝试解决问题。这七步基本教学程序是一个完整的系统，其中每一步都是可以控制的，互相配合的，反馈信息畅通。

（二）灵活模式

教学模式具有相对的稳定性，是教学模式的基本特征之一。但是，如果把教学模式的稳定性理解成刻板一成不变，这是片面的。尝试教学模式在注意稳定性的同时更加注重教学程序的灵活性。

教学法的灵魂在于灵活，固定不变，搞绝对化就没有生命力了。"具体问题具体分析"的辩证法在教学中尤为重要。尝试教学法有一个基本教学程序，仅是"基本"而已，应该根据学科特点、班级特点、学生特点、教材特点以及教师特点的变化而灵活应用。增加一步或减少一步，几步互相调换或合并均可以。但万变不离其宗，"先试后导"、"先练后讲"的基本精神不能改变。

有基本式就有各种变式，灵活模式主要有如下几种：

第一种变式：调换式

【操作】

出示尝试题：出示尝试题后，学生跃跃欲试，急于想试一试。

↓

尝试练习：满足学生的心理要求，立即让学生尝试练习。

↓

自学课本：尝试练习后，再让学生自学课本，加以对照验证。

↓

学生讨论：反思先进行尝试练习的体会，发生错误的原因和解决问题的思路。

↓

教师讲解：先进行尝试练习，学生错误率会增加，教师必须及时反馈纠正，分析比较学生解决问题的思路。

在基本式中主体部分，第二步自学课本与第三步尝试练习可以互相调换一下，出示尝试题后，学生不要先看课本，而让学生先做尝试题，尝试练习以后，再让学生自学课本。

调换式还有一种变式：把学生讨论放在尝试练习前面：

出示尝试题 ⇨ 自学课本 ⇨ 学生讨论 ⇨

⇨ 尝试练习 ⇨ 教师讲解

这种变式的好处：学生自学课本后，会产生疑问，如果立即组织学生讨论，就能扫除尝试练习中的困难，为尝试成功创设条件。

【优越性】

（1）符合学生的心理需求。出示尝试问题后，一般学生都急于想试一试，如果硬要学生按部就班先看课本再尝试，反而影响他们的积极性。

（2）有利于发展学生的创造性思维。基本式中，先让学生自学课本，再解决尝试问题，学生的思路会受课本例题的束缚，容易造成学生的探索活动不自觉地统一纳入课本例题的框架中。学生先做尝试题，可以激活学生思维，探索出多种解题思路，为学生的创新创设了空间。从某种意义上来讲，这才是学生真正意义上的尝试。

（3）有利于提高学生独立解决问题的能力。学生先做尝试题，不能依赖课本，这就提高了尝试难度，增强了尝试力度，"强迫"学生独立思考问题和解决问题。

【局限性】

（1）使用调换式，适用于新旧知识联系比较紧密的教材，学生能够运用旧知识的迁移作用，自己尝试解决新问题。

（2）尝试教学法在该班已使用一段时间，学生已经习惯尝试教学的要求，并具备一定的独立思考问题和独立解决问题的能力。

（3）学生先做尝试题，一方面会出现多种尝试结果；另一方面又会增加尝试错误率，教师要有较高的课堂驾驭能力，妥善处理课堂教学中的各种矛盾。

第二种变式：增添式

根据教学需要，可以在基本式上增添一步或几步。以主体尝试五步举例：

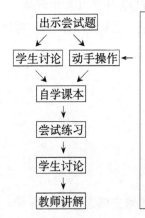

出示尝试题后，由于学生的知识水平不同，各自的想法也不同，有的胸有成竹，有的模模糊糊，有的一知半解，这时学生迫切要求讨论，就让学生先议论一番。

有时需要先动手操作，明白了一定的道理，才能解决尝试问题，如物理化学中的实验，数学中的操作题等。这样可以增加"尝试操作"。

教材中有些知识并不是以例题形式出现的，如关于数学概念的教学，如果按照尝试教学法的基本教学程序，设置准备题和尝试题有困难。这样的内容可以在基本训练的基础上，由教师引导学生先进行一些有关的练习，为形成新概念做好准备，然后转入自学课本，也可在尝试练习或动手操作的过程中组织学生讨论。

【优越性】

（1）符合学生心理需求和学习需要。学生遇到困难时，才有合作交流的需要，如果尝试题大家都会了，就没有讨论的必要。硬要学生讨论，学生只能"奉命讨论"搞搞形式而已。出示尝试题后，学生遇到困难，需要找人商量，交流想法。这时安排一次讨论，符合学生需要。另外讨论可以贯彻到尝试教学过程的始终，有需要，学生随时可以讨论。

（2）符合学科特点，小学数学和中学数理化等科，需要解决尝试问题，必须通过实验操作。因此应该增加动手操作，这也符合新课改中加强动手实践的要求。动手操作也可安排在"自学课本"之后。

【局限性】

（1）在基本式上再增添一步或几步，给控制教学时间带来了困难。解决的办法，一是抓住教学重点，关系不大的环节可删去，尽量不讲废话；二是不一定要完成教案上规定的内容和步骤，采取灵活机动的办法。

（2）增添式增加了学生讨论的次数和时间，如组织不好，容易造成课堂节奏松垮，效率低下。所以必须认真组织，明确讨论要求，激起讨论的欲望，讲究实效。

第三种变式：结合式

学生熟悉了尝试教学过程以后，基本式主体的五步就不必分得那么清楚，可以有机地结合进行。

【操作】

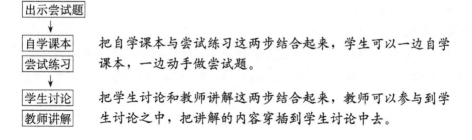

　　大量的教学实践证明，这种结合式应用比较普遍。典型的五步基本教学程序，大多在开始时使用，一旦学生已经熟悉，就可以灵活运用。如果还是照套五步基本教学程序，学生反而会觉得厌烦。出示尝试题后，教师老是讲这几句话："这道题还没有教，你们会做吗？""会做的举手。""我们先来看看课本例题是怎样做的。"学生也会觉得索然无味。

　　【优越性】

　　(1) 符合学生的学习规律，充分发挥学生自主学习的积极性。

　　自学课本是为了尝试练习，尝试练习中需要课本的帮助，把这两步结合起来符合学生的学习规律。

　　自学课本与尝试练习这两步结合进行，是先看课本再练习，还是先练习再看课本，教师可灵活掌握，让学生根据情况自己决定。一部分学生觉得做尝试题有把握，就先做练习再看书；一部分学生做尝试题有困难，就可先自学课本再练习。这种做法，体现了因材施教的原则，按各类学生的内在需要，决定教学程序，不强求一致。

　　(2) 教师的讲解更自然，更有针对性。

　　学生讨论结合教师讲解是可行的。学生讨论的主要形式是对尝试练习的评议：探讨谁做对了，谁做错了，为什么做对了，为什么做错了。教师讲解主要是针对学生在尝试练习中遇到的困难来讲，重点还是分析、讲解为什么做对了，为什么做错了，也就是对尝试练习的评讲。因此，这两者是可以有机地结合起来。由于教师讲解穿插在学生练习与讨论中，不用整块的时间，因此新授课看上去不像新授课了，倒像练习课。所谓"新课不新"了。

　　(3) 有效地提高课堂教学效率。

　　结合以后，基本式五步已合并成三步，可以节约教学时间，提高课堂教学效率。

　　有些教师在操作尝试教学七步基本模式，总感到时间来不及，采用结合式以后，这个矛盾就迎刃而解了。

　　【局限性】

　　(1) 采用这种结合式，对学生的要求提高了。学生必须具备一定的自主学习能力，先自学课本再尝试练习，或先尝试练习再自学课本，由学生自主决定，这对于学困生来说可能会感到困难，教师要有计划地进行训练。

　　(2) 采用这种结合式对教师的要求也提高了。教师必须结合学生讨论的情况，

邱学华在湖北省十堰市给学生上示范课

穿插讲解的内容，要求教师具备灵活机智和随机应变的能力，同时还要求教师对教材要深刻掌握，运用自如。否则结合不好，反而弄巧成拙。

结合式的另一种形式：尝试学习模式

根据新课改的教育理念，突出学生自主学习，让学生自主选择学习方式，选择解决问题的策略，教学模式只分三大块：（1）提出问题；（2）自主选择学习方式；（3）解决问题。整个尝试学习过程可用如下简图表示：

学生自主选择学习方式

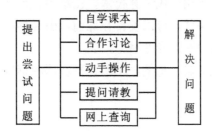

1. 提出尝试问题

尝试学习是以提出问题—解决问题为主线的自主学习过程。尝试问题一般由教师根据教科书的要求提出，到高年级可引导学生自己提出。

2. 自主选择学习方式

问题提出后，不是教师先讲解，而是让学生先尝试解决，学生解决尝试问题的策略应该是多样的，主要有下列五种，学生的学习方式很多，到底用哪一种或哪几种不要由教师指定，而是由学生根据自身的需要，自己来决定。需要自学课本就去看书，需要向同学请教，就同别人讨论，需要什么就干什么。可供学生选择的学习方式如下：

（1）自学课本。教科书中对如何解决问题都有详细说明，有例题、课文、实验等，应该指导学生自学，从课本中获取解决问题的信息。让学生学会自学课本，这是学生掌握尝试学习的关键，必须认真逐步培养。

（2）合作讨论。如果自学课本后，学生还不能解决问题，可以向同学请教，大家共同讨论研究，提倡同学之间相互帮助，合作攻关。

（3）动手操作。有些问题的解决，必须学生自己动手操作才能完成，包括实验操作、学具操作等。教师应及时提供操作材料，供学生使用。

（4）提问请教。难度较大的问题，一时还弄不清楚的问题，可以大胆向教师请教。现在有的教师是请求学生提问，学生还是被动的，要提倡学生敢于主动提出问题。

（5）网上查询。充分利用现代教育技术，让学生自己上网查询，找到解决问题的办法和资料。当堂没有条件，可以安排在课前，引导学生上网查询。暂时没有电脑无法上网查询的，也可以查阅参考书。

以上所提的各种尝试策略，正是中小学各科新课程标准所要求的，它们的理念是完全一致的。

3. 解决问题

学生通过各种尝试学习方式，获得了尝试结果，尝试问题基本解决，但尝试学习并没有完结，此时应该让学生对尝试结果进行自我评价、自我鉴别。谁做对了，谁做错了，还存在什么问题，最后教师给予指导点拨，帮助学生形成正确的概念，把新知识纳入原有的认知结构中，形成更高一级的认知结构。

综上所述，以上尝试学习同学生今后踏上社会参加工作的自学过程是一致的，因此尝试学习模式是符合终身教育要求的学习模式，学生一旦掌握了尝试学习的真谛即能终身受益。

第四种变式：超前式

小学高年级和中学（特别是高中）一节课的教学内容较多，如果整个尝试过程都要在课堂内完成，就会产生一个突出的矛盾：课堂教学时间不够。为了解决这个矛盾，在教学实践中产生了超前式，也称超前尝试教学法或课外预习补充式。

在江苏省常州举行全国协作区第六届尝试教学法研讨会

超前式的具体操作方法是把尝试教学基本式的前几步提前到课前作为预习，所以称作超前尝试教学法。

上一堂课	出示尝试题	上一堂课结束前，出示下一堂课的尝试题，教师根据需要可作简单的指导。
课外	自学课本 尝试练习	学生在课外自学课本，自主学习，初步解决尝试题。尝试练习有条件的，学生可以讨论。
本堂课	学生讨论 教师讲解	上课开始，就从"学生讨论"着手，先检查课前尝试练习的情况，接着进行讨论以及教师讲解。
	第二次 尝试练习	要特别重视第二次尝试练习这一步。因为第一次尝试练习是在课前进行的，缺乏教师指导，学生会遇到较大的困难。这一步可弥补这方面的缺陷。

超前尝试教学法让学生在课前已自学课本和做了尝试题。下堂课开始，有时可以让学生当小先生，先上台讲解，看谁讲得好，能使大家都听懂了。这种做法更能调动学生积极性，会出现一个全新的课堂教学氛围。

【优越性】

（1）有效地培养学生自学能力，增强超前学习意识。

过去学生在课外只是被动地完成上一堂课的作业，机械重复较多，往往他们会感到厌倦。现在课外是超前自学下一堂课的内容，具有挑战性，愿意去尝试。长此下去，会增强学生超前学习的意识，逐步学会自己安排学习计划，自主探索去解决尝试问题。这种超前学习意识，对学生今后的学习和工作是极为重要的。一个初中实验班，试行一年超前尝试教学法后，有75％的学生能够自觉超前做作业，初一下学期已开始自学初二的数学课本并尝试做课本上的练习题了。

（2）有利于培养学生的尝试精神和探索精神。

以尝试为核心，使课内课外协调一致。这堂课结束时，布置下堂课的尝试题，课外预习是尝试的开始，自己从课本中探索，初步解决尝试题；课内是尝试的延续，检验和评价尝试的结果，巩固尝试过程中获得的新知；本课结束时，布置下一堂课尝试题，又是下一次尝试的开始，这样循环往复，学生始终处于尝试的状态。这样学生的尝试精神和探索精神能够充分地得到发展。

（3）有利于提高课堂教学效率，大面积提高教学质量。

由于把"自学课本和尝试练习"提前到课前预习，上课一开始就可以进入"学生讨论"，大大节约了课堂教学时间。以学生学为主，教师讲得少，学生练得多，动手动脑机会多，形成当堂掌握、当堂巩固的格局。

江苏省常州市第 26 中学一个实验班从初一开始试用超前尝试教学法，经过两年时间，教学效果显著，达到了大面积提高教学质量的效果。学生成绩比较稳定，没有产生分化现象，没有差生，过去这是很难达到的。江苏省宜兴市实验中学、青岛市第五十八中学、山东省莘县实验中学、湖北省宜昌市葛洲坝中学、山东省青岛市黄岛区第七中学等单位在全校各科采用超前尝试教学法，结果教学质量获得大面积提高。

在全国第六届尝试教学法
研讨会上示范课

（三）整合模式

提倡一种教学法，并不意味着排斥另一种教学法，它们之间不应该是对立的，而应该互相结合、互相补充、互相融合，综合应用。

尝试教学模式可以同其他教学模式整合，因而产生了第三类的整合模式。尝试是学习的基本形式，"先试后导、先练后讲"又具有结构性的特点，因而它可以作为教学模式的主体同其他教学模式整合，它可以吸纳、包容很多教育思想和教学方法。在尝试教学实验研究中，许多学校已经作了大量的实验研究，提出了许多整合模式。

目标尝试教学法——尝试教学法与目标教学法整合

愉快尝试教学法——尝试教学法与愉快教学法整合

分层尝试教学法——尝试教学法与分层教学法整合

合作尝试教学法——尝试教学法与合作教学法整合

CAI尝试教学法——尝试教学法与多媒体辅助教学整合

活动尝试教学法——尝试教学法与活动教学法整合

情境尝试教学法——尝试教学法与情境教学法整合

1. 目标尝试教学法

把目标教学理论与尝试教学理论整合，让两者相互补充，相互结合，形成可具体操作的目标尝试教学法。浙江省三门县教育局教研室成立"目标尝试教学理论研究"课题组（主持人陈德郎），在全县中小学研究推广目标尝试教学法，历经 10 多年时间，已经取得积极效果。四川省宜宾市翠屏区教培中心、江苏省常州市武进区湖塘实验中学、山东省临清市第一中学也进行过这方面的实验研究。

【特点】

什么是目标尝试教学法？顾名思义，是有目标地让学生试一试。目标尝试教学法简单地说，就是以起点目标为导向，让学生在旧知识的基础先来尝试练习，在尝试过程中指导学生自学课本，引导学生讨论，在学生尝试练习的基础上教师再进行有目标有针对性的讲解，然后通过目标练习，目标检查，在及时反馈、矫正中达到终点目标。

【操作】

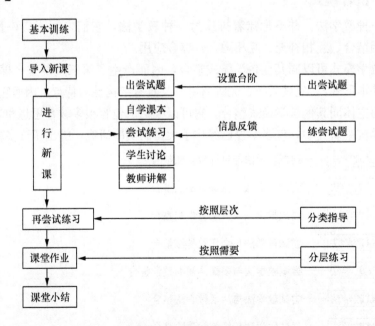

目标尝试教学整合模式示意图

从上图看出，采用六段式课堂结构，及尝试教学基本式，把目标教学的五步程序（亮目标、议目标、练目标、测目标、评目标）有机地结合起来。

① 在导入新课时"亮目标"，学生更加明确学习任务，激发学生热情；

② 在实施五步尝试时"议目标"，紧密围绕目标展开对旧知识的联系和对新知识的探讨；

③ 第二次尝试练习中紧扣目标巩固练习——"练目标"，巩固和深化学生对新知识的掌握，促进目标达成；

④ 布置课堂作业时有针对性地"测目标"，强化学生的知识技能形成；

⑤ 对照目标评议发挥学生的主动尝试学习精神，组织"评目标"进行课堂小结，让学生自评、互评、明确得失，增强反馈矫正的教学功能。

2. 愉快尝试教学法

把尝试教学理论与愉快教学理论整合，充分发挥两种教学理论的优势，融合互补形成一种新的教学模式——愉快尝试教学法。河南省罗山县教研室、重庆市渝中区人和街小学、南京市江宁区东山小学等单位都进行了这方面的实验研究，并取得喜人的研究成果。

【特点】

尝试教学与愉快教学相结合的教学模式，以尝试教学程序为主线，创设活泼愉快的教学情境，简单来说，就是在"愉快中尝试"。

尝试教学与愉快教学两者既有联系又有区别。两者的共同点，都把学生作为认识的主体，在教学中必须充分调动他们的主动性和积极性，两者的目标都是提高学生的整体素质。但两者各有所长，尝试教学偏重于教学程序操作上，提倡"先试后导、先练后讲"；愉快教学偏重于创设课堂气氛和教学情境，提倡愉快学习，主动发展。因此，从尝试教学与愉快教学的内部机制来看，两者结合是完全可能的。

【操作】

愉快尝试教学法的操作比较方便，以尝试教学模式为主线，在尝试教学的每一步注意激发尝试兴趣，创设愉快情境，让学生乐于尝试，敢于尝试，善于尝试。操作中注意如下四个方面：

（1）明确一个观点

这个观点就是"让学生在愉快中尝试"。

（2）遵循两大原则

① 有指导的尝试原则

"有指导的尝试原则"，正确地反映了学生的学习心理和客观规律，是在教师的精心指导下，以学生已有的知识结构为基础，用"尝试题"或质疑为诱导，刺激学生对新知识产生强烈的好奇心和探究欲望，点燃学生追求知识之火，达到"引而不发，跃如也"的境界，调动学生产生跃跃欲试进行大胆尝试的积极性和主动性，进而品尝成功的喜悦。

② 同乐、全面、和谐的原则

"同乐"就是教师乐教，学生乐学，以乐教促乐学，使学生尝到学会之乐、会学之乐、成功之乐、创造之乐；

"全面"就是坚持全面教学，面向全体、全面落实教学任务，提高学生整体素质；

"和谐"就是建立合作融洽的师生关系，教学民主，师生平等，教师因材施教，

在四川省西昌市上课后同小朋友在一起

激励学生乐学，教师以学生乐学为乐，从爱的情感出发，爱中育人，育人中有爱，做到深挖教材、展示魅力、化难为易、变繁为简、变苦为乐、变重为轻。学生在生动活泼愉快和谐的气氛中积极地学，饶有兴趣地学，创造性地学。

（3）体现"三个为主"

课堂教学过程要从"教"为中心转变为以"学"为主体，达到教与学的最佳结合，要充分体现"三个为主"：即学生为主、自学为主、练习为主，这样才能达到师生同乐的目的。

（4）把握四个时机

在整个尝试教学过程中，自始至终贯彻愉快教学，主要把握四个时机：

① 激发尝试兴趣；② 创设愉快情境；③ 促进合作交流；④ 体验尝试成功。

总之，激发学生尝试兴趣，让学生在愉快中尝试，学生在尝试中获得成功，产生成功的喜悦，形成愉快—尝试—愉快的良性循环。

3. 合作尝试教学法

把尝试教学理论与合作教学理论有机整合。合作教学理论提倡学生合作学习，充分发挥学生之间的互补作用，合作学习"是以合作学习小组为基本形式，系统利用教学中动态因素之间的互动促进学生的学习，以团体成绩为评价标准，共同达成教学目标的教学活动"。尝试教学理论主张，除个体尝试外，还需要群体合作尝试，在尝试教学操作程序中专门安排了学生讨论就是为了让学生合作学习和合作交流。因此，这两种教学理论从内部机制上可以互相融合、互相补充。山东省莘县实验小学、黑龙江省鸡西市园丁小学、浙江省宁波市万里国际学校等单位进行了这方面的研究。

【特点】

在尝试教学过程中，强调合作尝试，以小组活动为本，以师生之间、生生之间的合作活动为基本动力，以小组团体成绩为评价标准，既促进了学生主动发展，又可使学生合作交流。在尝试中合作，在合作中尝试。

【操作】

以尝试教学模式为主线，坚持"先试后导、先练后讲"的基本精神，采用小组合作尝试为主。合作小组通常有4人左右，把学习能力不同水平的学生组合在一起，可以轮流担任组长。到一个阶段，小组成员可以调整。

合作尝试教学模式的主体部分主要有下列几步：

出示尝试题 —— 主要是向合作小组提出尝试目标和竞赛办法。

↓

小组合作
尝试解决 —— 采用什么策略解决尝试题由小组决定，先看书或先讨论或边

看书边讨论边试做均可，派代表板演。

↓

全班讨论
教师点拨 —— 全班对各小组的尝试结果进行讨论评价，教师根据各种反馈

信息进行点拨讲解。

↓

小组评价
课堂练习 —— 课堂练习可采用先个人练习，然后在小组内互相检查订正，

组内可以互相帮助。

↓

小组合作
课堂总结 —— 先在合作小组内进行，本课堂学到了什么，有什么收获，有

什么问题，然后在全班进行。

4. 分层尝试教学法

　　班级授课制势必带来学生成绩有差异，学习能力有差异，教学要求与学生差异之间存在矛盾。同样，在尝试教学中也会出现这种矛盾，由于学习能力差异，造成有的学生能够尝试，有的学生尝试有困难。把分层教学理论与尝试教学理论整合起来，发挥各自优势，取长补短，能够较好地解决这种矛盾。黑龙江省鸡西市第九中学、江苏省昆山市巴城中心小学、江苏省常州市武进区湖塘实验中学等单位，都进行了这方面的实验研究。

　　【特点】

　　在尝试教学过程中采用分层尝试，分类指导，以解决学生尝试能力差异问题，从而达到面向全体，使各类学生都能获得尝试成功。

　　分层尝试：出示尝试题不要一刀切，对不同程度的学生可以出示不同层次的尝试题，尝试难度可以不同，降低学生的尝试坡度。第二次尝试题、课堂作业题都可以分层。

分类指导：对不同程度的学生进行分类指导，如在尝试练习中，对一般学生大胆放手让他们独立尝试，而对学困生可以进行辅导，帮助他们解决尝试中的困难。

【操作】

分层尝试教学法整合模式示意图

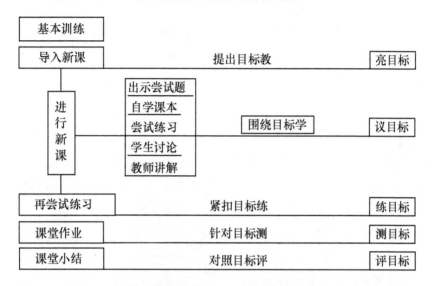

（1）出示尝试题：根据不同程度学生的情况出示不同层次的尝试题。

（2）尝试练习：根据不同程度学生的情况进行分类指导。

（3）再次尝试练习：布置不同层次的第二次尝试题，在学生尝试练习中进行分类指导。

（4）课堂作业：在课堂作业中可以进行分层练习，有必做题和选做题。全班学生必须完成必做题，选做题根据学生情况而定，能做几题做几题。

5. CAI 尝试教学法

CAI 是指多媒体辅助教学，是现代化的教学手段。达到尝试成功的条件之一，是教学手段的辅助作用，因此借助 CAI 与尝试教学法整合，能激发学生兴趣，促进课堂教学的优化，提高尝试教学的效率。广西壮族自治区柳州市柳钢公司第三小学、广东省东莞市南开实验学校、广东省深圳市南山区松坪学校等单位，都进行过这方面的实验研究，并取得了令人瞩目的研究成果。

【特点】

在尝试教学理论和现代教育技术理论的指导下，充分运用尝试教学的成功经验，充分发挥多媒体辅助教学的优势，促使尝试成功，构建一种新的课堂教学模式，由于计算机参与教学过程，教学过程的内部结构发生了变化，从三要素发展到四要素：

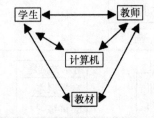

【操作】

从大范围来讲，计算机与尝试教学的整合是双向的，有两种形式，特点不同，操作方法也不同。

第一种：在各门学科的尝试教学中利用计算机作为辅助教学。这种形式，操作方法比较灵活，尝试教学的每一步，只要有需要都可应用多媒体辅助教学，一般在准备练习、导入新课、尝试操作以及教师讲解中应用机会较多。但是必须摆正位置，CAI只起辅助作用，一堂课使用时间不能太多，不能代替学生思考，否则教师满堂灌会变成计算机满堂灌了。

第二种：在计算机课堂教学（信息技术课）中应用尝试教学法。

计算机课作为一门学科，主要是使学生学会使用计算机，它有理论知识和操作技能，同样可以应用"先试后导、先练后讲"的尝试教学法进行。

这是一本尝试教学研究的大型工具书

6. 整合模式的整合

一堂课是一个复杂的系统工程，它有一个主体教学程序，这仅仅是一堂课的骨架，它必须有多种教育理念充实。前面仅谈到两两整合，可在现实中可能是三种教学模式的整合、四种教学模式的整合，根据教学需要灵活运用。

在尝试教学过程，"先试后导、先练后讲"是教学程序上的主线，它还需吸纳各种教育理念。

用目标教学理论突出尝试目标，检测尝试目标的到达度；

用合作学习理论突出合作尝试，强调合作中尝试，尝试中合作；

用愉快教学理论，创设愉悦的尝试氛围，激发学生尝试兴趣；

用现代教育技术理论，充分发挥多媒体的辅助作用促使学生达到尝试成功；

用分层教学理论，解决学生尝试中的差异问题，采用分层尝试、分类指导的办法，使全体学生达到尝试成功；

……

教育理论宝库是丰富多彩的，应该充分利用，把各种教育理论为我所用，才能使课堂教学充满活力，多姿多彩。一堂好课一般是"一法为主、多法配合"，达到整合模式的整合，此时已从有模到无模，达到"此时无模胜有模"的境界。

作为一个教师必须认真学习与实践各种教育理论和教学模式，然后灵活应用，不拘一格，一切从实际出发，需要什么用什么，为我所用，这样才能形成自己的教学风格。

九、尝试教学的理论基础

尝试教学理论的哲学基础是辩证唯物主义的认识，教学论基础是"相信学生、尊重学生"的以人为本的思想，心理学基础是迁移规律的运用。简单明了，通俗易懂。

在尝试教学理论指导下的尝试教学法之所以有显著的实践效果，得以在全国迅速发展，呈现出强大的生命力，是因为它有先进和坚实的理论基础，这是尝试教学理论体系中的重要基础部分。以下主要从哲学基础、教学论基础、心理学基础三方面进行分析。

（一）哲学基础

任何一种教学理论都以一定认识论作为哲学基础。因为教学过程是在教师指导下的学生的认识过程，必须用一定的认识论诠释和指导这个认识过程。尝试教学理论是以科学的辩证唯物主义的认识论作为它的哲学基础。

教学过程是极其复杂的过程，古今中外教育家长期以来一直在探索，现在还在不断探索。钱学森教授曾指出：

> "教育科学中最难的问题，也是最核心的问题，是教育科学的基础理论，即人的知识和应用知识的智力是怎样获得的，有什么规律。"

教学过程存在着许多错综复杂的矛盾关系：实践与认识的关系、感性认识与理性认识的关系、内因与外因的关系、教与学的关系、传授知识与发展智力的关系、智力因素与非智力因素的关系、共同要求与因材施教的关系、新知与旧知的关系等。在组织尝试教学过程中，力图以唯物辩证法为指导，正确处理这一系列关系。

1. 实践与认识相结合

教学过程的本质是一种认识过程，但这种认识又不同于一般的认识或其他的认识，有其特殊性，教学过程是一种特殊的认识过程。同时教学过程不仅仅是一种特殊的认识过程，也是培养人的发展过程。认识过程包括了"实践与认识"两个方面，在对待实践和认识的关系上存在着不同的见解。

尝试教学理论按照辩证唯物主义认识论的观点，认为教学过程实质上是一种实践与认识相统一的过程。实践与认识两个方面，实践是第一位的，毛泽东在《实践论》中多次谈到"实践第一"的观点：

> "实践的观点是辩证唯物论的认识论之第一的和基本的观点。""辩证唯物论的认识论把实践提到第一的地位，认为人的认识一点也不能离开实践，排斥一

切否认实践重要性，使认识离开实践的错误理论。"

　　尝试教学活动是学生主体为了解决问题而进行的一种探测活动，它既是实践活动又是认识活动。在教学过程中让学生先尝试，对学生来说具有实践意义，体现了实践第一的思想，重视学生的实践活动，传统教学很大程度上忽视了这一观点，强调教师传授而忽视学生的实践活动。

江苏省常州市教育局举行"邱学华教育思想报告会"

毛泽东在《实践论》中又指出，实践与认识之间可以互相转化：

　　"实践、认识，再实践、再认识，这种形式，循环往复以至无穷，而认识和认识之每一循环的内容，都比较地进到了高一级的程度。这就是辩证唯物论的全部认识论，这就是辩证唯物论的知行统一观。"

　　尝试教学过程是学生不断尝试的过程，体现了"实践→认识→再实践→再认识"的过程。尝试教学过程，使学生通过尝试活动，而尝试活动既是实践活动又是认识活动，这样巧妙地把实践与认识结合起来。

　　辩证唯物主义的认识论是正确反映人的认识过程的基本规律，正由于尝试教学理论符合了这个基本规律，因而显示出强大的生命力，能够达到大面积提高教学质量的效果。

2. 学生的主体作用与教师的指导作用相结合

教学过程是教师和学生协同活动的过程。教学是教师的"教"与学生的"学"的双边活动。教师的"教"与学生的"学"到底哪个是主要的，各自的地位怎样，两者的关系怎样，历来是教育理论界争论的问题，也是哲学界有关主客体关系的争论问题。桑新民在《教育哲学》一书中指出：

> "在教学过程中，教师和学生各自都在把对方作为自己的认识对象，因此教学过程的主体究竟是教师还是学生这样一个教学认识论中最基本的问题，已成为各派教学理论长期争论的难题。"

从教育发展史上来看，有两大派：一派是教师中心论，另一派是学生中心论。

教师中心论者认为，在教学过程中教师的教是主要的，教师有绝对的权威，学生只是教育的对象，他们只有被动地接受教师的传授，没有主动权。教师的嘴巴是学生知识的源泉，学生的脑袋只是知识的容器。在这种观点支配下，产生了"注入式""满堂灌"的教学方法。

学生中心论者认为，学生是教育的中心，在教学过程中要让学生自己去发展，教师只处于辅助地位，儿童是"太阳"，学生愿意学什么就学什么，学生要做什么就做什么，教师要围着学生转。在这种观点支配下，产生了设计教学法、道尔顿制等教学方法。在我国的教学改革中也有人主张从教师为中心到学生为"本位"的转化，在教学活动的做法上主张要"变教纲为学纲"，"变教案为学案"，"变教材为学材"，"变教参为学参"，企图削弱教师在教学过程中应起的作用，事实上走向以儿童为中心的歧路上去了。

这两派意见，都没有认识师生两者在教学过程中的辩证关系，只强调了一方面的作用，忽视了另一方面的作用。

唯物辩证法认为，事物发展的根本原因不是在事物的外部而是在事物的内部。在内因和外因的关系上认为，内因是事物发展的源泉和动力，是第一位的；外因是事物发展的条件，是第二位的，外因是通过内因而起作用；但在一定的条件下，外因有时对事物的发展起着暂时的决定作用，内因和外因可以互相转化。毛泽东在《矛盾论》中明确指出：

> "外因是变化的条件，内因是变化的根据，外因通过内因而起作用。鸡蛋因得适当的温度而变化为鸡子，但温度不能使石头变为鸡子，因为二者的根据是不同的。"

这个观点把教与学的辩证关系说得非常形象，非常清楚了。在教学双边活动中，教师的"教"是变化的条件，是外因；学生的"学"才是变化的根据，是内因。教师的"教"要通过学生的"学"而起作用。如果学生不愿学，教师的教将失去作用；如果学生不会学，教师的教也会受到影响。

"学生为主体"绝不是否定教师的作用，它同儿童中心主义是不相同的。因为学生的"学"是内因，教师的"教"是外因，而内因、外因都是原因，原因对结果来说都是有某种决定作用的。"学"的内因要靠"教"的外因去调动。没有教师的循循善诱，启发开导，就很难调动学生的主动性和积极性。因此，教学过程中应以教师为指导。

这里必须说明一下，以前很多教学理论著作中提"教师主导"，所谓"双主论"即"学生为主体"和"教师为主导"，学生和教师都是"主"，那么究竟谁为"主"，争论不休。我认为提"学生主体""教师指导"比较恰当，在理论上容易说得通，也符合辩证唯物论的思想。因此本书中统一提"教师指导作用"而不提"教师主导作用"。

根据辩证唯物主义认识论内因与外因的关系，在教学过程中应以"学生为主体"、"教师为指导"，并把两者结合起来。这就摆正了教与学的关系，既强调学生"学"的内因作用，又重视教师"教"的外因作用。充分调动教师教的积极性正是为了最大限度地发挥学生的主体作用。因此，确切地说，教学是在教师指导下由学生自觉积极地参加的协同活动。我国著名教育家陶行知早在20世纪二三十年代，就对教与学关系作了精辟的论述，他说：

> "先生的责任不在教，不在学，而在教学生学；先生教的法子必须根据学的

法子；先生应该一面教一面学，教与学必须合一。""我认为好的先生不是教书，不是教学生，乃是教学生学。"

陶行知先生的"教与学合一"的观点，是符合唯物辩证法的观点，是十分正确的。尝试教学理论是在辩证唯物主义理论指导下，充分发挥教师的指导作用和学生的主体作用，并把两者结合起来。它的主要贡献是把"教与学合一"的思想在课堂教学的程序上体现出来，使其能够操作化。

尝试教学理论的基本精神是"先练后讲"，事实就是"先学后教"，一开始要求学生进行尝试练习，就把学生推到主动的地位。它的尝试教学模式的五个教学步骤的每一步，都能充分发挥学生的主体作用，每一步也都必须发挥教师的指导作用。

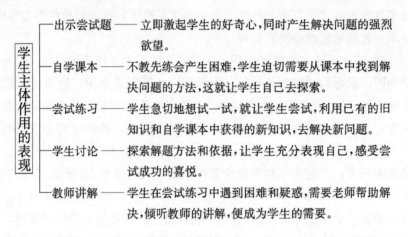

学生主体作用的表现
- 出示尝试题 —— 立即激起学生的好奇心，同时产生解决问题的强烈欲望。
- 自学课本 —— 不教先练会产生困难，学生迫切需要从课本中找到解决问题的方法，这就让学生自己去探索。
- 尝试练习 —— 学生急切地想试一试，就让学生尝试，利用已有的旧知识和自学课本中获得的新知识，去解决新问题。
- 学生讨论 —— 探索解题方法和依据，让学生充分表现自己，感受尝试成功的喜悦。
- 教师讲解 —— 学生在尝试练习中遇到困难和疑惑，需要老师帮助解决，倾听教师的讲解，便成为学生的需要。

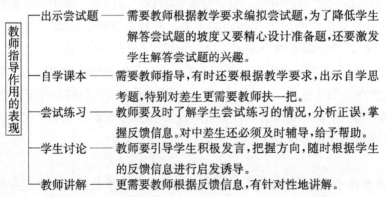

教师指导作用的表现
- 出示尝试题 —— 需要教师根据教学要求编拟尝试题，为了降低学生解答尝试题的坡度又要精心设计准备题，还要激发学生解答尝试题的兴趣。
- 自学课本 —— 需要教师指导，有时还要根据教学要求，出示自学思考题，特别对差生更需要教师扶一把。
- 尝试练习 —— 教师要及时了解学生尝试练习的情况，分析正误，掌握反馈信息。对中差生还必须及时辅导，给予帮助。
- 学生讨论 —— 教师要引导学生积极发言，把握方向，随时根据学生的反馈信息进行启发诱导。
- 教师讲解 —— 更需要教师根据反馈信息，有针对性地讲解。

以上分析说明，尝试教学过程的实质就是教师指导下的学生尝试活动。学生的尝试和教师的指导，这两方面是紧密联系、互相渗透的，做到教与学真正合一起来了。

综上所述，尝试教学理论既强调学生亲自尝试，又强调教师的精心指导，也就是既突出学生的主体作用，又重视教师的指导作用，把学生的主体作用和教师的指导作用辩证地统一起来。充分发挥教师"教"的指导作用正是为了最大限度地调动学生"学"的积极性。

> **教师的指导作用就是为了最大限度地发挥学生的主体作用**

尝试教学理论在正确处理教与学的关系上前进了一大步，因为它不仅仅停留在理论的阐述上，而且在教学模式上落实下来，教师按照尝试教学模式操作，能够促使教师把学生的主体作用和教师的指导作用结合起来。正由于此，尝试教学理论的推广应用，能够促使教学质量大面积的提高。

3. 传授知识与发展智力相结合

在教学过程中以传授知识为主，还是以发展智力为主，也是历来有争论的。早在18世纪，欧洲教育界有实质训练说和形式训练说的争论。实质训练说认为，在教学中应追求实质的目的，使学生学习有"实际用处"的知识；形式训练说认为，人们的心灵具有各种不同的官能，而每一种官能可以选择一种难度较高的教材通过教学加以训练，使之充分发展，然后用它来学习其他不同的教材。

直到现在以上两种观点还是存在。传统教学观点，重视系统知识传授与技能的训练，而把发展学生的智能放在自发的或可有可无的地位，只偏重于知识的灌输，而忽视学生智能、个性、才能的发展。另外一种观点又走向另一极端，认为重要的是发展学生的智力，学生能学到多少知识是无所谓的，忽视系统知识的传授和基本技能的训练。

尝试教学理论以辩证唯物论为指导，把传授知识与发展智力辩证地统一起来。我们认为，学校教育特别是中小学，必须使学生学习系统知识，因而必须重视教科书，离开教科书另搞一套是不切实际的，这是大前提，问题在于用什么方法使学生掌握系统知识。尝试教学理论不是把现成的知识灌输给学生，而是用尝试题引路，激发学生思考，引导他们多想、多看、多讲、多动手，自己去探索解决问题的方法，最后又听教师系统而有重点的讲解。这样在传授知识的同时，发展了学生的智力。这里"同时"这两个字十分重要，是关键的所在，这样才能把传授知识与发展智力辩证地统一起来。

在传授知识的同时　发展学生的智力能力

在教学过程中，知识、技能与智力、能力是互相依赖、彼此制约和促进的。知识、技能是发展智能的基础，智能又是掌握知识的条件。但是智力不会自然产生，知识增加与智力发展并不是同步的，智力发展应该走在前面。关键在于在教学过程中，教师用什么途径、什么方法使学生掌握知识。实践证明，尝试教学理论比较科学地解决了传授知识和发展智力的结合问题。

加强"双基"是我国教育的成功经验，不能为了强调发展智力而把"双基"丢了，而应该在加强"双基"的同时，重视发展学生的智力。我认为这是建立有中国特色的教学理论的重要特征。中央教育科学研究所胡克英先生早在 1986 年时就已指出：

"传授并指引儿童切实掌握比较系统的科学文化基础知识，严格地合理地训练基本技能和技巧（读、写、算乃至力所能及的劳动技能、技巧），通称为基本功训练。所谓双基学习，仍然是小学教学的主要任务。首先要教孩子们真正学懂、学会，这是第一关。其目的不在于单纯地积累知识和技能。单纯的积累会使双基变成半僵化或僵死的东西，使儿童思路固定化，单一化，而不能灵活化。

我们的目的在于把双基尽快转化为儿童的智力和独立学习能力。"

这一段论述非常精辟。在当今科学技术迅速发达的现实社会生活中，知识日益整体化、技术日益复杂化、劳动日益协作化、人际交往日益广泛化、信息交流日益网络化、生活日益高度节奏化，教学要适应这种时代发展的需要，就必须重视发展学生的能力和智力。教学必须担负起传授系统知识和发展智能的双重任务，两者不可偏废。我提倡两严两发展：

> 严格要求　严格训练
> 发展特长　发展个性

"双基"不能丢掉，它仍是教学的主要任务，当然"双基"的内容不是固定不变的，而随时代发展而变化。我们的目的在于把"双基"尽快尽好地转化为儿童的智力和独立学习能力。尝试教学理论为这种"转化"提供了一个有效的途径。实验证明，尝试教学理论既是传授知识的有效途径，又是发展智力能力的独特方式。

> 把加强"双基"和培养创新精神结合起来，这是最好的教育

4. 智力因素和非智力因素相结合

传统教学模式只重视知识传授，因此重视发挥智力因素（包括注意、感知、记忆、想象、思维等心理过程），而忽视非智力因素的作用（包括动机、需要、兴趣、情感、态度、意志、性格等心理过程）。因而传统教学不能全面反映教学的基本特征。

教学活动是一种旨在引起学习的师生间互感互动的系统活动。它不仅是知识传授的活动，也是一种情感活动。王坦先生在《教学原理与策略》一书中指出：

"教师与学生这两个动态因素的相互作用，决定了教学必然是一种情感活动。具体地说，教学活动是以师生之间的情感交流为背景而展开的，教师的教学必须通过学生积极配合方能取得良好的效果。"

如果把整个教学过程比做一架机器的话，教师与学生就是这架机器中的两个互相咬合的主要齿轮，而融洽的师生感情则是保证这两个齿轮正常运转的润滑油。

尝试教学理论在辩证唯物论的指导下，把智力因素与非智力因素有机地结合起来。智力因素与非智力因素是人的心理过程的两个方面，它们互相联系、互相制约、互相依存，是不可分离的。学生智力的发展，必须借助非智力因素的推动；智力提高了，反过来又能提高非智力因素的品质。

课堂教学中师生交往一般可分为四种基本模式：

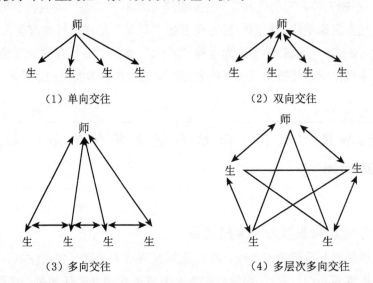

（1）单向交往　　　　　　　　　（2）双向交往

（3）多向交往　　　　　　　　　（4）多层次多向交往

第（1）种是单向交往，属于教师讲学生听，"注入式"的教学方法；第（2）种是双向交流，还是以教师为中心，学生仅是根据教师的要求，回答教师的提问；第

（3）种是多向交往，既有师生的双向交往，又保持一定范围内的学生之间的信息交流；第（4）种是多层次多向交往，教师成为群体中平等的一员，师生之间和学生之间进行广泛的信息交流。尝试教学理论在教学程序中已有明确安排，学生在教师指导下进行尝试活动，在尝试过程中学生可以互相讨论，教师也可以互相参与讨论，最后教师根据学生尝试练习中的反馈信息进行讲解，这就形成了课堂教学多层次多向交往的格局。

邱学华（中）在广东省新会市红卫小学辅导学生

　　教师运用尝试教学理论必须充分信任和理解学生，相信学生能尝试成功，而信任和理解是建立融洽师生关系的基础。放手让学生先尝试练习，学生会产生好奇心和好胜心，激起学生的兴趣；在尝试过程中，能够培养学生克服困难的信心和意志；尝试成功了，学生会产生成功的喜悦，形成一种敢于尝试的自豪感，从而坚定勇往直前的信念；如果尝试失败了，则会产生再探"庐山真面目"的意志，塑造学生迎难而上的优良品质。

　　尝试教学模式把情感培养寓于教学之中，使知、情、意相互促进，既重视发挥智力因素的作用，又重视发挥非智力因素的作用。

5. 具有中国特色的尝试教学理论的核心

综上所述，我们以辩证唯物论为指导，构建尝试教学模式的内部结构，因而能够既发挥学生的主体作用，又发挥教师的指导作用，把教与学辩证地统一起来；既能传授知识，又能发展智力，把两者辩证地统一起来；既能重视智力因素的作用，又能发挥非智力因素的作用，使两者相互结合，相互促进。

用辩证唯物论正确处理教学过程中的各种矛盾关系，这是具有中国特色的教学理论的核心所在。有人认为现在再提辩证唯物论似乎太陈旧了，因而引进了许多外国的新理论，什么"老三论"、"新三论"以及建构主义、后现代主义等。我认为在处理教与学一系列的矛盾中，辩证唯物论是最重要的理论基础，只有正确运用辩证唯物论，才能解决教学过程中许多似是而非的问题，还是毛泽东的《实践论》、《矛盾论》能够解决问题。

另外，在处理尝试教学法的地位和作用问题时，也坚持辩证唯物论的观点，既指出尝试教学法的优越性，又实事求是地承认它的局限性；既提出一个大致的基本模式，又反对机械搬用，强调从实际出发灵活运用；既提倡学生大胆尝试，但又指出尝试的条件，必须在教师指导下进行；既突出尝试教学法的作用，又强调它和其他教法的互相配合、互相补充。这些都体现了辩证唯物论的矛盾对立统一、具体情况具体分析、运动发展的观点。整个尝试教学实验工作都是在辩证唯物论的认识论指导下进行的，正由于这个原因，才能使实验工作经久不衰，健康地发展起来。

（二）教学论基础

一定的教学论思想产生一定的教学方法，现代教学论思想是尝试教学法的教学论基础。

尝试教学法改变了传统的注入式教法，把知识的传授和能力的培养统一起来，符合现代教学论思想的要求。尝试教学法的应用，引起教学过程的一系列变化：

> 从单纯传授知识转变为在传授知识的同时培养能力、发展智力；
> 从教师讲、学生听转变为在教师指导下学生自学、先练，教师再讲；
> 从学生被动听讲、死记硬背转变为主动探索、解决问题；
> 从技巧性教育为主转变为思考性教育为主。

尝试教学的教学论基础，具体表现为突出一个核心，符合两个规律，体现三个为主。

1. 突出一个核心

现代教学论基础的核心是以学生为本的思想。教育必须建立在尊重学生、相信学生的基础上，充分相信学生的潜能是巨大的，思维发展空间是广阔的。

尝试教学理论的核心，可以概括成三句话：

> 学生能尝试　　尝试能成功　　成功能创新

这三句话是经过 30 多年时间，在全国几十万教师的教学实践基础上总结提炼出来的。学生是能够尝试的，而且学生的尝试是能够成功的，尝试成功又能发展学生的创新精神和实践能力。这些观点的提出，就是建立在充分尊重学生、相信学生的基础上，符合现代教学论思想。

传统教学的特征是"教学，教学，我教你学"，教师必须讲得清清楚楚，明明白白，才放心叫学生去做练习。教师讲，学生听，从古到今好像是天经地义的。这种观点的根源就在于不信任学生。他们认为上课前学生什么都不会，教师必须从头讲起，讲深讲透，学生才能学会，这是造成费时低效教学的根本原因。

这种思想长期禁锢着教师的头脑，因此，实施尝试教学必须解放思想，充分尊重学生，充分相信学生。学生是有思维能力有情感意志的活生生的人，他有生活经验和旧知识的结构，教师应该充分相信：

> 学生能够在尝试中学习，在尝试中成功，在尝试中创新

现代教学的特征是"教学，教学，教学生自己学"。教师的职责，不是把现成知识灌输到学生的大脑中，而是要激发学生的兴趣，唤醒学生的大脑，让学生自己在尝试中学习，在尝试中成功，在尝试中创新。

2. 符合两个规律

符合两个规律，既符合学生的认知规律，又符合教材的编排规律。

（1）符合学生的认知规律

尝试教学法的七步基本教学程序表明，学生的学习过程是在教师不断指导下以及学生不断尝试中逐步完成的。提出问题→学生尝试→教师指导→学生再尝试→解决问题，这个过程符合学生的认识规律，也反映了实践→认识→再实践→再认识的客观规律。

尝试学习活动应该是一种基本的学习方式。学习知识和技能可以通过不断尝试来进行。

教学中的尝试和生活中的尝试既有联系又有区别。教学过程中的尝试，是在教学条件下，学生依靠自己的努力去初步解决问题。国内外有不少的教学法都有尝试的因素，如国外的发现教学法、探究—研讨法、假说—实验法等，国内的"尝试指导—效果回授"教学法、"自学·议论·引导"教学法等。这说明学生通过尝试进行学习符合学生的认识规律。

尝试教学法的特点是根据学生的认识规律，把学生的尝试过程自觉地放在课内完成。这样做，学生的尝试活动保证在教师指导下进行，教师可以有目的地、有步骤地为学生创设尝试的条件；学生在尝试过程发生困难或发现错误，教师可以及时辅导和帮助。学生在生活中的尝试，一般是不自觉的带有盲目性的尝试。

（2）符合教材编排的规律

尝试教学法又适应教材编排的规律，才能使学生有可能尝试成功。中小学教材是按知识的内在联系由易到难、循序渐进地编排，有严密的系统性。特别是数学教材，系统性强，分步细，呈现阶梯式一步一步上升。比如，例2是在例1的基础上提高一点，例3又在例2的基础上提高一点。如"一位数乘两位数"，课本的例题是这样安排的：

例 1	例 2	例 3
13	24	78
× 2	× 3	× 3
26	72	234
个位、十位都不进位	个位进位	个位、十位都进位

上面 3 道例题，例 1 是基本的，例 2 只是在例 1 的基础上增加一次进位，例 3 再增加一次进位。学生只要把例 1 学会了，例 2 或例 3 教师不教，学生自己先尝试练习的困难是不大的。教材系统性强这个特点，就使得学生在旧知识的基础上，通过自学课本例题自己解决尝试题成为可能。

教材另一个特点是知识大都是通过习题形式出现的，特别是数、理、化学科。解答数学习题任务比较明确，计算结果大都是唯一的，做对做错学生容易辨别。根据教育心理学的研究表明，解题是一种计算实践，而计算实践又是使学生达到理解数学知识的必要途径。美国教育心理学家布鲁纳在《教育过程》一书中指出："中小学数学研究小组成员的经验指出，计算的实践可能是达到理解数学中概念性观念的必要步骤。"因此，用尝试题引路，提出问题和解决问题都比较清楚明确。这个特点，也为应用尝试教学法创造了条件。

语文教材也是按照由浅入深安排，由一篇一篇课文组合而成。除小学一年级"识字"起始阶段外，以后每篇课文除五六个生字外其他都认识，课文大都是白话文，能够读出来，课文

《尝试教学法》一书荣获全国首届
优秀教育理论著作奖

大致的意思也明白了。因此，语文教材的特点更适合学生尝试学习，让学生先试读、试讲。另外，学生还可以借助字典、词典等工具书帮助自己解决生字新词。

小学的科学常识，初中、高中的理化生的教材，大都采用循环螺旋上升的编排方法。例如沉浮现象，小学教材中有，初中、高中教材中也有，另外各种科学知识互相都有联系，这也给学生尝试学习创造了条件。

在教学过程中存在着三种结构：一是教材的知识结构；二是学生的认知结构；三是教师的课堂教学结构。这也就形成了学生、教材、教师三者之间错综复杂的矛盾关系。尝试教学的课堂结构能够同教材的知识结构和学生的认知结构协调统一起来，使三种结构形成了一个互相联系、互相作用的结构群。教师根据教材的知识结构和学生原有的认知结构，组织尝试教学的课堂结构，在学生主体和教材客体的互相作用过程中，引导学生自己完成认识过程。

3. 充分体现三个为主

尝试教学法的应用，在课堂教学过程中充分体现了三个为主，即以学生为主、自学为主、练习为主。这也是符合现代教学论思想，使"教"为中心转变成以"学"为主体，达到教与学的最佳结合。

（1）以学生为主——就是发挥学生的主体作用，让学生多看、多思、多讲、多动手、充分调动他们的主动性和积极性。尝试法一开始要求学生进行尝试练习，就把学生推到主动地位。在尝试练习中遇到困难时，他们就会主动地去自学课本、向别人请教和接受教师的讲解，这些就会变成他们自身的需要。学生依靠自己的力量解决了尝试题，就会产生一种成功的喜悦，进一步激发学习的兴趣，从而更加主动积极地进行学习。

（2）以自学为主——尝试法是以尝试题引路，促使学生自觉地去自学课本或自学其他材料，而能否正确解答尝试题又是学生自我检验自学的结果。因此尝试教学法是以自学为主的方法，也可以说是一种以尝试题引路、积极的自学辅导法。

（3）以练习为主——尝试法把练习放在主要地位，从尝试着手，从练习开始。它以尝试题为中心，形成一个多层次不断尝试的练习系列，在不断尝试中，一步比一步有所提高。一堂课的安排，以练习为主线，教师的讲解穿插在练习之中，可以用这样四句话概括：

先练后讲，练在课堂，边练边讲，订正在当堂

一堂课上得成功与否同练习的设计关系极大，教师备课很大一部分精力要花在练习设计上。我们从教学实践中总结出一个多层次不断尝试练习的练习系统：

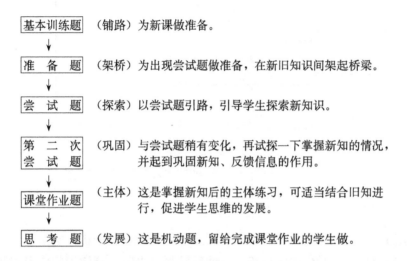

基本训练题 （铺路）为新课做准备。

↓

准　备　题 （架桥）为出现尝试题做准备，在新旧知识间架起桥梁。

↓

尝　试　题 （探索）以尝试题引路，引导学生探索新知识。

↓

第　二　次
尝　试　题 （巩固）与尝试题稍有变化，再试探一下掌握新知的情况，
　　　　　　　并起到巩固新知、反馈信息的作用。

↓

课堂作业题 （主体）这是掌握新知后的主体练习，可适当结合旧知进
　　　　　　　行，促进学生思维的发展。

↓

思　考　题 （发展）这是机动题，留给完成课堂作业的学生做。

六个层次的练习组成一个完整的系统，在练习过程中，学生对新知识理解程度的信息不断地被反馈出来，教师可以及时调控。因此，这六个层次不断尝试的练习设计，是以控制论、系统论、信息论作为理论基础的。

各门学科的练习设计不尽相同，可以增加，也可以减少，但要明确课堂教学是学生不断尝试的过程，不断反馈矫正的过程，按照这样的要求去设计。

教学过程的三要素是学生、教师、教材，如何最大限度发挥三要素的作用是各种教学理论都要认真考虑的问题。

尝试教学基本模式，把学生的主体作用、教师的指导作用、课本的示范作用、学生之间的互补作用都能落实到教学程序的每一步中，这样现代教育思想就不仅仅

停留在口头上，而是在教学程序安排上得到保证，转化为教师的教学行为。

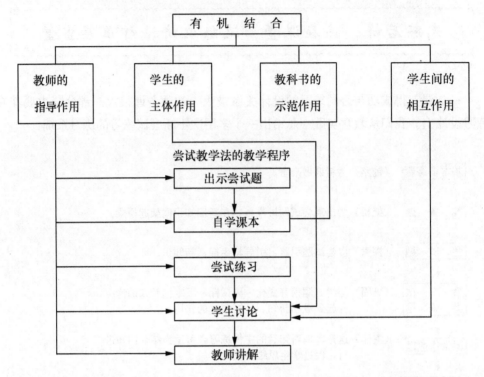

尝试教学法适应现代教学论思想的要求，改变了传统的"教师讲，学生听"的教法，它是在教师指导下，学生先尝试练习，然后教师再讲解，把知识的传授和能力的培养统一起来，有利于培养学生的探索精神和自学能力。为什么教师对尝试教学法有"似曾相识"和乐于试用之感呢？一是它来源于广大教师的教学实践；二是它符合现代教学论思想。

（三）心理学基础

有效的教学理论必须符合儿童的心理规律，以一定的心理学理论作为基础。尝试教学法的心理学基础主要是迁移规律和"最近发展区"理论的运用。

1. 迁移规律的运用

尝试教学法为什么具有客观可能性，为什么老师没有教，学生会做尝试题呢？这对有些人来说是个"谜"。其实奥妙就在于迁移规律在发生作用，并没有什么高深难懂的理论。

迁移规律是传统心理学的概念，有许多学者认为它已经过时了，其实不然，它仍然是学习心理学的重要规律。我国著名心理学家曹日昌十分重视迁移原理在解决问题过程中的重要作用，他指出：

《尝试教学法》已列入中国当代著名教学流派

"关于这个过程的理论研究，集中地表现为两个规律的阐明上：不同问题的迁移和解决问题的定向作用。"

美国著名心理学家奥苏伯尔在他著的《教育心理学》一书的扉页上写道：

"如果我不得不将教育心理学还原为一条原理的话，我将会说，影响学习的最重要因素是学生已经知道了什么。根据学生的原有知识状况进行教学。"

这说明奥苏伯尔十分重视在学生的旧知识上进行迁移的作用，这句话讲得非常精辟。在众多的外国心理学家中，我是很敬佩奥苏伯尔的，他的许多观点比较切合教学实际。

所谓迁移是已经学得的东西在新情境中的应用，也就是已有的经验对新课题学习的影响。例如，学过百以内加减法会对学习万以内加减法产生有利影响，这就是迁移的作用。按认知结构理论来分析，迁移过程一般是使先前的知识结构进行改组，结合新学得的知识重新组合，形成能容纳新知识的更高一级的新的知识结构。在教学过程中，发挥迁移规律作用的大小将会影响教学效果。因此，教师应该合理组织教材和科学安排教学程序，充分发挥迁移规律作用，以提高课堂教学效果。因此，有的学者提出"为迁移而教"的口号。

尝试教学法是按照迁移规律科学地安排教学程序。尝试教学法的教学过程也可以说是知识迁移的过程。以下就尝试法的五个基本教学步骤作具体分析。

第一步　出示尝试题

学生的心理状态在知识迁移过程中起着重要的作用。学生如果对学习内容有着浓厚的兴趣，就有利于知识的迁移。尝试教学法的第一步是出示尝试题，引起学生的好奇心，激发阅读教科书的兴趣，为知识的迁移创造良好的条件。

第二步　自学课本

这是促成知识迁移的关键一步，教师引导学生对准备题与尝试题进行比较，使学生在旧知识的基础上自己解决尝试问题。为了促成迁移，教师在学生自学课本前先提出思考题，以便使学生带着问题边看书边思考。

第三步　尝试练习

能使教师掌握反馈信息，以便引导迁移。学生经过第二步自学课本，基本完成了从对旧知识的认识向新知识的迁移。但是，这种迁移还仅仅停留在认识阶段，需要通过实践来检验，尝试练习就是检验知识迁移程度的重要步骤。

第四步　学生讨论

通过尝试练习的检验，学生试做尝试题会产生两种情况，一种是结果正确，这是正迁移发生作用；一种是结果错误，这可能是负迁移发生作用。在讨论中，让学生各抒己见，使正迁移得到强化，负迁移得到消除。

第五步　教师讲解

沟通知识的内在联系，深化迁移。教师讲解重点在于抓住前后知识之间的共同因素，进行画龙点睛的讲解，帮助学生沟通知识的内在联系，使迁移作用进一步深化。

有些教师试用尝试教学法有顾虑，他们认为老师还没有教，学生先做尝试题，如果做错了，这不是把错误的印象先入为主了吗？

尝试教学法并不是盲目的尝试，而是有指导的尝试。我们创造了三个条件，使学生有可能尝试成功。

第一个条件：旧知识的基础作用；

第二个条件：准备题的引导作用；

第三个条件：课本例题的示范作用。

这三方面的作用可用下列图解表示：

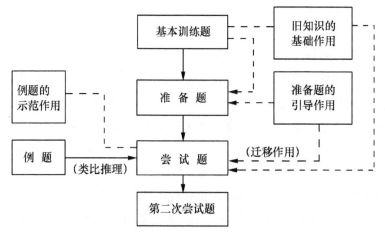

以下用"百以内进位加法"为例说明。

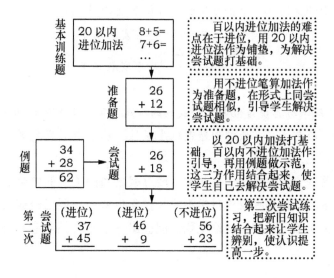

以上图解表明，尝试教学法能充分发挥迁移作用，让学生在旧知识的基础上，把新旧知识重新组成新的知识结构。

教学实践证明，试验班的学生通过基本训练和准备题的引导，再通过自学课本，解答尝试题的正确率一般都在 80% 左右，有 20% 左右的中差生会发生困难。但是运用尝试教学法，开始做错尝试题并不要紧，因为接着就是学生讨论、教师讲解，学生能够很快发现错误，纠正错误，再进行第二次尝试练习以及课堂作业，一般来说学困生是能够当堂解决问题的。

2. "最近发展区"理论的运用

苏联教育心理学家维果茨基的"最近发展区"理论为尝试教学提供了心理学理论依据。维果茨基确定了儿童的两种发展水平：第一种称之为儿童的现有发展水平，这是指"由一定的已经完成的儿童发展系统的结果而形成的儿童心理机能的发展水平"。表现为儿童能够独立解决在这一水平上的智力课题；第二种是指儿童发展中正在成熟但又尚未成熟的心理机能，表现为："儿童还不能独立解决任务，但在成人的帮助下，在集体活动中，通过模仿，却能够解决这些任务。儿童今天在合作中会做的事，到明天就会独立地做出来。"维果茨基将儿童的第二种发展水平称之为"潜在发展水平"。他进而提出，儿童有两种发展水平：现有发展水平和潜在发展水平。在这两种水平之间的区域为"最近发展区"。（见下示意图）

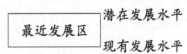

他认为："教学与其说是依靠已经成熟的机能，不如说是依靠那些正在成熟的机能，才能推动发展前进。""教学创造最近发展区，然后最近发展区则转化到现有发展水平的范围之中。"

最近发展区理论给关于教学与儿童发展过程之间的关系的整个学说带来了一场大的变革。过去的理论往往要求教学不要超过学生智力发展已经成熟的水平。与旧的观点不同，关于最近发展区理论使我们能提出一个与之相对应的公式，这个公式宣布：

只有走在发展前面的教学才是良好的教学

尝试教学理论强调学生在教师指导下自己先尝试，正是为学生创设最近发展区，正是为了走在学生发展的前面。维果茨基的理论有力地证明学生的尝试活动不但是必要的，也是有可能的。正由于学生存在两种发展水平（现有发展水平和潜在发展水平），且这两种发展水平可以互相转化，学生的尝试活动是能够成功的。

在香港参加国际创意教育会议

传统教学是以儿童的现有水平为前提进行教学的，尝试教学就是一种着眼于学生潜在发展水平的教学。通过尝试教学，把潜在水平转化为新的现有水平，这样在新的现有水平的基础上又出现新的潜在水平，并形成新的"最近发展区"。这样以后的教学再从潜在水平开始，又出现新的现有水平，又创设新的最近发展区，这样循环往复。因此，尝试教学始终使学生走在发展的前面，是一种着眼于学生发展的有效教学。

3. 符合学生的心理需求

尝试教学基本程序符合学生的心理需求。准备练习以后，出示尝试题，立即吸引住学生。"老师还没有教，你们自己会算吗？"新课一开始就把学生引入思考境地。有了"试一试"的迫切愿望，学生产生了自学课本上例题的需要。自学课本后，学生找到解答尝试题的线索，又产生跃跃欲试的心情。尝试练习后，有的学生做对了，有的学生做错了，答案不一样，有疑问就有话讲，让学生议论和争论，又成为学生的需要。学生通过自学课本、尝试练习、相互议论和争论，这些都是埋伏的"悬念"，此时学生会产生"我这样做对吗""这道题到底应该怎样做"的疑问，迫切需要听听老师的讲解。这正符合学生迫切需要有一个权威评价来印证自己正误的心理。因此，尝试教学法的基本教学程序是从学生的内在需要出发，从一个阶段自然发展到另一个阶段，它是按照学生的心理特点安排教学上的逻辑程序的。

综上所述，尝试教学理论的基础并不高深难懂。哲学基础主要是辩证唯物主义的认识论，教学论基础主要是"相信学生、尊重学生"的以学生为本的思想，心理学基础主要是迁移规律。有人认为，太简单了，太平凡了，似乎没有什么理论。我记得一位哲人说过：

> 越深的道理越简单　　越好的修行越平常

不要把教育理论说得玄而又玄，使教师看得一头雾水，事实上，说来说去就是这么几个根本性问题，抓住本质，道理也就很简单。一句简明扼要的句子比一千本书更有效地表明一个自明之理。江苏省泰兴县洋思中学就抓住了"先学后教，当堂训练"，并把它落实到实处，每个教师都认真去做，在一所农村的普通初级中学创造了奇迹，3 000多名学生竟没有一个差生，"没有教不好的学生"已成为现实，解决了世界教育上的难题。洋思经验的理论基础主要是相信学生，尊重学生，坚定"没有教不好的学生"的教育信念。

正因为尝试教学理论通俗易懂，贴切教师的教学实际，而且会有似曾相识的感觉，才能被广大教师乐意接受。

十、尝试成功与尝试错误

　　尝试成功说与尝试错误说这两者都主张"尝试"，但存在着质的区别。

　　尝试成功说，主要贡献是把"尝试"思想引入课堂教学中，使课堂教学充满活力，使千千万万学生受益。

　　尝试教学理论的框架中第一条是明确一个观点："学生能尝试→尝试能成功→成功能创新，"这三句话简单明了，含义深刻，是尝试教学理论的核心，揭示了尝试教学理论的实质。这三句话采用前后套句的形式，把"学生、尝试、成功、创新"四个关键词密切联系起来了。

　　第一句：学生能尝试。以十分肯定的口气表明，学生是能够尝试的。

　　第二句：尝试能成功。学生的尝试是能够取得成功的，关键在于创设一定的教学条件。

　　第三句：成功能创新。学生取得尝试成功，能为创新创设一定的条件。

　　这三句话中，第二句"尝试能成功"是核心中的核心，它起着承前启后的作用。它明确提出"尝试成功说"，这是尝试教学理论中的一个根本性的问题，具有鲜明的理论特色，具有十分重要的理论价值。

（一）为什么尝试能成功

　　尝试成功说的提出不是偶然的，是在长期的教学实验研究的基础上，又经过全国31个省、市、自治区以及港、澳、台地区3 000多万学生的广泛教学实践的检验而提出来的，大量的实验报告表明：在一定的教学条件下，学生的尝试能够取得成功。为什么尝试能成功，主要原因在于：

　　（1）尝试的主体是人，而人是有思维属性的，他们存在着原有的知识结构，具有对新知识的同化和顺应能力。

　　（2）尝试教学活动是一种有指导的尝试活动，特别是有教师的指导，能为学生创设一定的教学条件，设计好整个尝试过程，这为学生尝试成功提供了重要的条件。

　　（3）尝试教学活动是一种特殊的尝试活动，它既是尝试活动又是教学活动。尝

邱学华（右）赴澳门讲学，在学术报告会上由澳门特区政府教育暨青年
局苏朝晖局长（左）向邱学华赠送纪念品

试任务并不是直接去创造发明，仅是完成教材中的一定的教学目标，而教材是按照由浅入深、循序渐进的原则编排的，这就为学生在旧知识的基础上尝试学习新知识提供了条件，使学生尝试成功成为可能。

（4）尝试教学活动是个体尝试和群体尝试相结合的活动，因此学生的尝试不是孤立的，学生之间可以互相帮助、共同尝试。

（5）尝试教学活动中，课本发挥着重要作用，学生通过自学课本，为解决尝试问题而得到必要的信息。另外还可利用各种教学手段（特别是电教手段）帮助学生达到尝试成功。

综上所述，在学校的教学条件下，充分发挥各方面的作用，学生的尝试能够获得成功。

当然，尝试有可能成功，也有可能错误，关键在于创设一定的教学条件的优劣，以及学生尝试能力的高低。从大量的教学实践来看，学生经过一定时间的训练，课堂上第一次尝试的正确率一般可达 80％以上（大都在 90％以上）。虽然少数学困生可能发生错误，但是经过教师指导和及时矫正，再给予第二次尝试机会，可以使他们在第二次尝试练习中获得成功。如果还有个别学生发生错误，还有课堂作业的机会，使他们最后获得成功。所以，从总体上看尝试是能够取得成功的。

学生的尝试能取得成功，对教育产生的积极作用是无法估量的。成功的喜悦对学生的情感、意志产生巨大的影响。试想，当学生做出一道教师还没有教的题目时，心中那份喜悦，那份自豪，该有多么强烈啊！由此会产生对学习的向往和信心，这是平时老师的几次表扬奖励而无法达到的。一个人享受到了一次成功的体验，他就会有信心和力量去追求一千次、一万次的成功。所以提倡"失败是成功之母"，更应该提倡：

成功是成功之母

如果学生的尝试一次一次失败，会使他们丧失信心，厌学怕学，这是造成学困生的主要原因。我们可以从一项实验中受到启示：

"科学家做过有趣的实验。他们把跳蚤放在桌上，一拍桌子，跳蚤迅速跳起，高度均在其身高的100倍以上，按其身高和所跳高度的比例，堪称世界上跳得最高的动物。后来，科学家在跳蚤头上罩一个玻璃罩，再让它跳，这一次跳蚤碰到了玻璃罩，连续多次后，跳蚤改变了起跳高度以适应环境。接下来，科学家逐渐改变玻璃罩的高度，跳蚤都在碰壁后主动改变自己跳跃的高度。最后，玻璃罩接近桌面，跳蚤已无法再跳了。于是，科学家把玻璃罩打开，再拍桌子，跳蚤仍然不会跳，变成'爬蚤'了。跳蚤变成'爬蚤'，并非跳蚤已失去跳跃的能力，而是在一次次受挫中学乖了，最可悲之处在于，实际上的玻璃罩已经不在了，跳蚤却连'再试一次'的勇气都没有了。"

让我们格外留心孩子"第一次"的尝试吧，这在他一生的道路上将是一个良好的起步！

一次成功的尝试哪怕走了弯路也是值得称赞的事

（二）两种尝试学习理论的比较

说起尝试成功说，大家很自然地会联想到美国著名心理学家桑代克在 20 世纪初提出的尝试错误学说。为什么桑代克强调尝试→错误，而尝试教学理论中强调尝试→成功呢？

这是尝试教学理论中的一个根本性的问题。

尝试错误学说是美国心理学家桑代克于 20 世纪初提出的学说。前面已经介绍了桑代克根据饿猫通过乱撞乱闯，东抓西咬，学习拉开笼门取得食物的实验，认为尝试和错误是学习的基本形式，动物学习的过程是一个不断尝试、不断错误，最终获得成功的渐进过程，是刺激情境与正确反应之间形成连接的过程，学习的结果是刺激—反应连接的获得。桑代克认为，人的学习与动物的学习在本质上是一样的，只是复杂程度不同。据此他认为，以上观点也适用于人类的学习。

尝试错误说和尝试成功说这两者都主张"尝试"，认为尝试是学习的基本形式，在这一点上是共同的。但两者存在着质的区别，主要表现在以下各方面。

1. 两种理论的哲学基础不同

尝试成功说以辩证唯物主义辩证唯物论为基础，强调实践第一，认识始于感觉经验，感性认识是理性认识的基础；强调感性认识与理性认识的辩证关系，感性认识只是对事物外部现象的反映，理性认识的任务在于通过对感性材料的科学抽象，透过事物的外部现象，把握事物内在的本质。而尝试错误说的哲学基础，华东师大徐国庆在《两种尝试教学理论的比较研究》一文中指出：

> "尝试错误学说的哲学基础是机械主义，还原主义和联想主义。机械主义把有机体看做是一架机器，它蕴含了这样一种观点：精确性，因果决定论，排斥意志等。还原主义认为，一切复杂的观点是通过一系列简单观念和简单感觉的复杂联合而形成的，因此可以把任何一个复杂观念还原成一系列简单观念和简

单感觉。联想主义认为，心理是由一些来自感觉经验的简单观念构成的，这些观念是通过联想联结在一起的。联想主义被桑代克形成了联结主义。很显然，尝试错误学说深深地打上了机械主义、还原主义、联想主义的烙印。毋庸置疑，桑代克把人看作是一台机器，否定人的主观内部世界，人的主观能动性，人的行为的目的性、计划性和意识性，是根本错误的。这是桑代克的学说近年来影响越来越小的很重要的原因之一。"

2. 两种理论的实验基础不同

尝试成功说是在近 3 000 万中小学生的教育实验基础上提出的，目标直指学生的课堂教学，又有几十万教师、教育理论工作者经历 20 多年的教学实践和理论探索，时间之长，规模之大是中外教育史上少有的。

尝试错误说是建立在动物实验的基础上，再把动物实验推广到人的学习，抹杀了人与动物的区别，因而它必然远离课堂教学。这种学说在 20 世纪以来，已受到许多心理学家和教育家的发难。我国心理学家冯忠良在《学习心理学》一书中作过中肯的评价：

"桑代克的联结说，基本上是依据动物学习的实验材料确立的。他虽对人类以及学生的学习作过大量的研究，但这些研究的主要目的在于印证他在动物学习实验方面的研究所得，而不是着重探讨人类以及学生学习的本质特点。""由于他在发展观方面没有摆脱庸俗进化论的框子，所以也就难以认识人类学习的真正本质特征。至于揭示学生学习的本质特点那就更谈不上了。所以，桑代克的联结说离解决学生的学习问题是遥远的。"

3. 两种理论对尝试结果的预期不同

尝试成功说是有指导的尝试。这里所指的"指导"，不仅包括教师的指导，也包括课本的引导和学生相互间的"互导"，而且尝试教学是一种特殊的尝试活动，尝试任务是完成课本中的一个教学目标。因而只要创设一定的教学条件，学生的尝试就能够获得成功。这就是说，尝试成功说对尝试结果的预期是"成功"。

尝试错误说是盲目的尝试，认为学习过程必然是尝试→错误→再尝试→再错误……经过反复多次才能取得成功，这就是说，尝试错误说对尝试结果的预期是"错误"。

由于对学生尝试活动的预期不同，由此会产生不同的教育影响。由于尝试错误说对尝试结果预期是"错误"，许多人由此对"尝试"望而却步，为了避免学生走弯路，倒不如对学生满堂灌，为注入式教学找到了借口。

尝试成功说对于尝试结果的预期是"成功"，这使得师生树立信心，相信能够取得成功。尝试的成功会给他们带来成功的喜悦，这一喜悦是学生下一次学习动机的源泉。这是尊重学生的人格，相信学生的潜能，对学生通过自己的努力取得成功充满信心，这是现代教育思想的出发点。

4. 两种理论的学习机制不同

尝试成功说接受认知心理学的观点，认为知识是以一定的结构形式存在于人的头脑中的，学习过程是一个用旧的认知结构去同化新知识，从而形成新的知识结构，而人具有这种同化与顺应能力。因此，尝试成功说非常强调学习时人的心理过程，强调"理解"在学习中的意义。而尝试错误说的学习机制徐国庆在《两种尝试教学理论的比较研究》中指出：

"尝试错误学说则认为学习的过程是刺激（S）—反应（R）联结的形成过程，不论动物的学习还是人类的学习，低级的学习还是高级的学习，均是如此。人的复杂行为都可以还原为简单的S—R联结，简单的S—R联结通过某些规则进行联结便可获得复杂行为。学习的结果是个体获得了一系列S—R联结。按照桑代克的观点，一个人具有的可用联结越多，他的智力就越高。与尝试成功学说相反。""桑代克逐渐相信，动物行为几乎没有什么观念做中介。反应被视为是直接地感觉到的情境做出的。虽说他并不完全否认动物具有观念作用，他却确信，无须观念的中介作用，只需借助效果率的自动作用所形成的行为与情境直接联结，就足以说明动物绝大多数的学习行为。……动物学习所展现的那种基本的机械现象，对人类学习也是十分重要的。"

5. 两种理论对教师作用的观点不同

尝试成功说为了确保尝试成功，十分重视教师的作用，教师在学生的尝试过程中必须发挥主导作用，在学生的尝试前、尝试中、尝试后都应发挥作用。学生的主体作用和教师指导作用必须有机地结合起来。而尝试错误说虽然十分重视学生的主体作用，却完全忽视了教师的主导作用和教科书的示范作用，让学生去盲目尝试。

6. 两种学说对学生之间相互作用的观点不同

尝试成功说为了确保尝试成功，强调群体的合作交流，充分发挥学生之间的互补作用。

尝试错误学说则没有认识到这一点。桑代克本人并没有论述建立在尝试错误学说基础上的教学模式，以他的学说为基础进行的教学，必然只是个别教学。虽然我们也可以把很多学生集中在一起，按照尝试错误的方式进行训练，但这些学生相互之间必然是独立的，没有相互作用、相互影响，并不构成一个社会体系。

全面评价尝试错误说

尝试错误说，是 20 世纪初桑代克通过动物实验建立起来的，已有近百年时间，受到各方面的条件限制，我们不能用现代教育理论和心理学理论去苛求。

桑代克在动物实验的基础上而创立的联结主义学习理论，对教育心理学的发展做出了巨大的贡献。他的实验方法，奠定了实验心理学的基础，桑代克被誉为实验心理学之父。他提出尝试错误说，首先把"尝试"的概念引进学习中，提出尝试是学习的基本形式，这在教育史上有着巨大的历史功绩。由于受时代条件所限制，他没有把"尝试"思想引进到课堂教学中。

尝试成功说，主要的贡献是把"尝试"思想引入课堂教学中，系统地提出尝试教学模式，建立尝试教学理论，并进行近 3 000 万人的大规模教学实验，并在教学实践中得到验证。从桑代克提出尝试错误说，到现在提出尝试成功说，相隔将近一个世纪。尝试成功说的成立，把"尝试"思想广泛运用到人的学习中，使课堂教学充满活力，使千千万万学生受益，对学生的尝试活动有了更高层次的理解。

（三）尝试成功的因素

学生达到尝试成功是有条件的。如果教师为学生创设一定的教学条件，学生的尝试能够成功。所谓的一定的教学条件，构成了达到尝试成功的因素。我们必须研究达到尝试成功的因素有哪些，因素之间是怎样互相联系和互相制约的，怎样组成一个整体结构。在实验研究中已探明促进学生达到尝试成功的因素，主要有如下七项：

达到尝试成功的条件

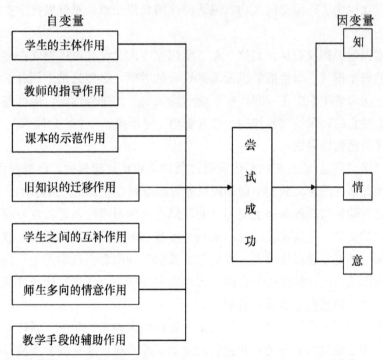

从上图清楚地看出，教师为学生创设一定的教学条件，主要是充分发挥这七方面的教学作用，促使学生达到尝试成功。尝试成功，不仅表现在知识领域，还要表现在情感领域和意志领域。从知、情、意三方面全面达到，才能算真正的尝试成功。

知：初步达到预定的知识和能力的教学目标，也就是初步解决问题。

情：在心理上产生情感的喜悦，师生之间和学生之间在情感上得到交流和满足。

意：通过尝试成功的活力，树立克服困难的信心和意志。

以上七项达到尝试成功的因素，各有其独特的功能和价值，共同组成一个整体结构。它们之间不但互相联系，而且相互影响、相互制约。各因素之间相互影响、相互运动构成一个动力系统。

这个动力结构中的各因素不是并列的，不是相等的，它的中心是学生的主体作用，这是起决定性作用的。教师对学生进行指导，是为了让学生更好地发挥主体作用。学生通过课本示范作用、旧知识的迁移作用、学生之间互补作用和教学手段辅助作用，实现尝试成功。师生多向的情意作用，主要是创设良好的教学情境。

在学生的尝试过程中，尝试成功的七个因素不宜一个一个单独考虑，而是要把七个因素互相配合，寻求最佳组合，发挥整体作用。

走进课堂

我当过小学教师、中学教师，后来当了师范学校校长，到教科所当研究员，为了研究尝试教学法还坚持在教学第一线上课。可以这样说尝试教学法是在课堂教学中边实践边研究出来的，有着浓厚的实践基础。我能亲自上课成为我得天独厚的条件，对研究和推广尝试教学法起着关键性作用。本篇首先介绍我在长期的课堂教学实践中形成的教学风格和特色，然后介绍十多堂中小学课例，使读者更具体了解尝试教学法的操作方法。

从我 16 岁开始走进课堂到现在，站在讲台上已走过了 63 个春秋。不管工作如何变动，我始终没有离开讲台。

由于我的特殊经历，我给小学生、中学生、大学生都上过课，连幼儿园的小朋友和硕士、博士研究生也上过课。不仅给在校学生上课，也给在职教师上课，既在几十人的小课堂上课，也在几千人的大课堂上课。但是，时间最长、上得最好的是给小学生上数学课。

我当小学教师的时候，什么学科都教过，就数算术教得好一些，我特别喜欢教算术，由于创造小学"口算表"而受到县教育局的表扬。到华东师范大学教育系读书，我主攻"小学算术教学法"，毕业后留校教"小学算术教学法"。我一边在大学给大学生上课，一边到附小为小学生上课。"文化大革命"中我到农村中学当数学教师，还偷偷到附近小学搞实验，给小学生上课。"文化大革命"后，我在常州师范学校当校长，除了给师范生上课外，仍挤时间给小学生上课。后来调到教科所，为了搞尝试教学实验，仍坚持给中小学生上课。可以说，我一生没有离开过小学讲台，同小学的情结太深了。

由于工作的关系，为了培训在职教师，我经常在大课堂里给教师上课，讲小学数学教学法，讲尝试教学法，讲新课程改革。一次讲座，少则几百人，多则几千人。教师们如饥似渴地学习精神深深地感动了我。在广西百色地区，一些教师翻山越岭走了一天跑到百色听讲；湖南湘西一位教师没有车费，把家里的一头猪卖了，赶到吉首学习；一位新疆教师先要骑马，再坐汽车赶了两天路程到乌鲁木齐听我作讲座。几十年来，我讲了近千场，听讲教师有五六十万人次。

为了把尝试教学思想渗透到幼儿教育中，我深入到幼儿园搞实验，并向幼儿教师学习，亲自给幼儿上课。当然次数不多，仅是尝试一下。我深切体会到孩子越小越难上，给幼儿上课最难。

我接受邀请给华东师范大学、东北师范大学、华中师范大学、西南师范大学的研究生上课。自己没有读过研究生，重回大学讲台给研究生上课既兴奋又紧张。我希望教育理论界有更多的人能够关注和参与尝试教学研究，我乐意为教育理论界的新一代讲课，使他们理解中国人自己创造的尝试教学理论，愿意走理论联系实际的道路。

作为一个教师，我是幸运的，能够从幼儿园、小学上起，再到中学、大学，直到给硕士、博士研究生上课。这样的机会在教育界是不多的。

应西南师范大学宋乃庆校长（前中）的邀请，到重庆为博士生、硕士生上课

为了取得第一手实验资料，我亲自给小学生上课。由于我既掌握教学理论，又有教学实践能力，经过锻炼，大家都说我的课上得越来越好。我是师范学校特级教师，不过很多人都认为我是小学数学特级教师。对此，我觉得非常光荣，这说明我上的课已经达到小学数学特级教师的水平了。许多小学数学特级教师课堂教学观摩会请我去上课做报告，我都乐意去。后来，为了宣传和推广尝试教学法，我是一边做报告，一边上示范课，以小学数学课作为载体，揭示和物化尝试教学法的教学思想和操作方法，使尝试教学法在实践中不断完善，也使小学数学课堂教学水平不断提高，使两者相得益彰。

在理论与实践结合的道路上，我没有停止脚步，一边进行理论研究，一边坚持深入学校上实验课。在课堂教学实践中不断迸发出新的思想，不断修正自己的观点，不断发展尝试教学理论。我在理论上每前进一步都离不开教育实践，我深信教育实践是教育理论的源泉。

教育实践是教育理论的源泉

一、课堂教学的特色

我的课堂教学主要体现尝试教学思想，以学生为主、以自学为主、以练习为主，表现的特色可归纳成"三字十二条建议"。

"三字"：趣、实、活

1. "趣"——上课首先要上得有趣

学生主动参与是他们的自主行为，如果学生没有兴趣，无动于衷，就不可能主动，参与也就变成一句空话。根据儿童心理特点，上课有趣，才能使儿童精神饱满，兴趣盎然，全神贯注，积极参与。我经常说的一句话是"要使学生学好数学，首先要使学生喜欢学数学"。上课上得有趣，不仅要追求形式上的趣味化，更重要的是要用数学本身的魅力吸引学生。

2. "实"——上课要让学生实实在在学好基础知识，练好基本功

加强"双基"是我国传统教育的精华，在任何时期都不能丢。纵观新中国成立后50多年数学教育发展史，什么时候削弱"双基"，教学质量就下降，什么时候加强"双基"，教学质量就提高。目前，我国中小学数学教育水平在国际上处于领先地位，加强"双基"是宝贵的经验。在新课程改革中，要把加强"双基"同发展创新思维结合起来。不能追求形式，光图表面上的热热闹闹，以致造成"华而不实"。

3. "活"——课堂气氛要活，学生思维要活跃

学生思维活跃程度是衡量学生是否主动参与的标志。满堂灌的课堂教学，肯定是死气沉沉，活不起来的。课堂教学中要调动学生各种感官参与，多动手，多动口，充分让学生自主活动，课堂就活起来了。

"趣、实、活"这三方面互相联系，相辅相成。其中"趣"是手段，"实"是目

的,"活"是提高。所以,"趣"是手段,不是目的,"实"才是课堂教学的根本,有趣是为了实在,不能舍本求末。停留在"实"还不行,还必须提高到活跃学生的思维,把打好基础同追求创新结合起来,所谓要"务实求新",夯实基础,才能创新。"趣、实、活"三方面是互相促进的,有趣,才能做到实在,才能激活思维;学生获得知识,取得成功,反过来又能对学习数学产生兴趣。上课做到"趣、实、活",是一个很高的境界,必须把愉快教育同严格训练相结合,把加强"双基"同发展思维相结合。要处理好各种关系,掌握分寸,控制火候。"趣、实、活"是课堂教学高水平的目标,有人戏说这是邱学华的"三字经"。达到这"三字"境界,必须要做到以下十二条建议。

第一条:及早出示课题,提出教学目标

上课一开始,立即导入新课,及早出示课题。开门见山,不要兜圈子。课题出示后,教师简要提出这堂课的教学目标,使学生明确这堂课的学习内容,也可启发学生自己说"看到这个课题,谁来先说说,这堂课要学习什么内容"。

学生知道了学习目标,才能更好地主动参与。从教育心理学方面看,儿童有了注意方向,才能提高学习效率。有些教师上课先来一大段的复习、铺垫,直到把新课讲完,才出示课题。这样上课,学生一开始就蒙住了,教师讲了半天,学生还不知道这堂课学什么,怎能要求学生主动参与呢?

第二条:尽快打开课本,引导学生自学

课题出示后,学生知道了学习目标,应尽快打开课本,引导学生自学;让学生通过自学课本,从课本中初步获取知识。这是学生自主学习的重要形式。

过去也要求学生自学课本,只是在教师讲完新课以后,大约在第30分钟时,再让学生翻开课本看一看。"今天讲的都在这一页,请大家看看。"到这时,教师已经什么都讲清楚了,学生已经没有兴趣再看了。这种"马后炮"式的自学课本仅是形式而已,学生并没有做到自主学习。

自学课本要成为学生主动的要求,最好先提出尝试问题,用尝试题引路自学课本,使学生知道看什么,怎样看,解决什么问题。自学后应该及时检查,及时评价,让学生讲讲看懂了什么,有什么收获。"你从课本中看懂了什么?还有哪些不懂的地方?还有什么问题?"

第三条：激发学习兴趣，活跃课堂气氛

激发学生兴趣的有效办法，是使学生看到自己的进步，受到教师和同学的表扬。我的信条是：要使学生学好数学，首先使学生喜欢学数学；要使学生喜欢学数学，要千方百计地去表扬学生。

在教学设计中要根据学生的年龄特点，结合教学内容安排游戏、竞赛、抢答、猜谜等，创设愉快、和谐、民主的教学气氛，才能活跃课堂气氛。师生关系是一种平等、互尊、互爱的关系，课堂教学气氛是愉快、和谐、民主的，这样才能使学生敢于尝试，主动参与。

第四条：先让学生尝试，鼓励创新精神

先让学生尝试，就是把学生推到主动位置，做到"先练后讲，先学后教"，这是学生主动参与的有效办法。

学生尝试的过程，也是主动参与的过程。让学生先尝试，不受教师讲解的束缚，可以尝试出各种结果，这就为学生留有创新的空间，促进学生创新能力的培养。

第五条：强调主动参与，摆正主体地位

只提学生参与教学过程是不够的。参与有两种：一种是被动参与，教师设框框，学生来参与；一种是主动参与，学习成为学生自身的需要，主动积极地参与。

为了鼓励学生积极主动参与，要尽量减少对学生的限制。过去对学生的限制太多，不能说，不能笑，不能动，这个不准，那个不行，把学生的手脚都捆绑起来，学生如何主动参与？课堂上应允许学生抢答，允许提出问题，主动上黑板板演，可以走出座位去帮助有困难的同学，总之，要把学生当成平等的活生生的人，尊重他们，信任他们，这样才能摆正学生在课堂教学中的主体地位。但是自主不等于放纵，不是学生想干什么就干什么，不能放弃教师的指导作用。

第六条：允许学生提问，发展学生思维

学生能够提出问题，是学生主动参与的表现，是他们积极思维的结果。首先要给他们提问的机会，并鼓励他们敢于提出问题，养成不懂就问的勇气和习惯。

一堂课可以有几次让学生提问的机会。自学课本后，教师让学生提问，"有什么不懂的问题，有什么意见可以提出来"。教师讲解后和全课结束前，也可让学生提问，"这堂课你们有什么收获？还有什么问题？"

教师要耐心听取和解答学生的问题，有些问题可以大家讨论，由学生自己回答。

有些问题，可留到课后指导学生自己查阅资料（包括上网）解决。开始，学生提出的问题比较简单，也可能幼稚可笑，教师千万不能讽刺嘲笑，否则打击了学生的积极性，以后他们就不再举手了。一堂课如果只有教师问学生，没有学生问教师，不是一堂好课。

> 教学、教学、教学生学；
> 学问、学问、引学生问。

第七条：组织学生讨论，增强合作意识

组织学生讨论，给学生创造主动参与的机会。学生积极参与讨论，发表意见，是学生自主学习的表现。组织学生讨论，既能调动学生积极性，发挥学生之间的互补作用，又能改变教师一言堂，活跃课堂气氛。

学生在讨论过程中，各自发表意见，互相取长补短，可以增强合作意识。关心自己也要关心他人，把自我置身于班级集体之中，大胆发表自己的意见，这也是现代化社会所必需的交往能力。

"学生讨论不起来，启而不发"，这是开始时都会遇到的问题。学生参与讨论的能力和大胆发表意见的习惯是逐步培养起来的。起始多采用同桌二人议论的办法；以后可采用全班讨论，听别人发表意见，再互相复述一遍；然后再试着分组讨论，分组人数不要太多，一般2~4人为宜。

要留有充裕时间让学生讨论，不要走过场。有不同意见可以争论，让学生畅所欲言。鼓励学生积极发表意见，说错了，也要设法让学生体面地坐下。

第八条：控制教师讲话，多留练习时间

现在上课最大的弊病，就是教师讲话太多，嘴巴像决了口的黄河关不住。整堂课只听见教师的声音，直到学生做课堂作业时，教师还要唠叨，一会儿说要注意什么，一会儿说不要做错，不让学生安静一会儿。教师讲话太多，势必占用学生练习时间，当堂做不完只能留到课后去做，这是目前学生作业负担过重始终降不下来的

原因之一。

针对这个弊病，要控制教师讲话时间，一般不要超过 10 分钟，这样可以留 30 分钟时间让学生活动。教师讲话太多，并不能提高教学效率，反而会使学生厌烦。学生课堂纪律涣散的时候，正是教师讲话时间太长的时候。只有从教师讲话那里省下时间，才能多留给学生练习的时间。

练习是学生自主学习的重要形式，只有通过练习，学生才能真正掌握知识，形成技能。所谓"百闻不如一见，百见不如手过一遍"就是这个道理。所以一堂课一定要保证练习时间，而且要以笔头练习为主。

> 百闻不如一见，百见不如手过一遍

第九条：及时反馈矫正，练习当堂订正

学生掌握知识的信息，要及时反馈，及时纠正。根据教育心理学的研究，学生当堂练习，当堂校对，当堂订正，这种学习方式进步快，也是课堂教学达到高效化的重要措施之一。减轻学生课后作业过重负担，必须增加课内练习，并做到四个当堂：当堂完成、当堂校对、当堂订正、当堂解决。如果课内把大部分的作业都完成了，课外的作业就减少了，这是一个非常简单的道理。我对课堂练习的要求，概括成一段顺口溜：

> 先练后讲，练在当堂；边练边讲，订正在当堂

第十条：加强动手操作，运用现代手段

新世纪的课堂教学要尽可能采用新技术，使教学手段现代化和多样化。教学手段主要有教具、学具、电教手段以及计算机辅助教学手段等。

教师有教具，学生有学具，为学生提供模型，使其产生丰富的感性认识，特别

要重视学生动手操作学具。学生能够一边操作，一边学习，这也是学生主动参与的表现。

儿童的思维发展阶段是按直觉动作思维→具体形象思维→抽象逻辑思维三个阶段发展的。因此，儿童最初学习概念时，必须让他们亲自动手操作，从动作感知到建立表象，再概括上升为理性认识。

电教手段和多媒体电脑辅助教学手段是现代化的教学手段，必将广泛应用，同时，电子计算器也将引入小学数学课堂。但是运用时要掌握一个"度"，教学手段只能是辅助手段，不要喧宾夺主。

第十一条：内容不要太多，把握教学节奏

过去，一般的课堂教学有三大弊病："内容太多，起步太快，要求太高"，造成学生负担过重，教学效率低。

有些课的形式一个接一个，花样很多，表面看上去热热闹闹，事实上是"刀光剑影一闪而过，倾盆大雨一泻而光"，在学生头脑中并没有留下多少东西。我的观点是"内容要少一点，学得要好一点"，"马马虎虎做十道题，不如认认真真做一道题"。

马马虎虎做十道题，不如认认真真做一道题

"大运动量、快节奏"的做法并不适合儿童，在理论上和实践上都是不能成立的。根据儿童心理特点，还是应该强调"一步一个脚印"、"稳扎稳打"的办法。一堂课的教学内容不能太多，贪多不消化。起步不要太快，使全体学生都能跟上，遵照课程标准要求，不能随意拔高。

第十二条：实施分层教学，注意因材施教

班级授课制始终会带来一个问题——"学生程度参差不齐怎么办？"过去没有正视这个问题，教学采用"一刀切""齐步走"的办法，使学困生跟不上，经常挨批评，造成大批的失败者。学生存在差异，这是客观存在的。应该根据学生的差异情况，实施分层教学，这是对学生进行因材施教的有效办法。分层教学包括目标分层、

教学分层、练习分层等，其中主要是练习分层。优秀生多做一点，难度适当高一些；学困生少做一点，难度适当低一些。这样，优生吃得饱，学困生吃得了，做到"培优辅困"，使全体学生都能学好。

以上十二条是相互联系的，形成一个新的课堂教学系统。

这"三字十二条"所体现的教育理念，同新课程改革的教育理念是一致的。达到"三字十二条"是课堂教学的很高境界，我还要在教学实践中不断探索，不断完善。

二、课堂教学的案例

我上的中小学数学课最多，每两年召开的全国尝试教学法研讨会上，我都要带头亲自上一堂数学课，体现尝试教学研究的新思想和新发展。在全国各地的中小学数学课堂教学观摩会上，我也应邀上了不少课，后来应语文教师的要求，我还试上了一堂语文课。这些课都有人整理和评析。以下精选一部分课堂纪要或教学设计作为案例，让大家评点。

（一）小学数学"分数乘除法混合运算"教学片段与评析

[简介]

1982年11月，《福建教育》公开发表了邱学华的《尝试教学法的实践和理论》一文，在全国引起很大的反响，全国各地到常州考察尝试教学法的教师络绎不绝。邱学华老师在1983年为来常州考察的教师上了一堂公开课——"分数乘除法混合运算"，而后《小学教学》杂志发表了原常州市钟楼区教育局史瑞铨写的课堂纪要，并附有编者按："尝试教学法，是就课堂结构改革问题提出的一种教学方法，在研究、实验过程中曾引起不少教师、教研人员的兴趣，这里特刊出邱学华同志运用此法进行数学教学的一节课堂纪实，以飨读者。"

"为了便于大家学习尝试教学法，邱老师采用尝试教学法的基本操作模式，层次比较清晰，练习设计巧妙，从中可以领会尝试教学思想和操作要领。这里仅刊登尝试教学法七步基本操作模式的教学片断。"

1. 准备练习

课一开始，先进行口算基本训练：

把带分数化成假分数

$$2\frac{2}{3}, \ 16\frac{1}{3}, \ 8\frac{3}{4}, \ 2\frac{4}{5}, \ 6\frac{6}{5}。$$

把假分数化成带分数

$$\frac{15}{2}, \ \frac{15}{4}, \ \frac{11}{3}, \ \frac{20}{6}, \ \frac{26}{4}。$$

（学生很快做好了，一学生报得数，其他学生自行校正。）

师： 下面是找一个数的倒数，请同学们抢答。

（师先拿出卡片 $\frac{3}{5}$，几乎全班同学同时站起来报："$\frac{5}{3}$。"）接着又拿出卡片 $\frac{1}{6}$、$\frac{5}{7}$、$\frac{5}{2}$ 等，学生争着报，气氛热烈。

师： 刚才是容易的，下面是较难的了，看谁又对又快地说出一个数的倒数？

（拿出卡片 $8\frac{3}{4}$，学生们愣了一会儿，一位男同学抢答 "$\frac{4}{35}$"。）

师： 你能讲讲方法吗？

生：要写出一个带分数的倒数，先把这个带分数的分母做分子，

（师板书：$8\frac{3}{4} \rightarrow \frac{4}{(\ \ )}$）再把这个带分数的分母乘以整数，乘得的积再加上原来

的分子做分母 $\frac{4}{35}$。

[评] 教师精心设计了口算题，这是第一步准备练习，为突破这堂课的难点服务，教师热情鼓励，学生情绪高涨。

2. 出示尝试题

（师板书：$2\frac{1}{4} \div 3$　　$3\frac{1}{3} \div 1\frac{2}{3}$）

生：这是带分数除法，它的计算步骤是先把带分数化成假分数，然后把除以一个数转化为乘以这个数的倒数，再按分数乘法法则计算。

师：我在这两个算式的后面分别再添上 "$\div 2\frac{2}{5}$" 与 "$\times 2\frac{1}{4}$" 变成

$2\frac{1}{4} \div 3 \div 2\frac{2}{5}$　　$3\frac{1}{3} \div 1\frac{2}{3} \times 2\frac{1}{4}$

第一题是分数连除式题，第二题是带分数的乘除混合题，这是今天这堂课我们要学的内容。老师不教，大家会做吗？（学生有信心地回答："会"。）真了不起，老师没有教，你们就会做了，不过这种题目，看上去容易，做到全对很难。

[评] 这是"尝试教学法"的第二步——出示尝试题。尝试题的出现是在旧知识的基础采用递加方式自然地出现的，学生认为虽未教，但也不难，可以解答。老师讲"做全对很难"，学生更跃跃欲试。

3. 自学课本

师：黑板上的题目与课本的例 3、例 4 差不多，请同学们看看书上是怎么做的，书写格式又是怎么样？

（学生看书自习，有些同学在小声议论。）

[评] 这是"尝试教学法"的第三步——自学课本。学生带着问题自学课本。目的明确，要求具体，自学课本又在老师讲解之前，有利于培养学生的尝试能力和

自学能力。

4. 尝试练习

师：现在请两位同学到黑板上来做，其他同学在"随练本"上做。

[评] 这是"尝试教学法"的第四步——尝试练习。学生一边看书，一边练习，老师重点巡视中差生，发现问题，以便有的放矢地进行讲解。

板演的两位同学做成的算式是这样的：

$$2\frac{1}{4} \div 3 \div 2\frac{2}{5} \qquad\qquad 3\frac{1}{3} \div 1\frac{2}{3} \times 2\frac{1}{4}$$

$$=\frac{9}{4} \times \frac{1}{3} \times \frac{12}{5} \qquad\qquad =\frac{10}{3} \div \frac{5}{3} \times \frac{9}{4}$$

$$=\frac{9}{5}=1\frac{4}{5} \qquad\qquad =\frac{10}{3} \times \frac{3}{5} \times \frac{9}{4}=\frac{9}{2}=4\frac{1}{2}$$

5. 学生讨论

师：这题难不难？

生：不难。

师：黑板上的两道题做对了吗？

生：左边一道做错了。

师：请大家看书，书上讲："在分数连除或乘除混合运算中，遇到除以一个数时，只要乘以这个数的倒数就可以了。"检查一下，左边一道题，错在哪里？

（板演的学生立即发觉了自己的错误，自己上来改正了。）

师：你错在哪里？

生：我没有把除以 $2\frac{2}{5}$ 改为乘以它的倒数。

师：这一道题做错的请举手。（共11人）

师：请××同学讲讲自己的板演。

生：这道题是带分数乘以混合运算，我先把每个带分数都化成假分数，遇到除以一个数就改成乘以这个数的倒数，遇到乘号就照抄，相乘之前能约分的先约分，最后算出结果。计算结果是假分数的化成带分数或整数。

师：说得很好，黑板上做的也是对的，右边这一题做错的请举手。（共5人。）

　　[评]　这是"尝试教学法"的第五步——学生讨论。学生在老师的引导下检查自己的算式，尝试讲算理，有利于发展学生的数学语言的表达能力以及分析推理能力。

6. 教师讲解

师：在做分数连除或乘除混合运算中，有几步呢？第一步是什么？

生：第一步是把带分数化成假分数。

师：这可以简称为"一化"（板书）。第二步、第三步呢？

生：第二步是把除号改为乘号，第三步把除数的分母和分子颠倒过来。

师：这可以简化为"二改"、"三倒"（板书）。以上三步往往是一下子完成的。第四步呢？

生：第四步是约分。

师："四约"。（板书）最后呢？

生：计算结果。

生：计算结果是假分数的要化成带分数或整数。

师：第五步简称为算。（板书"五算"）为了便于记忆，我们概括为"一化、二改、三倒、四约、五算。"这类题目的验算，不能用逆运算的办法，应按一化、二改……的顺序检验。化对了吗？查一查，除号改乘号了吗？……把这五步计算步骤抄在书上。

　　[评]　这是"尝试教学法"的第六步——老师讲解。学生会做题目，并不等于掌握了知识，还必须懂得算理，理解知识的内在联系。这时老师的讲解不是从头讲起，而是针对学生感到困难的地方、教材关键的地方重点讲解，确保学生系统掌握知识。这里把计算步骤概括成"一化、二改、三倒、四约、五算"简明扼要，便于记忆。教师讲解时间虽然不长，但讲到点子上了。

7. 第二次尝试练习

　　接着再练习两题：

$$4\frac{4}{5}\div 8\div 2\frac{2}{5} \qquad 2\frac{1}{2}\times\frac{3}{5}\div 2\frac{1}{4}$$

　　［评］　这是第七步第二次尝试练习，为了再试探一下学生掌握新知识的情况。特别是给学困生再一次尝试的机会。练习后，教师根据具体情况再作补充讲解，保证全体学生都能学好。

　　师生评议后，进行课堂作业，教师巡回批改，当堂校对，全班正确率达95.5％。最后布置家庭作业，这堂课在轻松愉快的气氛中结束了。

（原江苏省常州市钟楼区文教局史瑞铨整理及评析）

（二）小学数学"两步加减法应用题"课堂纪实及评价

［简介］

　　1993年10月，杭州大学教育系举办"邱学华数学教育思想及课堂教学艺术观摩会"，邱老师在观摩会期间亲自上了四堂课，展示了他的课堂教学艺术。下面刊登的是其中二年级"两步加减法应用题"的课堂纪实。这堂课显示了邱老师高水平的尝试教学艺术，二年级学生刚学两步应用题，有较大的难度，可是在邱老师的引导下，竟能自己编题，自己解题，实在令人信服。这堂课也在江苏省如东县、浙江省温州市等地上过。这堂课由江苏省金湖县教研室卢专文整理和评析。

［教学目标］

　　（1）使学生初步学会两步加减法应用题的解题方法。

　　（2）使学生进一步体会应用题来源于实际，学习数学是为了解决实际问题。

　　（3）激发学生学习数学的兴趣。

［教学过程］

1. 导入新课

师：以前我们学的应用题都是几步计算的？（一步。）你们想不想学两步应用题？（想。）好，今天我们就来学习两步计算的应用题。（出示课题后学生齐读课题：两步加减法应用题。）

师：你们看了题目后都想到些什么？（学生纷纷发表自己的想法，如"两步应用题怎样做？""两步应用题难不难？""两步应用题是怎样编出来的？""是有加有减的应用题吗？"等。）

师：同学们想到很多问题。今天学的应用题一定要几步来做？（两步。）你们学得会吗？（会。）

师：现在还不能说"会"，你们还没有开始学呢！谁能开动脑筋认真学，那么这两步应用题就学会了。这两步应用题怎样来学呢？今天我们用一种新的方法来学，首先要大家把题目自己编出来，还要自己来解答。

[评] 开门见山，出示课题并巧妙地以课题的"新"引起学生的猜想，激发学生的学习兴趣。学生跃跃欲试，这是课堂教学成功的良好开端。

在新疆维吾尔自治区乌鲁木齐市上《两步应用题》观摩课

2. 进行新课

（新课分"动作阶段、图片阶段、文字阶段"三个阶段进行尝试练习。）

（1）动作阶段

师：现在你们要注意看老师的动作，根据老师所做的事编出应用题。（教师拿出 5 支

红铅笔,又拿出3支黄铅笔,再把红黄铅笔合起来,送给小朋友两支,手里还
有几支铅笔?)

师:(把动作重新做一遍)谁来编应用题?(全班学生纷纷举手。)

师:同桌的同学相互编题。

(学生互相编题,课堂气氛十分活跃。)

〔评〕 学生互相编题,使每个学生都有尝试的机会,感受到自己是学习的主
人,充分发挥了学生的主体作用。

师:现在请一位小朋友来编题。

生:老师手里拿着5支红铅笔,后来又拿出了3支黄铅笔,老师的手里有多少支铅
笔?给了小朋友两支,老师的手里还有多少支铅笔?

师:编得好不好?(有的学生说好,有的学生说不好。)

师:有的同学有意见,编得不全对。谁再来编?

生:老师左手拿着5支红铅笔,后来右手又拿出了3支黄铅笔,送给小朋友两支,
一共有多少支铅笔?

师:他编得好一点。谁能比他编得更好?编应用题不要啰嗦,要把意思说清楚了。
看谁编得简洁?

生:老师有5支红铅笔,有3支黄铅笔,送给小朋友两支,现在还剩几支铅笔?

师:他编得好不好?(好!)

师:表扬他!(全班学生鼓掌。)

师:这下编对了,大家来看一看,你们编的和老师编的是不是一样?(用投影机打出
题目。)

生:一样!(全班学生一起读一遍题目。)

师:这道题目你们会做吗?(会。)

师:现在我们用小棒代替铅笔来摆一摆。你们摆一步,写一步算式。先摆5支红铅
笔,再摆3支黄铅笔。这一步提出了什么问题?(一共有多少支铅笔?)

师:这一步会列式吗?(会!)

师:把这一步写出来。(生写出算式后读算式。)

师:同学们真聪明,你们看和老师写的相同吗?(出示卡片贴到黑板上:5+3=8)
跟老师这一步相同的同学请举手。(全班学生举手。)

师：再来做第二步，先把小棒摆一摆，送给小朋友两支。从 8 根小棒中拿走两根，怎样列式呢？把这一步算式写出来。（学生写出算式后，集体读一遍。）

（教师再出示卡片贴在黑板上：$8-2=6$（支），全班学生订正。）

师：真聪明！应用题最后还要写什么呀？

生：答案。（全班口答答案，教师板书。）

[评]　教师的动作演示及学生自己动手操作，直观形象，使学生对两步应用题的结构看得清楚，理解得明白，符合儿童的认识规律。学生虽然是第一次接触两步应用题，但这种应用题的结构已在他们的头脑中留下了深刻的印象。

师：我们已经做完一道题了，而且大家都做对了。下面再看老师的动作编题。刚才老师说了，编题的时候，不要啰嗦，把事情说清楚就行了。

师：（教师用练习本边做动作边提问）我有 6 本练习本，送给小朋友两本，然后又去买了 5 本，看看老师现在还有几本练习本？

师：（把动作重复做一遍）好，现在同桌的同学互相编题。（学生互相编题，气氛活跃。）

师：现在请谁来编？

生：老师原来有 6 本练习本，送给小朋友两本，后来又买来 4 本。现在老师一共有多少本练习本？

师：编得好不好？（不好！）

师：为什么不好？（错了一个数字。）

师：编是编对了，先表扬他！（学生鼓掌。）就是还有缺点，把数字说错了，以后要注意。

[评]　教师在教学过程中注意保护学生的学习积极性，以表扬为主，同时耐心地指出学生编题中的缺点，使学生对作尝试练习始终充满兴趣和信心。

师：谁再来编一次？（一学生编对了。）

师：表扬他！（全班学生鼓掌。）同学们进步很快。

师：（用投影机出示题目）看看与老师编的是不是一样？（一样！）

师：把题目集体读一遍。

师：这道题会做吗？（会做！）用几步做？（两步。）先做什么？（减法。）

生：$6-2=4$（本）。

师：减出来的是什么？

生：减出来的是 6 本书被送走了两本，还剩下多少本？

（教师要求学生完整地计算，算完后再集体校对，订正。）

（2）图片阶段（要求学生看图编题，然后列式计算。）

师：刚才大家是看着老师的动作编题计算，现在请小朋友看老师给出的图片来编题，好不好？

生：好！

师：（用投影机打出小鸟图。）原来树上有几只鸟？（10 只。）飞走了几只？（3 只。）又飞来了几只？（4 只。）应该求什么？

生：现在树上有几只小鸟？

师：对！请大家编一道用两步计算的应用题。同桌的两个同学互相编题，要大声念出来。（学生互相大声编题，气氛活跃。教师请一名同学编题。）

生：树上原来有 10 只鸟，飞走了 3 只，又飞来了 4 只，现在树上有几只鸟？

师：（再请一名同学编题后，用投影机打出题目，学生集体读题。）这道题用几步计算？（两步。）先做哪一步？

（学生做题，教师巡视。）

师：大家都做得很好。谁把算式读出来？

生：$10-3=7$（只）

　　$7+4=11$（只）

（教师把式子和答案板书出来。）

师：做对的请举手。（全班同学举手。）

师：请同学们再看一幅图画。

师：（用投影机打出"小鸭图"，边演示边问。）河里原来有几只小鸭？（7 只。）游走了几只？（3 只。）后来又游来了几只？（两只。）

师：请全班同学一起编题。老师指到哪里，你们就一齐说到哪里。（教师一边操作图片，学生一边编题，齐声读出，进行两次。）

生齐读：河里原来有 7 只鸭，游走了 3 只，后来又游来了两只，现在河里有几只鸭？

　　　　（学生做习题，教师巡视、检查，然后订正、表扬。）

　　［评］　通过动作、图片直观指导编题，从一步计算自然地过渡到两步计算，使

新旧知识的交接点衔接得更加紧密，比单独安排一个复习旧知识的环节更有利于知识的迁移。

（3）文字阶段

师： 刚才同学们是看老师的动作、看图片编两步计算的加减法应用题的，现在老师不做动作，也不给图片让你们看，只用文字出一道题，你们要认真地看几遍，看看谁做得又快又对。

师： （用投影仪出示题目）学校有 15 个皮球，借走了 5 个，后来又买来了 3 个，现在学校里有多少个皮球？

学生们集体读题。

（学生尝试练习，教师巡视指导，并请一名学生写在黑板上，然后全班订正。）

[评] 从动作→图片→文字，按照概念形成的三个阶段进行尝试练习，符合儿童形成数学概念的规律，是促进学生达到尝试成功的一个重要因素。

3. 课堂游戏

师： 两步计算的加减法应用题你们学会了吗？（学会了！）难不难做？（不难！）小朋友都说不难，现在我们来做一个编应用题的游戏。好不好？（好！）班上四个学习小组进行编题比赛，看哪一组编得多，编得好。每个组先给 100 分（板书出组别和各组的底分。）哪个组的同学编对了一题就加 10 分，编得特别好的就加 20 分；如果编错一题就减 10 分。你们编什么内容都可以，但一定要编两步计算的加减法应用题。下面开始比赛。（每个组轮流编，游戏过程中注意表扬和纠正。）

[评] 尝试成功带来了喜悦，编题竞赛游戏又把课堂的愉快气氛推向了高潮，从编题中使学生进一步理解两步应用题的结构和解题的方法。

4. 课堂总结

师： 今天你们学习了几步计算应用题？

生： 两步计算的加减法应用题。

师： 都学会了吗？

生： 学会了。

师：你们还学会了编应用题，解题的时候要认真看题目，想好先做哪一步，后做哪一步。（公布编题比赛结果后下课铃响。）

师：你们还想不想编应用题？

生：想！

师：现在下课时间到了，你们放学回家编给你们的爸爸妈妈听，好不好？

生：好！

［总评］　下课时间到了，学生兴趣未尽，还想再试。在40分钟的一节课内，学生思维始终活跃，情绪饱满。教师充分激发了学生的学习兴趣和积极性，这是尝试成功的根本保证。这堂课改变了过去教师先教例题，学生再做习题的老框框，而是采用学生尝试自己编题的方法，先根据动作编题，再根据图片编题，最后直接出示文字应用题，从具体到抽象，逐步上升。这样把应用题教学紧密地同学生的生活联系起来，同学生的实践活动结合起来，让学生在不断的尝试中学习，在尝试中不断提高，这同现在的新课程改革的基本理念是一致的。

（江苏省金湖县教研室卢专文整理和评析）

（三）小学数学"年、月、日"课堂实录与赏析

［简介］

　　1998年4月，在广东省佛山市举行新世纪小学数学课堂教学观摩会，有来自全国各地包括香港、澳门、台湾近5000人参加。邱学华在这次观摩会上作了题为"新世纪小学数学课堂教学的特征"的学术报告，并上了一堂示范课"年、月、日"。这堂课体现了新世纪的时代气息，引起了很大反响。其后，作者又在湖南张家界、浙江绍兴、福建南安上了同样内容的课，都受到了大家的欢迎。这堂课由湖南省小学教师培训中心胡重光整理及评析，并附香港小学数学教育家余荣燊先生写的评论。

［教学目标］

　　1. 使学生理解时间单位"年、月、日"的基础知识。

　　2. 通过自学课本、观察讨论、游戏活动，培养学生的尝试能力、观察思考能力和创造力。

在广东省佛山市体育馆举行的新世纪小学数学课堂教学观摩会

[教学过程]

一、导入新课

师:今天我们分小组学习,比一比,看哪组学得好。你们有组长吗?(生:没有)那么每组推选一名组长。

[评] 先建立小组合作学习的组织。

师:你们喜欢猜谜吗?(生:喜欢!)好,现在我们开始猜谜比赛。(投影机出示。)

有个宝宝真稀奇,身穿三百多件衣,

天天都要脱一件,等到年底剩张皮。

(打一日用品)

谜底是什么?要说出道理。

(学生兴趣盎然,立即开始组内讨论,很快说出了谜底和道理。教师表扬。)

[评] 由猜谜引入,设计巧妙,迅速激起学生的兴趣。

师:(出示准备好的日历本,板书课题):今天的年、月、日,从日历本上可以看到。年、月、日都是时间单位。以前我们学过时间单位吗?(生:学过时、分、秒)

好，哪组说说，今天我们要学什么？

生：要学年、月、日的知识。

师：不错，能再具体点吗？

生：以前我们学过多少秒等于 1 分钟，多少分钟等于 1 小时，今天我们也要学年、月、日的进率。

［评］　通过回忆旧知识，使学生明确学习目标，妙在让学生自己悟出。课题和教学目标及早出示，使学生学习有了方向，这是学生自主学习的重要条件。

二、尝试自学

师：现在想一想，你们都知道年、月、日的哪些知识？先小组讨论，再推出代表发言。（小组讨论，再举手回答。）

生：一年有 12 个月，小月 30 天，大月 31 天，一天有 24 小时。平年 2 月 28 天，闰年 2 月 29 天。

生：平年 365 天，闰年 366 天。

生：一年有 7 个大月，4 个小月，二月是特别的月。

生：年分为闰年和平年。

生：地球转一圈就是一日。

生：每 4 年里有 1 个闰年，3 年平年。

［评］　这一设计别开生面，又十分合理。布鲁姆说过：对教学影响最大的是学生已有的知识。这样安排既了解了学生已有的知识，又调动了学生的积极性，体现了学生的主体地位。学生已经知道的，教师就不必再讲，这是一个简单的真理，却常常被我们忽略。

师：嗬！你们知道这么多年、月、日的知识，真聪明！现在大家看看课本，看书上还有什么刚才没有讲到的；另外对书上说的有什么意见，看哪组能提出意见来。先在小组里说一说。

（学生看书、讨论，然后举手发言。）

生：课本上还说，公历年份是 4 的倍数的那年一般是闰年；

生：但年份数是整百数的，必须是 400 的倍数才是闰年；

生：我们居住的地球总是绕太阳旋转的，地球绕太阳转一圈需要 365 天 5 时 48 分

46 秒。

生：平年定为 365 天，这样每过 4 年差不多就要多出一天来。把这一天加在二月份，这一年就有 366 天，叫做闰年。

生：如果不知道哪个月是大月、小月，可以数拳头。

生：12 月又叫腊月（农历）。

　　[评]　了解学生已有知识后，教师仍不讲解，而让学生看书自学。这里贯彻了一条原则：凡学生自己能弄懂的，尽量让他们自己弄懂。这是体现学生自主性的一个重要原则。在安排看书时，鼓励学生对书本提出疑问，更进一步体现了自主性。这里充分显示了教师先进的教育思想和高水平的教学艺术。

师：大家学得真好！不要老师讲就都学会了。下面再说说，你们对书上说的有什么疑问、有什么意见吗？

生：我有意见。书上的年历是 1993 年的，但今年是 1998 年，太落后了。

师：为什么会这样呢？

生：可能这本书是 1993 年出版的，过了这么久，应该把年历换一换。

师：好，我们把这条意见反映给编书的先生。（表扬这位同学。）

生：我有问题。为什么一年是 12 个月，不能有 13 个月呢？

师：对呀，为什么一定要是 12 个月呢？

生：12 个月可以分成四份，一年四季，每季 3 个月。

生：16 个月也好分呀，每季延长一个月就行了。

师：这与月亮绕地球一圈的时间有关。月球绕地球一周时间是 29 天多一点，一年定 12 个月，每月的天数最接近这个时间。

三、大月、小月的认识

师：难的是记住哪些月份是大月，哪些月份是小月。

生（齐）：不难！

师：不难？好，谁来说说？

生：1、3、5、7、8、10、12 是大月，4、6、9、11 是小月。2 月是特殊的月份。

师：大月的排列有什么规律？

生：用拳头数，凸起的地方是大月。

师：太麻烦，不好。

生：有一首歌：一三五七八十腊，三十一天永不差。

师：这是用歌诀来背诵，还不是规律。

生：我发现大月的月份前面，1、3、5、7都是单数，后面的8、10、12都是双数。

师：好！你叫什么名字？你真是个数学家！我们可以编个歌诀：7月前面是单数，8月后面是双数。

　　［评］　师生讨论，气氛热烈，激励、引导，步步深入。

师：现在我们来做个游戏。一、三、五组当大月，二、四、六组当小月，我报一个月份数，月份数是大月的，一、三、五组站起来；是小月的，二、四、六组站起来。

（师生游戏，饶有兴趣，不时引起欢乐的笑声。）

师：再做个游戏。生日在大月的站起来；生日在小月的站起来，生日在2月的有吗？

　　［评］　既是游戏，又是巩固练习。一张一弛活跃气氛。

四、平年、闰年的认识

师：大月、小月我们学好了，但是平年、闰年更难了。

生（齐）：不怕！

师：也不怕！有信心，好！找找规律看。（幻灯出示1980—2000年各年份的天数，题略。）（学生观察、讨论，然后举手回答。）

生：每四年的最后一年是闰年。

生：用年份数除以4，能整除的是闰年；如果是整百数，能被400整除的是闰年。

师：能不能够一眼看出来？

生：只要是双数的就是闰年。

师：对不对？

生：不对，1982年是平年，却不是闰年。

生：只需要看双数的，再看后两位能不能被4整除。

师：好！你也是一位数学家！整百数又怎么看呢？

生：只要看头两位能不能被4整除。

师：好极了！你们都是数学家！

［评］　又一次师生的精彩讨论，"数学家"越来越多了。

师：今天有香港、澳门的专家、教师参加大会，我再提两个问题：香港回归是哪年、哪月、哪日？澳门呢？（回答略。）

五、课堂游戏

师：最后我们做个游戏。我发现大人物的生日都与"9"有关，信不信？

生：不信！

师：不信？我举个例子给你们看。3月5日是周恩来总理诞生100周年纪念日，他的生日是哪一年？（1898年）对。先写出生日的年、月、日数，再倒过来写出一个数，再求这两个数的差，最后把差的各位数字相加，一直加到一位数，如果是9的话，这个人将来就是大人物。看我计算：

$$538981$$
$$-189835$$
$$\overline{349146}$$

$$3+4+9+1+4+6=27 \quad 2+7=9$$

是不是得出"9"了？

再找一个同学的生日看看。说说你的生日（1989年4月2日）。好，我们来算算：

$$249891$$
$$-198942$$
$$\overline{50949}$$

$5+0+9+4+9=27 \quad 2+7=9$ 嗯，看来你也是个大人物。信不信？还是不信？！对了，这是邱老师玩的游戏。其实算命都是骗人的鬼话。按照这样计算，每个人的生日都会得出"9"，你们可以自己算一算。道理是什么？你们到中学再多学一些数学知识就会明白的。有兴趣的同学，现在也可找课外书看看，而且是任意几位数倒过来相减的差，都会得出"9"。

好了，今天大家学得很好。下课！

［评］　游戏是最能吸引儿童的。以游戏结束，课虽上完了，同学们对学习数学的兴趣却更强烈了。

［总评］　邱老师的这节课的一个突出特点是上得活。整堂课让学生尝试自己学

习，而且能使学生兴趣盎然，情绪高涨。所以能上得这样的活，是因为教师充分调动了学生的主动性：采用分组教学；尽量让学生通过看书、讨论来自己学习；鼓励学生大胆质疑；充分地、巧妙地利用激励、表扬的手段调动学生的积极性。

这节课的另一个特点是教学内容有一定深度。年、月、日这节课由于内容的特点，很容易上成单纯的记忆课。教师认真钻研教材，找出了大月和闰年在数学上的特点，并巧妙地引导学生自己发现它。末尾又巧妙地运用数学游戏，进一步激发了学生对数学的兴趣。

（湖南省小学教师培训中心　吴重光整理及评析）

邱学华先生上《年、月、日》一课的观后感

香港余荣燊先生对这堂课做了比较详尽的评论，发表在香港朗文教育出版的《小学数学教育资讯》上。

1998 年 4 月，我应邀参加在广东省佛山市举行的"新世纪小学数学课堂教学观摩会"，邱学华先生亲自为近 5 000 名与会代表上"年、月、日"一课，听后感触很深，以下谈谈自己的看法。按照香港人的习惯，不全是说好话，也谈意见，供大家讨论。

首先，我每次评课，习惯先看教案。西方谚语云："好的开始，是成功的一半。"如果教学设计能够依教学目的去安排有系统的教学步骤和适当的活动和练习，该节的教学表现一般都不差，其次，我会留意教师的教学技巧：讲解、问答、指示、教具的运用等，是否能引导学生学习要点。最后，我会观察学生的反应与教师对学生的反应和问题的处理，是否显示学生已把握概念和计算方法。

一、教案的编写

教案的写法与内地其他教师和香港的大致相同，只是香港的在教学要求方面会写得更具体和能够明确评估，例如，教学要求第一点会写成如下几项。

（1）学生能够说出年、月、日的关系和阅读日历、月历和年历，并写出日期。

（2）学生能够说出各月份的日数，分辨大月、小月。

（3）学生能够说出平年和闰年的日数，分辨哪一年是闰年。

这样，教完一课，如果学生能够做到上述各项，就达到教学目的了。否则，未算达到教学目的。

这是一个较简洁的教案，适合有经验的教师采用。不过，主要的问题、谜语、儿歌、补充题都写上了，内容已经相当齐备。但是，缺了应用一项，巩固学生对年、月、日的认识和写日期的能力，似乎不足。

二、教师的表现

无可否认，内地教师对讲述的技巧一般都比香港的胜一筹。邱学华先生在声音、语气、节奏等的运用，更已臻化境，加上目光的运用，动作的配合，均恰到好处。

问答方面，他亦处理得非常好，尤其是鼓励和赞美学生方面，使他们有成功感，乐于作答，营造了愉快学习的情境。

三、教学的演示

（1）导入新课

用谜语导入新课，能引起学生的兴趣和好奇心。学生猜出是日历，他立即补问："为什么？"虽然没写在教案，但这是必要的，否则就没有意义。

观察日历，引出课题，是正确的做法，可惜未能用真正本年的日历本，表示昨天、今天和明天的年、月、日的读法，略为影响效果。

（2）尝试阅读课文

这是邱学华先生的尝试教学法的特色，先让学生尝试说出要学习的知识，确定目标。有些学生未能把握疑难问题，他亦提示得宜。引导学生走入正题，共同研究学习，足见他引导学生学习的本领高强。

（3）大月、小月的认识

教案的思考问题：① 根据什么规定一年有 365 日？② 为什么规定一年有 12 个月？对小学生来说，似乎有问题！学生未学地球的自转和公转，实无法解释清楚；对西洋历法未知来龙去脉，根本无法解释。应以不提问为佳。至于学生提出疑问：为什么不分 13 个月？邱学华先生能够引导学生发表意见，发挥他们的想象力，有些学生说来有点道理，例如四季的划分等，他也加以赞赏，令讨论气氛轻松快乐。可惜他最后亦未能给学生一个简单满意的答案，只是轻轻带过。小二学生限于经验和知识，这两道思考题，他们是无从人手作答的。

其余部分进行顺利，邱学华先生利用年历片引导他们观察、讨论、作答，带出儿歌，都能一气呵成。跟着引导学生说出自己的出生月份是大月或小月，能配合生活实例。后来介绍利用拳头和利用游戏比赛刺激学生牢记大月或小月，非常成功。这个教法的程序编排恰当，可以加强他们分辨大月、小月的能力。

（4）平年、闰年的认识

各年份2月的天数，只写出年份介绍四年一闰的规律，不提及最近十年的二月份，让学生观察发现和归纳结论。找平年、闰年比赛，则有实用价值，反映良好。

（5）课堂作业

补充香港和澳门回归祖国的日期，有利于对时事加强认识的好处，配合得宜。后来介绍数学游戏，有趣，吸引学生和观摩的教师。但作用不及教案第3题的原意，这个游戏应作为有剩余时间才介绍的趣味数学。

引导学生发表意见的思考题略深，幸而没有时间提问，否则不易收效。

（6）课堂小结

因为介绍了数学游戏，时间不足，匆匆作结，美中不足，而要求学生应用"看日历，写日期"方面的作业也意义不大，亦是大瑕小疵。

四、结语

教案的编写具见心思，利用启发学生思考的谜语引入，再逐步引导学生认识大月、小月和平年、闰年，进而利用游戏巩固他们的认识，并利用时事加强他们的认识，组织很有系统，只是应用所学写出日期的部分，稍欠周详而已。

邱学华先生教学的表现是第一流的水准，值得其他教师多多学习。例如讲述和发问的技巧，目光的运用和动作的配合，适当地处理学生的问题和对学生赞许、表扬等，都显示出他的教学心得和成就。

学生反映良好，热烈回答问题和投入地做各项比赛和游戏，且能从中学习，表达所学知识。

整体来说，这是相当成功的一节课堂教学。

（香港现代小学数学研究社社长余荣燊）

（四）小学数学"三角形面积的计算"教学设计及评析

［简介］

　　1992 年 4 月，在江苏省常州市举行的全国协作区第六届尝试教学法研讨会上，作者上了一堂"三角形面积的计算"公开课。这堂课充分利用学生的旧知识，采用尝试操作的办法，让学生通过尝试练习，自己得出三角形面积的计算公式，并使学生初步认识图形变换的数学思考方法，特别是引导学生初步运用数学"猜想"的思考方法，发展了学生的创造性思维。这堂课进一步探索在几何初步知识教学中，如何体现尝试教学理论。日本数学教育会会长茂木勇先生和文教大学片桐重男教授也听了这堂课，并表示了极大的兴趣。这堂课由江苏省金湖县教研室副主任卢专文整理及评析，并附福建教育出版社周少英写的评论。

［教学目标］

　　1. 使学生理解并掌握三角形面积的计算公式，并学会运用公式计算三角形的面积。

　　2. 通过图形的割补、剪拼，渗透图形变换的数学思考方法，并培养学生的操作能力。

［教学准备］

　　投影仪、投影片、大队旗、中队旗、小队旗；每个学生准备剪拼的图表、剪刀等。

［教学过程］

1. 导入新课

　　（1）出示少先队大队队旗，要求计算大队队旗的面积（长 120 厘米、宽 90 厘米的长方形）学生很快算出来。

　　（2）接着出示红领巾，要求计算红领巾的面积，提出求三角形面积的问题，学生遇到了困难。

　　［评］　从实际问题出发，先计算大队队旗的长方形面积，再提出计算红领巾的三角形面积，比较自然。

2. 出示课题

师：我们已经学过长方形和平行四边形的面积的计算，这堂课学习"三角形面积的计算"（板书）。你们先想一下，这堂课要学习哪些内容？（通过讨论，使学生明确这堂课的教学目标。）讨论后投影片映出：

（1）三角形面积的计算公式。

（2）三角形面积的计算公式是怎样推导的。

（3）怎样运用公式计算三角形面积。

［评］ 学生已有"计算平行四边形面积"的旧知识作基础，能够举一反三地说出这堂课的学习内容。这样巧妙地促使学生自己提出这堂课的教学目标，使其变成学生自身的需要。

日本片桐重男教授（左2站立者）在听邱学华上《三角形面积的计算》一课

3. 教学三角形面积公式的推导

（1）用数方格的方法求三角形面积。

要求学生按课本上的插图用数方格的方法求出三角形的面积。

［评］ 数方格的方法，实际上就是用面积单位直接度量，学生容易建立空间观念。接着引导学生观察，这三角形的高和底的长度同它的面积之间有什么联系，启

发学生猜想。

底	高	面积
6 厘米	4 厘米——→	12 平方厘米

（学生可能会说出，三角形面积等于底和高乘积的一半）

　　［评］　猜想是一种极重要的数学思考方法，也是一种创造性思维。这里抓住时机自然地启发学生猜想。

　　（2）尝试操作

师：前面我们只是猜想三角形面积是底和高乘积的一半，还需得到证实。大家回忆一下计算平行四边形的面积公式是怎样推导出来的。

　　　　教师根据学生的回答，在投影机上演示：

生：用割补的办法，把平行四边形转化成长方形，然后推导出计算平行四边形面积的公式。

　　［评］　学生在前面几节课已经学习了计算平行四边形面积公式的推导方法，唤起学生的回忆，促进迁移，为解决新问题做好准备。

师：那么三角形能不能通过剪拼的办法转化成长方形呢，我们大家来做个实验。

　　① 请同学们拿出预先准备的长方形纸片，先量一量长方形的长和宽（长 10 厘米、宽 6 厘米），并计算出它的面积。然后沿长方形的对角线剪开，分成两个大小、形状相同的三角形，并计算出它的面积。

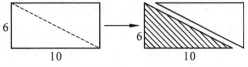

（这个实验，让学生清楚地看出这个三角形是原来长方形的一半。）

　　② 让学生再拿出预先准备的平行四边形的纸片，量出它的底和高（底 10 厘米、高 6 厘米），算出它的面积。然后沿对角线剪开，分成两个大小、形状相同的三角形，再计算出它的面积。

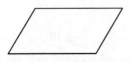 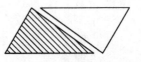

$10 \times 6 = 60$(平方厘米)　　　$10 \times 6 \div 2 = 30$(平方厘米)

（要求学生仔细观察平行四边形的底和高和剪开的三角形底和高是一致的，充分相信剪开的一个三角形是原来平行四边形的一半。）

　　［评］　通过学生动手操作，从动作思维→形象思维→抽象思维，符合学生思维发展的规律。通过动手操作，使学生确信剪开的一个三角形是原来长方形或平行四边形的一半。这样为学生尝试得出计算三角形面积的公式（底×高÷2）打下基础，也就是为学生创设尝试成功的条件。

　　③引导学生得出结论。通过上面两个实验，组织学生讨论，让学生尝试说出计算三角形面积的公式：

$$三角形的面积＝底 \times 高 \div 2$$

师：通过刚才的实验，证明我们的猜想是正确的。

　　［评］　通过学生亲自实验操作，能够自己得出结论，已是水到渠成。最后联系猜想的验证，做到前后呼应。

　　（3）自学课本

师：刚才我们是用"分"的办法证明，计算三角形面积的公式，课本是用"合"的办法证明，把两个大小、形状相同的三角形拼成一个长方形或一个平行四边形。（指导学生认真阅读课本，同桌二人互读，相互讨论。）

　　［评］　尝试操作用"分"的办法，自学课本用"合"的办法，这样做到既不重复，又能体现"分"与"合"的辩证思想。

　　（4）教师小结

　　求平行四边形面积的公式，是通过把平行四边形割补成长方形得出的。求三角形面积的公式也是通过把三角形拼成长方形得出的。这说明图形是可以变换的。

　　［评］　突出图形是可以相互变换的。在小学数学教学中使学生初步认识"转换"的数学思考方法是十分重要的。

4. 教学三角形面积公式的应用

　　（1）出示尝试题

师：上课开始时，我们提出计算红领巾的面积，这个问题能解决吗？计算红领巾的面积先要量什么？然后再自己编出尝试题。

学生到黑板上量出红领巾的底是 100 厘米，高约 33 厘米，编的尝试题是：

红领巾的底是 100 厘米，高约是 33 厘米，它的面积是多少？

［评］　让学生自己编出尝试题计算红领巾的面积，既有实际意义，又能前后呼应。由于学生已经理解计算三角形面积的公式，计算这道尝试题并不困难，大胆放手让学生尝试，不需花太长时间。

（2）学生边看课本边尝试练习。

（3）教师讲评。

针对学生尝试练习情况评讲。特别指出应用三角形的面积计算公式要注意什么。（不要忘记除以 2）如果只有底×高，忘了除以 2，算出来是什么图形的面积？（平行四边形或长方形）

［评］　由于学生已经掌握三角形面积的计算方法，解决这道题困难不大，无须多讲，只要突出重点，忘记除以 2 是学生常犯的错误，必须特别提出。

5. 巩固练习

（1）课本练习十九第 1、2 题。

（2）竞赛题。

① 出示一道底和高不是相互对应的三角形图形题，故意让学生上当。

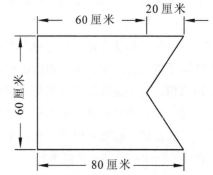

② 计算少先队中队旗的面积（只要列式）。看谁想得最快，解法最简便。（同桌二人可以相互讨论。）

解法有：

① $60 \times 60 + 20 \times 30 \div 2 \times 2$（一个正方形面积加两个三角形面积）

② $60 \times 80 - 60 \times 20 \div 2$（一个长方形面积减去一个三角形面积）

③ $60 \times 60 + 20 \times 30$（一个正方形面积加一个长方形面积）

以第三种解法构思巧妙，把下面一个三角形移到上面，两个三角形拼成一个长方形。

［评］ 这道题的设计，既有实际意义，又有思考性，能够发展学生的发散性思维，作为竞赛题能激发学生的兴趣。

6. 课堂小结

这堂课我们学会了什么？

（要求学生联系上课开始时提出的三条目标回答）学生回答后，师生共同总结：

（1）三角形的面积的计算公式是：底×高÷2

（2）三角形的底和高确定以后，三角形的面积也就确定了。

（3）计算时不要忘记除以2，否则算得结果不是三角形的面积，而是与它等底等高的平行四边形的面积了。

［评］ 紧紧扣住本课的教学目标，突出本课的重点，并强调了应注意的问题，学生对这节课所学的内容印象更为深刻了。

［观后感］

福建教育出版社编辑周少英以《幽默效应》为题在《中国教育报》上发表了评论。

今年4月下旬，在常州市举行的全国协作区第六届尝试教学法研讨会上，邱学华老师示范了小学四年级"三角形面积的计算"的教学，其中有一个别开生面的情节，令人深思。

教学按部就班地进行得很顺利，正当学生基本掌握了三角形面积计算公式，并能运用这个公式求一般三角形面积而充满成功喜悦的时候，老师引导学生计算三角形面积这是一道底和高不是相互对应的三角形图形题，故意让学生上当。看谁算得又对又快，还郑重其事地指定一个学生当裁判员，有意把竞技气氛搞得浓浓的。学生跃跃欲试，题目一出示立即就有一个抢答："这个三角形的面积是12平方厘米，即4×6÷2＝12（平方厘米）。"

霎时，其他同学都放下了笔。教师问："有不同意见吗?""没有!"学生异口同声地回答。"你们上当啦! ……"教师诙谐而深情地揭示其奥妙所在。孩子们从喜悦转入了深思。

客观事物本来就是千奇百怪的，人们的物质生活和精神生活也是丰富多彩的。我们的教育、教学活动，也应当搞得生动活泼一些。比如上述那个富有幽默感的情节，紧密配合教学，格调高雅，恰到好处。它至少达到了如下预期的目的：

其一，打破了学生某些消极的思维定势，锻炼了学生思维的灵活性。也许有些同学原来万万没有想到老师竟会提出一道有已知条件而未能解答的问题。"吃一堑，长一智"，打破了长期形成的盲目凭借已知条件解题的习惯，提高认真审题的警觉。

其二，提高了数学概念的严谨性，完善了认知结构。有的学生原来仅笼统地记住三角形面积计算公式"底×高÷2"，可就没有精确地把握公式中的底和高是指相互对应的底和高，而不是随意的底和其他边上的高。高明的邱老师，就在这知识的关节上（也是学生最容易疏忽的地方）有意创设一场马虎的"碰壁"，渲染情境，强化刺激，以加深印象，升华教学效果。

（五）小学数学实践活动课"神奇的数字编码"课堂实录及评析

2002 年 11 月，邱学华先生在江苏省连云港市作"尝试学习与新课改"学术报告，并上了小学数学实践活动课"神奇的数字编码"，充分体现了新课改的教学理念，把尝试学习与新课改结合起来。这堂课的特点一是把数学同生活联系起来，二是让学生自主学习。这堂课由连云港市通灌路小学王建华整理和评析。

邱学华在上课

[教学目标]

1. 了解日常生活用到的数字编码,如电话区号、邮政编码、身份证号码等,从而理解数字编码的作用。

2. 初步理解各种数字编码的规律,让学生根据身份证的编码规律尝试编出将来自己身份证的号码。

3. 通过调查和学习数字编码,培养学生对数学的兴趣,增强用数学的眼光观察分析事物的能力。

[课前准备]

布置学生到邮局、派出所、家庭调查电话区号、邮政编码、身份证号码、汽车牌照号码等,想一想有什么规律,有什么疑问。

[教学过程]

1. 导入新课

上课一开始,邱老师就开门见山地说,数字只有十个,但是按照不同要求、不同顺序编排起来,就会有千变万化,传递各式各样的信息,这堂课就来学习"神奇的数字编码"(板书)。

2. 提出问题 确定目标

接着邱老师问学生,课前调查哪些地方用上了数字编码,学生纷纷回答:汽车牌照号码、自行车牌照号码、门牌号码、电话区号、邮政编码、身份证编码、商品条码……邱老师鼓励学生提出问题,学生把调查中遇到的疑问提出来:

(1) 电话区号是怎样编出来的?为什么最前面一位都是0?

(2) 身份证编码都是18位很难记,为什么要这么长?是怎样编出来的?

(3) 为什么要邮政编码?邮政编码是怎样编出来?

(4) 为什么商品、图书上都有条形码?既然已经有了数字编码,为什么还要条形码?

邱老师说:同学们提出了很多问题,说明你们在调查中认真观察,积极思考,会提出问题是一种重要的学习方法和研究方法。根据大家提出的问题,这堂课就来解决电话区号、邮政编码、身份证编码、商品条形码四个方面的问题。

［评］　课前学生的调查是一次很好的实践活动，为上好本节课作好了准备。这符合数学课标基本理念，数学教学紧密联系学生的生活实际，培养学生动手实践能力。从调查中引导学生提出问题，作为本节课的教学内容。

3. 探索电话区号规律

师：你们会打电话吗？怎样打外地电话？

生：先拨电话区号，再拨要打的电话号码。

师：让我们来看一看这个电话号从哪里打来的？

（利用多媒体课件在屏幕上出现电话机并响铃，话机显示：021－59144590。）

生：从上海打来的。

师：你怎么知道的？

生：021 是代表上海的电话区号。

（屏幕上立即出现打电话的人像，并用上海话说出："侬好，阿拉上海贸易公司。"同学们高兴得都笑了。利用多媒体课件按上述同样的办法，由学生自己说出从北京、常州、沈阳、美国等地打来的电话。）

师：在调查中你们还知道哪些城市的电话区号？

学生争先恐后地说出国内、国外许多城市的电话区号，积极性非常高，课堂气氛热烈。

师：你们的调查工作做得出色，知道了这么多电话区号，现在看谁能找出电话区号编码的规律，先分小组讨论。

学生座位是分组围坐，讨论起来很方便。经过热烈讨论，学生分组派代表说出编码规律：

A. 国内电话区号开头是一个 0，国外电话区号开头是两个 0，但是香港、澳门、台湾开头也是两个 0。

B. 国内电话区号有的大城市是三位，北京 010、广州 020、上海 021，一般城市都是四位。

C. 国内电话区号在一个省里第二位数字都是相同的。

D. 第二位数字好像按照由北向南，由东向西逐步增大的。

［评］　多媒体课件设计很巧妙，屏幕上出现电话机，发出铃声，电话屏上显示

来电号话，最后出现对方打电话的人像及说地方话声音，惟妙惟肖，引起学生兴趣。不但使学生知道各地的电话区号，更重要的是教师能够引导学生找出全国各地电话区号的排列规律，这是把生活问题上升到数学问题的范例。

4. 探索邮政编码规律

师：写信要写上邮政编码，邮政局分信人员只要看到邮政编码，就能知道这封信寄到哪里。

（利用多媒体课件，屏幕上出现明信片，明信片上又出现邮政编码 100001，学生说出是由北京寄出的，再出现北京的地址。屏幕上出现明信片，邮政编码是 213203，并发出声音解释。）

师：你们通过调查知道哪些城市的邮政编码？

学生纷纷说出各地的邮政编码，并主动写到黑板上。

师：你们还有什么问题吗？

学生提出的问题有：为什么电话区号是 4 位，而邮政编码是 6 位？能不能把邮政编码同电话区号一致起来？全国各地邮政编码编排起来有什么规律？

邱老师先要求大家分组讨论，发表自己的看法，再引导大家达成共识：电话区号只是一个城市的代号，具体打哪一家电话，还要拨电话号码，因此 4 位就够了。邮政编码里必须要有哪个城市、哪个区县、哪个街道的信息，4 位是不够的。邮政编码的排列同电话区号一样也是由北向南，由东向西逐渐增大，内蒙古是 01、西藏是 85。

［评］　学生提出"为什么电话区号是 4 位，而邮政编码是 6 位"，这个问题非常有价值，说明这堂课促进了学生的求异思维，提高了观察分析能力。从学生提出的问题，再引导学生讨论，也非常成功。

5. 探索身份证编码规律

师：年满 16 岁以上的公民都有身份证，每个人身份证号码各不相同，在公安局只要输入这个号码到电脑里，就能找到这个人。课前你们调查父母、亲戚的身份证号码，请到黑板上把它写出来。能不能说出是怎样编出来的？

学生纷纷主动到黑板上写出身份证号码，各自说出 18 位号码各表示什么。

师：身份证编码有 18 位，比较复杂，同学们通过自己的调查已经知道了其中的奥秘。想不想知道邱老师的身份证号码？现在我写出来，请大家说说从中可以获得哪些信息。

　　　　32 04 04 1935 07 26 061 7

生：邱老师是江苏省常州市人。

生：邱老师生于 1935 年 7 月 26 日。

生：061 最后一位是单数，表示是男人。

生：从出生年月看，邱老师已经 68 岁了，我总觉得邱老师只有 50 多岁，是不是弄错了？

（全场哄堂大笑）

邱：邱老师真是 68 岁了，不信可以给你看身份证。现在你们还没有身份证，按照编码的规律，能否先给自己编一个身份证号码，可以在小组先讨论一下，编好后写到黑板上。

学生热烈讨论，纷纷把编好的将来自己的身份证号码写到黑板上，并说明编码的理由。教师提出两个号码讨论：

　　　　　　　320705199105060516
　　　　　　　32070519920226××单×

学生经过讨论一致认为第 2 个写得合理些，因为前面 6 位地区码，8 位出生时间码都可以确定，后面 4 位不能确定，是公安局电脑里编的，所以用×表示比较合理，最后倒数第 2 位单数可以确定是男生。

师：你们把为自己编的身份证号码保留起来，到 16 岁时拿到身份证以后对照一下，这是一件很有意义的事。

　　［评］　为自己将来的身份证编码，既激发学生的兴趣，又发展学生的思维能力，是学生运用学到的编码规律解决实际问题的范例。有的学生能用×表示不确定数，说明学生已经有了数学头脑了。

6. 认识条形码

师：课前请大家调查商品和图书上的条形码，请把自己带来的商品和图书上的条形码相互看一看，并把编码写到黑板上。

教师利用多媒体课件，在屏幕上映出录像，超市收银员用读码机逐一在商品的条形码上照一下，最后电脑计算出总价结账。图书馆管理人员用读码机在图书的条形码上照一下，登记借书记录。

师： 大家看到条形码的用处很大。你们还有什么问题吗？

学生纷纷提出问题：

（1）有了条形码为什么上下还有两排数字码？

（2）上下两排数字码同条形码之间有什么关系？

（3）条形码有粗条有细条，各表示什么？

（4）条形码上下两排数码表示什么？

（5）下面一排数字码最后还有一个大于号表示什么？

......

师： 同学们提出很多问题，说明大家在积极思考，学问学问，要又学又问。这些问题要靠你们自己去解决，可以请教别人，查阅书本，也可上网查询。现在有一个条形码的专业网站叫"条形码搜索大全（www.barcodes.com.cn）"。

7. 课堂总结

让学生自己谈这堂课有什么收获，学到了哪些学习方法和思考方法。

[总评]　这堂课选材来自学生周围所见到的编码，从简单的电话区号（4位）到邮政编码（6位）、身份证号码（18位），最后到比较复杂的条形码，体现了由浅入深、由易到难的原则。在课前组织学生到生活中搜集调查，在课内让学生自主尝试去发现编码规律，充分体现了《数学课程标准》的基本理念：把数学同生活联系起来，让学生自主探究学习。最后关于条形码内容，先让学生提出问题，但教师没有直接回答，而是指导学生课后到网上查询，这就引出下一堂课的实践活动，设计十分精彩，让人叹服。邱老师已是近70岁的人了，又是著名教育家，他还坚持在教学第一线，给小学生上课，把自己的教育思想在课堂教学中体现出来。特别是他有高超的教学艺术，课堂气氛活跃，学生喜欢，这一切不能不令人敬佩。

（江苏省连云港市通灌路小学王建华整理和评析）

[学生评课]

　　评课最有发言权的是学生，邱学华给河南省栾川县第一实验小学五年级学生上了这堂课，以下是学生写的感想摘要。

陈会东：

　　"这小小的 10 个数字，在生活中被人们广泛应用，给人带来方便和乐趣……"这些话不断在我耳边响起，不停地在我脑子里回荡。这就是邱学华老师给我们上的一堂课，课题是"神奇的数字编码"。

　　"上课时，同学们可以随意发言，问我任何问题都可以。"邱老师说。

　　哇！这样的老师没有见过。于是同学们都争先恐后地大胆发言，提出的问题千奇百怪。大家都非常高兴。

陈卓：

　　邱教授迈着稳健的步子走上讲台，看上去已是 60 开外的老人了，但说起话来声音洪亮，话语也格外亲切入耳。他把几个枯燥的数字和符号讲得妙趣横生，激起我们听课的兴趣。我发现，这 10 个数字竟是那么奇妙，几个数字组合在一起，像游戏一样有趣极了，越学越觉奇特。我知道这并不是几个简单的数字，而是一门值得探索的学问。

王玉玺：

　　我觉得他讲课最特别的一点就是相信学生，他说话时总带着微笑，总听到"孩子们"这个亲切的称呼。更可贵的是，他让我们自己去学习、去研究、去总结，去自己解决问题。

　　在这节课中，大家和从未见过面的邱教授一起研究问题，很开心、很轻松，并且学到了很多知识。

　　当一名好老师多棒啊！有知识，有办法，又懂大道理。真好！如果我将来当一名教师，我一定要当一位顶呱呱的好老师，就像邱老师一样！

居萌:

我们第一次在栾川影剧院的舞台上上课,下面坐着听课的老师黑压压的一片,我心里特别紧张,生怕在课堂上出错。于是,我决定一堂课都不回答问题。可当我见到邱老师那慈祥的面孔时,感到无比亲切。上课开始他就带领我们做游戏,课堂里充满了欢声笑语,严肃紧张的气氛一下子抛到九霄云外。我不但回答问题,还大胆向老师提出问题。

他的教学方法很特别,总是让我们自己去发现问题,自己去研究,互相讨论,把乏味的数学课变成了趣味无穷的数学课。

(六)小学数学"除数是两位数的笔算除法"课堂纪要与解读

[简介]

2008年11月底,在山东济南召开的"全国小学数学名师教学风采展示会"上,邱学华先生应邀作讲座,还亲自上了示范课。邱学华是大家熟知的著名小学数学教育家、尝试教学理论的创立者,已有74岁高龄,能够亲自上台给小学生上课,令人肃然起敬,他的课既真实又富于创新,在与会教师代表中引起了热烈的反响。邱先生按照实际教学进度上了一节计算课,一般名师作公开课大都不愿选择这类课题,因为很难发挥出彩。邱先生大胆让学生预习,由小学生自己上台讲课,把这堂课上得自然朴实且有声有色。他这种大胆尝试、敢于实践的精神,由衷地得到了大家的敬佩和爱戴。

1. 在对比中引入新课

师: 预习了吗?

生:(齐)预习了!

师: 今天我们要学什么?

生:(齐)除数是两位数的笔算除法。

师: 我们前面学习的除法和今天的有什么不同?

（课件依次出示:①$20\overline{)84}$ ②$21\overline{)84}$）

生: 以前学的是除数是整十数的口算除法,今天要学的除法算式中除数不是整十数的了。

师：像这样的题目，口算比较难，得学习笔算才好顺利解决。

【解读：以对比的方式引入新课，既沟通了新旧知识间的联系，又凸显了新知识的学习价值，可谓是一举两得。要求学生先预习再上课，充分说明邱学华老师绝不贪图课堂上一时的"热闹繁荣"，而是要真心实意地培养学生的自学能力。质朴自然、简洁明快的风格，堪称大家风范！】

2. 在尝试中建构新知

师：（出示课本 84 页的主题图）图上说了什么事情？

生：买 21 本《作文选》，付给售货员 84 元。

师：这样说题目，能算完整吗？

生：不完整。

师：条件该怎么说？看书上第（2）题，买《作文选》的老师姓什么？谁能补充完整？

生：王老师买了 21 本《作文选》，付给售货员 84 元。

师：问题怎么提？谁能把题目完完整整地说出来？

生：王老师买 21 本《作文选》，付了 84 元。一本《作文选》多少元？

课件出示题目，学生齐读后，教师强调：这样的题目才算是完整的应用题。

学生在练习本上尝试计算 $21\overline{)84}$，教师巡回指导。

师：好了吗？请第一组的同学来当老师，给我们讲讲这道题是怎样做的。

第一小组派出三名代表，一名负责贴白板纸（学生把解法用黑彩笔写在了上面），一名负责给大家讲解，还有一名负责检查。

生：先用 84 除以 21，把 21 看成 20，想 80 除以 20 得 4，商那里写 4。21 乘以 4 等于 84，84 减 84 等于 0。

师：对不对呀？讲得怎么样？（学生鼓掌表示认同）

学生观看教师用课件演示完整的计算过程。

【解读：邱老师十分注意将生活问题"数学化"的过程，耐心引导学生用准确、精练的语言完整、有序地叙述应用题的题意。时下，在为数不少的数学教学活动中，从"发现零散信息（图意）"到"提出数学问题"都缺少了"完整叙述题意"这一环，这对发展学生的数学语言表达能力是有害无益的。学生先尝试做题，把每个学生都推到了学习主体的位置上。学生当"小老师"为大家作讲解，更是充分充分调动了学生学习的积极性与主动性。邱老师自觉地"退到幕后"赢得的正是学生主动地"走向前台"。】

教师出示第（2）题：王老师还有196元，要买39元一本的词典，可以买多少本？还剩多少元？

学生读题后，开始动笔解题。在巡视中，教师要求各小组长在自己完成后去检查组内其他成员的学习情况，如果有同学不会做，小组长要帮助他学会解答。

全班解题完毕后，第三组派三名代表到黑板前汇报讲解 $39\overline{)196}$ 的做法。

教师特意追问了第三小组的试商方法，并在与课本上的试商方法进行比较后，高兴地对同学们说："书上先用4试商，太小，又换5，这是比较笨的方法。我们班有些同学运用口算便能一眼看出商就是5，很不简单！"同学们听了之后，脸上漾起了开心的表情。

【解读：学生自己能学会的，邱老师绝不讲。但这并不意味着邱老师对学生的学习采取了听之任之的态度，邱老师的高明之处在于：他只在那些学生容易忽视的解题关键处进行点拨引导。当学生有精彩的表现时，邱老师的由衷欣赏总能打动学生的心，激起他们更大的学习劲头。】

3. 在练习中提炼数学方法

师：课本84页下面"做一做"有几道题啊？这6道题，看谁做得又好又快！

学生独立完成84页下面的"做一做"。

师：做完的同学自己先检查一下。没问题了，再帮其他同学检查，看看别人做得怎么样。同学之间也可以互相检查。

等学生都完成后，教师利用课件直接出示各题的答案，由学生自己校对。

师：6 道题都做对的同学请站起来！（学生鼓掌祝贺）

师：有错的同学请站起来。（有七八个同学不好意思地站了起来）有错不要紧，弄清楚错哪、为什么错就行了。谁和大家说说自己刚才做题时哪里错了？

生 1：23⟌90，我试商时把 29 看成 30，在商与除数相乘时也算成了乘 30。

师：对啊，试商想的时候用的是近似数，乘的时候还应当用原来的数去算。这是很重要的学习经验！

生 2：我把 87 当成 78 了，写反了。我抄题时太不够认真了。

……

师：马上改正！改过来也算你做对了。（有错的学生改正，已经做对的同学帮助检查把关。）

师：下面我们来当当数学小医生，看大家能不能诊断出这几个"病号"的病因。

数学医院

学生逐一做出"诊断"，教师每次都注意追问"病因"。

师：你们都说说做除数是两位数的笔算除法，哪个地方最容易错啊？

在学生各抒己见的基础上，教师用课件出示：

笔算除法中经常出现的几种错误：

1. 试商错了。

2. 商的位置写错了。

3. 商和除数相乘算错了。

4. 减法算错了。

师：今后计算一定要注意这四个方面。为了使计算又快又准，我们需要练练基本功。练练哪些基本功呢？

学生认为应该练习一下退位减法、一位数乘两位数的口算、试商的方法等基本功。

师：最重要的是一位数乘两位数的口算，我发现有些同学做得还不够熟练。

教师以卡片的形式出示 10 道口算乘法题目（卡片是以除法竖式的方式呈现，竖式中只出现了除数和商），要求学生抢答出积，然后教师反馈正确答案。

随后，教师组织学生进行了试商训练（题目如下图所示）。

（　）里最大能填几？

20×（　　）<85   60×（　　）<206

40×（　　）<316   90×（　　）<643

70×（　　）<165   30×（　　）<282

50×（　　）<408   80×（　　）<505

【解读：这部分的教学有两大亮点：一是"以错引法"；二是"因需而练"。在有的数学课堂上，当学生做错了题，教师只知道一味反复地解说正确做法，结果导致学生始终弄不明白自己究竟错在哪、为什么错，认知上的困惑迟迟不能真正解决，严重影响了学生的学习质量。邱老师善于挖掘和利用学生错误中暗藏的教学资源，引导学生把自己的错误大胆说出来，这样既使出错者深受教益，也提醒了其他同学。错误，成了学生走向成功学习的垫脚石。因为错误，学生对正确的理解更加深刻鲜明，同时，在辨析错误的过程中学生的元认知水平也获得了很大的提升。邱老师利用口算卡片进行数学基本功训练，这是多年来难得一见的教学环节。时下，在课堂上练习数学基本功已然变得稀有，原因大概是因为它已不够"时尚"、不够"先进"、不算"好看"。"练是因为需要练"，只要是学生的发展真正需要的，我们为什么要弃之不用呢？毕竟，课主要不是为了执教者，也不是为了听课老师而存在的！】

4. 在拓展中诱导潜能

师：做了那么多道题，老师要奖励一下大家。奖励什么呢？（学生立刻瞪大了眼睛，紧盯着老师）奖励两道难题！（课件出示"智力大比拼"题目）

闻听此言，同学们都会心地笑了。

智力大比拼

$$\begin{array}{r}4\\ \square 8\,)\overline{2\,\square\,6}\\ \underline{\square\,7\,\square}\\ \square\end{array}\qquad\begin{array}{r}8\\ \square 3\,)\overline{\square\,\square\,8}\\ \underline{\square\,\square\,\square}\\ \square\end{array}$$

师：这两道题比较难，除法算式中有空格，需要根据除数、商、被除数之间的关系推算出来，留给你们课后去思考，比一比谁能做出来。特别是第二道题，就是老师们做也得好好动一番脑筋呢。

【解读：留趣味题让学生在课后练习思考，这样从课内延伸到课外，既能激发学生的学习兴趣，又能启迪学生的思考。】

〔总评〕 这是一节原生态的"家常课"。邱老师选择这个课题来上课仅仅是因为学生正常的学习进度刚好到这。在教学过程中邱老师没有加入那些令人耳目一新的各类拓展资料，也没有刻意打磨能凸显教师"匠心"的非常之举，有的只是"家常货"，用的都是"家常法"，说的都是"家常话"，充盈于课堂之上的是一种质朴自然的家常气息。这样的课堂教学，真正还原了数学课堂的"本真面貌"，是真正为了学生发展的数学课堂生活，学生真正成了课堂学习的主人翁。这样自然实在的课堂教学，放在时下诸多的公开课中确实有点"另类"，因为教师舍弃了原本属于自己的那份光彩夺目，而是心甘情愿地做起了"幕后"辅助工作，这样的"退隐"很容易被听课者误解为执教者"不合时宜"。我想，德高望重的邱学华老师敢于这样做，正是在提醒我们每一位数学教师：学生的有效发展才是课堂教学活动永恒的主题，"教"的精彩的最重要的标识就是"学"的精彩！

（山东省淄博师范专科学校数理系教师张良朋整理和评析）

（七）小学数学"质数和合数"教学设计

1996年4月，在云南省昆明市举行全国协作区小学数学课堂教学观摩会，有来自全国22个省、市、自治区以及香港、澳门地区的三千多人参加。邱老师上了一堂五年级"质数和合数"的观摩课，把尝试教学法与游戏教学法结合起来，通过游戏让学生尝试自己获取知识，课堂气氛十分活跃。这里刊登这堂课的教学设计，以便大家了解运用尝试教学法是如何备课的。

[教学目标]

（1）在约数和倍数的知识基础上，让学生通过尝试活动来理解质数和合数的概念。

（2）让学生自己尝试，编制出 50 以内质数表。

（3）通过练习和游戏使学生较快地判断常见的数是质数还是合数。

[教学过程]

1. 导入新课

按单数、双数把自然数分成哪两大类？（奇数、偶数。）这节课要按新的分类方法，分成质数和合数。（板书。）

看到课题"质数和合数"，你们想学到哪些知识？（让学生自己说出这节课的教学目标。）

2. 新课展开

（1）找约数游戏。

怎样把自然数分成"质数和合数"，这个新的分类方法同前面学过的"约数和倍数"有关系。现在做一个找约数的游戏：班上每个同学都有自己的学号，现在大家一起来找自己学号的约数的游戏。（同桌互相说。）

（2）让前 12 名同学说出各自学号的约数，整理后板书在黑板上：

　　　　　　1 的约数：1；

　　　　　　2 的约数：1、2；

　　　　　　3 的约数：1、3；

　　　　　　4 的约数：1、2、4；

　　　　　　……

　　（3）根据上面各数约数的个数，你认为分哪几种情况？让学生根据分类情况填空：

　　只有一个约数的是（1）。

　　有两个约数的是（2、3、5、7、11）。

　　有两个以上的约数的是（4、6、8、9、10、12）。

　　（4）学生自学课本得出结论：

　　自然数按约数个数可分为：质数、合数和1。

　　一个数除了1和它本身以外，不再有别的约数，这个数叫作质数（也叫作素数）。

　　一个数除了1和它本身以外，还有别的约数，这个数叫作合数。

3. 试探练习

　　（1）编制50以内的质数表

　　通过游戏方式让学生自己编出50以内的质数表。先请除学号1以外的同学全部起立，然后分别请是2、3、5、7倍数学号的同学坐下（但学号是2、3、5、7的同学本身不坐下），最后看剩下同学的学号是什么数。通过讨论使学生明白坐下去的同学的学号都能分别被 2、3、5、7 整除，所以都是合数号，而没有坐下的同学都是质数号。

质数列：2、3、5、7、11、13、17、19、23、29、31、37、41、43、47…

最小的质数是几？有没有最大的质数？观察质数表有什么规律（除 2 以外全是奇数，除 5 以外，个位数都不是 5，除 20 以内的数外，一般每 10 个数中只有 2 个或 3 个是质数等）。

教师告诉学生，刚才采用的办法叫做筛选法，把 2、3、5、7 的倍数一批一批地筛掉，剩下的都是质数。课后要求同学用筛选法编制 100 以内质数表。

（2）判断质数和合数

采用比赛的形式。小黑板上出现许多数，1 人写合数，1 人写质数。

29、21、15、1、5、0、2、9、27、37、51、42

（3）抢答比赛（判断题，认为对的坐下，认为错的站起来。）

① 在自然数中，除了质数以外都是合数。（   ）

② 除 2 以外，所有的偶数都是合数。（   ）

③ 所有的奇数都是质数。（   ）

④ 两个质数相加，和一定是合数。（   ）

⑤ 9 既是奇数又是合数。（   ）

4. 发展练习

（1）摘取数学皇冠上的明珠。

200 多年前，有一位德国数学家名叫哥德巴赫，他发现：每一个不小于 6 的偶数，都可以写成 2 个素数（质数）的和。简称为（1＋1），例如：

6＝3＋3   10＝3＋7

8＝3＋5   12＝5＋7

你们谁来试试看，看谁想得多。（要求学生再写出其他数。）

你们以为这个世界难题太简单了。问题在哪里呢？因为自然数是无限的，那么这个论断是不是对所有的自然数都正确呢？在数学上还必须加以理论上的证明。哥德巴赫自己无法证明，因为没有证明，不能成为一条规律，所以只能说是一个猜想。

人们就把哥德巴赫提出的那个问题称为哥德巴赫猜想。

哥德巴赫猜想是个世界难题，有人称它为"数学皇冠上的明珠"，直到现在还没有完全解决。这方面取得国际领先地位的是中国数学家陈景润。他已经证明了（1+2），就是任何一个充分大的偶数都可以表示一个素数加上两个素数的积。例如：$8=2+2\times3$，$18=3+3\times5$，$98=7+7\times13$。这个猜想的最后解决，还须人们付出艰辛的劳动。你想不想试一试？（要求学生再写出其他数。）

（2）猜一猜老师的电话号码，从高位开始依次是：

最小的既是质数又是奇数。（3）

最小的质数。（2）

10 以内最大的质数。（7）

最小的合数。（4）

既不是质数，又不是合数。（1）

10 以内最大的既是偶数又是合数。（8）

10 以内最大的既是奇数又是合数。（9）

5. 课堂小结

这节课你们学到哪些新的知识？（略）

（八）初中数学"平面直角坐标系"课堂纪要及评析

[简介]

2001 年 4 月 22 日下午，邱学华先生在济南举行的中学尝试创新教育研讨会上，亲自上了一堂中学数学课《平面直角坐标系》。邱学华以其独特的人格魅力感染学生，以其高超的教学艺术引导学生，让学生在学习过程中不断尝试成功，充分体现了尝试教学思想，并认真贯彻了新课程改革的基本理念，使学生的学习心态始终处于既放松又积极的状态中，在短短的 45 分钟里，取得了显著的教学效果，受到近千名听课教师的赞赏。

以前只听说邱老师上小学数学课有很高水平，这次亲眼看见邱老师上中学数学课也能达到如此炉火纯青的地步，真令人敬佩。这堂课由济南市历下区教科室主任黄传新及徐军整理和评析。特别应该指出的是，最后有中学生对这堂课的评价。

[教学目标]

　　1. 懂得并能画出平面直角坐标系。

　　2. 初步懂得横轴、纵轴、原点、坐标、象限等数学概念。

　　3. 初步学会在平面直角坐标系中由坐标找点，由点找坐标，能够正确写出坐标。

[课前准备]

　　采用超前尝试教学法，布置学生课前预习，先尝试做课本上的习题。

1. 导入新课、激发兴趣

　　开始上课，邱老师问学生："上课了，你们首先要知道什么？""今天我们学什么内容？"邱老师立即板书，学生齐声说出课题"平面直角坐标系"。

　　邱老师又问道："谁能解释一下今天学的课题，需要注意什么地方？是几年级学的内容？有什么问题？"等，学生纷纷抢答"坐标系"，"平面直角坐标系"……

邱学华在上示范课

2. 课前预习检查汇报

学生在课前已经预习了课本，邱老师问道："你们看书之后已经知道了哪些知识?"学生根据邱老师"说得要有条理"的要求，纷纷争着回答"横轴、纵轴、原点、坐标轴、象限、在平面直角坐标系找点"，"什么叫坐标"，"数轴上每一个点对应一个实数，就是直角坐标系上的点。还有平面直角坐标系，是在平面直角坐标系找点"，"数轴上每个点对应一个实数，就是直角坐标系上的点。还有平面直角坐标系，是在平面直角坐标系中有横轴、纵轴相交的一个直角，它们的相交点是原点"……

[评]　检查课前预习情况，了解学生已经掌握了什么，作为这堂课教学的起点，从学生的反应来看，学生基本上能看懂课本，证明学生完全能自己学。

3. 学生自定尝试目标

邱老师肯定了学生们的回答，"好，谁能说说看今天这堂课要解决几个问题?"

生 A："第一，能正确画出直角坐标系。"

生 B："第二，能在直角坐标系中根据坐标找点，又能根据点写坐标。"

[评]　由学生自己定出学习目标，更能体现自主学习，更有利于自我评价。

4. 媒体游戏　尝试练习

邱老师引导学生看大屏幕，上面出现一个醒目的直角坐标系，很自然地使学生转入到下一个阶段的学习。

"由点找坐标"——"我们这个游戏叫蝴蝶飞舞。看这个蝴蝶飞到哪里去，然后找到蝴蝶的位置。"

邱老师开始操作"蝴蝶飞舞"课件。

这里充分发挥多媒体的优势，五彩缤纷的蝴蝶，随着悦耳的音乐飞舞，吸引着学生的眼球。"蝴蝶"飞到 A 点和 B 点，找出这两个点的坐标，学生纷纷主动发言"-4，3"，"3，-4"……

在游戏过程中，邱老师对学生的正确回答不断给予鼓励，学生"玩"得津津有味。

根据学生在黑板上写出的坐标 A（-4，3）和 B（3，-4），邱老师要求学生注意，"其实这两个点对称，左上角 A（-4，3）和右下角 B（3，-4），代数符号不一样，它的位置就不一样。所以坐标有横有纵。那么直角坐标系就把这一平面分成 4 个区域。这 4 个区域叫什么呢？"邱老师的问题步步深入，学生对直角坐标系的理解也逐步深入，"象限"、"第×象限"，象限中坐标值对应的符号在师生一问一答中得到落实。师生共同总结：由点写坐标，要注意"先横后纵，确定正负，中间加逗号，外面加括号"，最后，邱老师笑着问"容易吗"，学生也笑着回答"容易"。

"由坐标找点"——"这个难不倒你们了，下面我们再做一个游戏。"利用多媒体，大屏幕上又出现一幅新的图景："工兵排地雷"。

邱老师说："你们喜欢做游戏吧，今天做工兵排地雷的游戏，就是根据给出坐标点的数值，找出坐标的位置。先请一位同学上来找一找，用鼠标点一点。如果你找对了，地雷就爆炸了。如果找不对，地雷就不响。"

学生个个跃跃欲试。上台操作的学生都做得很好，C（-3，-2）；D（4，0）；E（0，4）；F（0，0），地雷在各点上纷纷开花。在不知不觉中，学生很快掌握了"根据坐标找点"的方法。在游戏过程中，由于巧妙的游戏设计，地雷在坐标系中心开花，使学生对原点坐标的认识特别深刻。

［评］ 邱老师巧妙地利用多媒体做游戏，在游戏中进行尝试练习，把本节课的主要内容——在平面直角坐标系中"由点写坐标，由坐标找点"轻松地解决了。充分体现了尝试教学思想、愉快教育思想、合作学习思想和目标教学思想。邱老师运用自如，得心应手，体现了教育大师的风范。

5. 再次尝试 巩固练习

学生在作业纸上练习：

（1）告诉你坐标，把点找出来，画到作业纸上。

（2）建立平面直角关系，并在坐标系中指出下列各点：G（2，3）、D（3，-2）、M（-3，0）、N（0，-4）。看谁写得快。

学生集中精力做练习，课堂上一时非常安静。

邱老师及时提醒学生："画好了请举手。""互相检查一下，全对的站起来。"

学生全体都站了起来。

"全对了。不错，都过关了。"邱老师赞许地说。

［评］　邱老师没有停留在游戏上，接着要求学生进行笔头练习，这是十分重要的。笔头练习要求所有的学生都参与，练习结果可以检查，并及时反馈矫正，有利于大面积提高教学质量。

6. 合作交流　归纳总结

一堂课要学习的内容基本完成了。邱老师说："下面小结一下，你们看怎样小结。今天学的东西可以归纳成几点，谁来归纳归纳，想说什么就说什么。先小组讨论，各小组再派代表发言。"

一名学生站起来说："可以归纳成三点。

(1) 首先知道平面直角坐标系的知识；

(2) 学会画平面直角坐标系；

(3) 由坐标找点；给点找出坐标。"

邱老师又说："学数学就是要抓主要的。学数学挺容易的。大家讨论讨论，还有没有补充?"

另一名学生说："我补充一点，坐标之间的点有一一对应的特点。"

7. 当堂检测，反馈纠正

分发练习纸，对学生进行当堂检测。学生完成后，在小组内互批、互评，批后交还本人订正，有困难的同学可由小组内帮助，达到人人全对，堂堂清。最后有一道选择题开展小组竞赛。

选择题：若 $ab=0$。则 $P(a, b)$ 在 (　　)

A. 第一象限　　B. 第二象限　　C. 第三象限　　D. 第四象限

E. x 轴上　　F. y 轴上　　G. 原点　　H. 坐标轴上

"不要小看这道题，两个大组比赛一下，看谁想得快，现在抢答。"邱老师用激励的话语，调动了学生的竞争意识。

一名学生抢答："选 H，在坐标轴上。"

师："解释一下为什么。"

生："如果两个数值的积等于 0 的话，它们 (a, b) 其中肯定有一个是 0。所以它不会在象限里，那肯定在坐标轴上。"

师："同意不同意?"

"同意。"学生回答。"第二组胜了。"师生都会意地笑了。

8. 布置预习　课外继续尝试

邱老师最后布置下一节课的超前尝试题，要求学生先看一看，并指导预习的方法，可以先看例题，然后用商量的口气说："明天再讨论用什么方法好不好?"

课上完了，学生却意犹未尽。

[学生评课]

评价一堂课，最有发言权的是学生。课后我们要求学生写一篇"课后感"，现摘录有代表性的几段，供大家从中得到启示。

李　莉：邱老师善于与学生交流，让我感觉老师和学生之间很亲密，没有拘束，是一种朋友关系。但不是所有的老师都像邱老师那样，学生大部分是害怕老师的，师生关系如朋友，简直是不太可能的。这节课我上得很轻松。以前我们上课总是坐直了，不准讲话，如同士兵等候检阅一样。同学们都处在一种紧张状态中，只要一放松，就会被盯上。而这节课却大大的不同，只有把心情放松了，才能减少我们的压力，才能更好地学习。

王婧婧：我认为先让同学们自己学习新课内容，然后再由老师略加指点，这种学习方法很好。

首先，这能使课堂气氛十分活跃，同学们可以想说什么就说什么，畅所欲言。

其次，还可以使同学们的脑子都动起来，可以清晰地随着课程的进行转动下去，使同学们的大脑思维活跃起来，思考问题、提出问题，从而力求解开问题。这样不仅可以使同学们一节课都能集中精神听讲，而且还尽可能避免走神。

李　倩：在那么大的场合下（指在礼堂舞台上课）学习，我紧张得心都快跳了出来。但听完邱老师讲的课，回想起来也没什么紧张的，反而感到非常轻松，非常愉快。邱老师上课的方法打破了以往的死板教学，增强了课堂上的活跃气氛，每每提起，同学们都竖起大拇指夸这套学习方法好。娱乐与学习相结合，使我们增加了对这一学科的兴趣，学习起来就容易多了。

王　鹏：我十分喜欢邱老师给我们班讲的那堂课。我认为，不论从课堂气氛还是整节课的效果上，都是很不错的。

这堂课气氛活跃，使我们调动起学习的兴趣，全身心地投入进去，也使我们既轻松愉快，又学到了知识，不能不说是一节愉快而成功的数学课。

这堂课上得好，主要由于老师的教学方法新颖。能够这么轻松地上一节课，学会了不少知识，这是我们期待已久的好事。

（九）中学数学"分式的意义"教学设计

[简介]

2001 年在上海举行的中学创新教育研讨会，邱学华老师上了一堂初中数学"分式的意义"，下面是这堂课的教学设计，从中可以了解超前尝试教学法是如何备课的。

[教学目标]

（1）理解并能说出分式的意义。

（2）理解并能求出分式有意义的条件。

（3）理解"数式通性"的思想方法，利用分数的意义推广到公式中应用。

[教材分析]

必须在分式有意义的前提下，才能讨论分式的值。所以，在分式中，当分子的值等于零且分母不等于零时，必须具备这两方面的条件，分式的值是零。有些学生往往只看到分子的值等于零时，就认为分式的值是零，而忽略了分母的值不等于零这个条件。

[课前预习]

课前要求学生自学课本后，先解决下列尝试题（都是课本中的）：

（1）课本中 3 个例题各说明了什么数学知识？

（2）试一试，下列各式中哪些是分式？

$$\frac{1}{a}, \frac{x+a}{2}, \frac{a^2+b^2}{3x}, x^2+\frac{y^2}{8}.$$

（3）当 x 取什么值时，分式 $\frac{x+1}{2x-5}$ 有意义？

（设计意图：布置超前尝试题要适量，不能加重学生负担，这里第 1 题是自学课本，第 2、3 题是本课的教学重点。）

[**教学过程**]

1. 导入新课

甲乙两人做某种机器零件。已知甲每小时比乙多做 60 个，甲做 90 个所用的时间与乙做 60 个所用的时间相等。求甲乙每小时各做多少个？

设甲每小时做 x 个零件，根据题意，列出方程：

$$\frac{90}{x} = \frac{60}{x-60}$$

我们暂时还不能解这个方程，$\frac{90}{x}$，$\frac{60}{x-60}$ 都不是整式，运用我们已经学过的整式以及方程知识，不能解决问题。为了解上述问题以及类似问题，就必须学习新的知识：第十五章分式。

这节课先学"分式的意义"。（板书。）

（设计意图：从实际问题引出新课，使数学同生活联系起来，使学生产生学习的需要。）

2. 尝试学习新课

检查课前自学尝试情况，分析讨论尝试题。

（1）课本中 3 个例题各说明了什么数学知识？

例 1：两个整式相除，可写成分式。

例 2：在分式中，只有分母的值等于零时，分式没有意义，此外，分式都有意义。

例 3：在分式中，当分子的值等于零，且分母的值不等于 0 时，分式的值是零。（要求学生学会看课本，弄清每道例题所说明的数学知识，能够抓住本质。）

讨论课前尝试题 2 和 3。

（2）理解分式的意义。

辨别哪些是分式，哪些不是分式，并说出根据。

课本练习 1、2 题口答。讨论：

$\frac{5}{a-b}$，$\frac{m}{n}$，$\frac{10}{\pi}$，$\frac{2x}{\pi+2}$。

（3）讨论分式有意义。

课本练习第 3 题：$\frac{1}{x}$　$\frac{2x}{x+2}$　$\frac{x+1}{2x-5}$

（4）讨论分式的值是零。

课本练习第 4 题：

$\frac{5x}{x-1}$　$\frac{x-4}{2x-3}$　$\frac{3x+7}{4x-1}$

（设计意图：从讨论课前尝试题开始，通过师生共同讨论研究，先把课本上的基础知识搞清楚，这是十分重要的，搞改革，不能削弱基础教学。）

3. 再次尝试，深化认识

采用抢答，分组竞赛的办法。

（1）判断题（并说出理由）

①一个分式的分子为零时，分式的值一定为零。……（　　）

②分式$\frac{3x-y}{x+3}$也可以写成 $3x-y\div x+3$。……（　　）

③ A、B 为两个整式，式子$\frac{A}{B}$叫作分式。……（　　）

④当 $x=5$ 时，$\frac{2x-10}{x-5}$ 的值为零。……（　　）

（2）思考题

① 当 x 取什么值时，下列分式无意义，当 x 取什么值时，下列分式的值为零？

$\frac{x+1}{x+5}$

② 当 x 取什么值时，下列分式的值为零？

$\frac{x^2+4}{x-2}$

（设计意图：在掌握基础知识的基础上，再次尝试可采用比较生动活泼的形式。

采用分组比赛的形式，活跃课堂气氛，在游戏中加深对基础知识的认识。）

4. 课堂总结

这堂课学到了什么，你觉得哪些知识有困难容易出差错？

（设计意图：通过学生讨论，总结归纳本课堂的基础知识，并对本堂课的学习情况进行反思评价。时间虽短，十分重要。）

5. 布置下节课尝试题

（1）什么是整数指数幂？

（2）把下列各式写成只含有正整数指数幂的式子：

$-2y^3 (x+2y)^{-3}$

（3）利用负整数指数幂把下列各式化成不含分母的式子：

$-\dfrac{x}{y^2}$　$\dfrac{2x}{(a+b)^2}$

（布置下节课的尝试题，必须讲清要求，必要时还可以作些提示，因此要留有一定时间，不能到下课铃响后，才匆匆布置。）

（十）中学语文《老舍：济南的冬天》课堂纪要与评析

2011 年，邱学华在常州市兰陵中学推广尝试教学法，语文教师反映，中学语文教学中运用尝试教学法有困难，不敢跨出第一步。为此，邱学华亲自上了一堂课文课，《老舍：济南的冬天》，上课的那天，附近学校的教师都赶来了，邱老师上语文课了，是新鲜事。尔后，邱老师在北京、上海等地都上了这堂课。

[课前预习]

提出预习要求：1. 读懂课文，大致了解课文的意思；（2）找出不认识或不理解的字词，先查一查字典；（3）有条件的可在网上查一查作者老舍和这篇课文的信息。

[评]　以上 3 点预习要求，其实就是语文课的尝试题，语文课的尝试题一般是用任务形式。这 3 个任务，也就是学生自己学习课文的方法，如果能坚持做，就能提高学生语文自学能力。

[课堂纪要]

课前谈话：邱老师是数学老师，今天第一次上语文课，请大家多多关照（同学们都笑起来了，并热烈鼓掌）。我的一个致命弱点就是普通话讲得不好，是常州普通话，现在要请一位小老师帮我，大家推举一位普通话讲得最好的同学。（大家一致推举李同学）请李同学当小老师，大家鼓掌欢迎。

[评]　这段课前谈话风趣幽默，课堂气氛一下子活跃起来。

1. 出示课题，揭示目标

用课件在大屏幕上出示课题和学习目标。

（1）有感情地朗读课文，了解大致的意思。

（2）理解课文中的字词：响晴、澄清、空灵、贮蓄、髻、镶。

（3）领会和欣赏老舍这篇课文的写作特色。

[评]　学习目标提得既清楚明了，又具体可查。

2. 基本训练　默写词语

默写 10 个词语，每个 10 分：

晴朗、明亮、清澈、舒适、落实、叫醒、储蓄、温暖、清净、灵气

由小老师报词语，全班默写，结束后小组内交互批改，全对的站起来，接受大家鼓掌表扬。

师：这 10 个词语是过去学的，后面要同今天学的词语对比。

[评]　默写词语是语文教学重要的基本训练，如果每堂课都能坚持搞，能够有效地提高学生的语文素养，充分体现了邱学华重视基本训练的一贯主张。

3. 整理辨析　生字新词

各小组整理出在课前预习时画出的生字新词，写在白板纸上，并派代表把白板纸贴在黑板上教大家读。各小组讨论热烈，争先恐后地上台教大家。

教师引导大家，把刚才默写的 10 个词语，找到意思相近合适的词对应。

晴朗	明亮	清澈	舒适	落实	叫醒	储蓄	温暖
(响晴)	(清亮)	(澄清)	(安适)	(着落)	(唤醒)	(贮蓄)	(温情)

清净	灵气
(空灵)	(空灵)

通过对比辨析，进一步领悟词语的含义，老舍用词的巧妙之处。

[评] 传统的语文教学是由教师选定的生字新词教学生，现在是由学生自己提出生字新词，通过查字典，在小组内互学来解决，体现了先让学生试一试的尝试教学思想。

4. 朗读欣赏　理解课文

接着分小组读，小组派出代表读，先由学生互评，然后教师点评。要求学生身临其境有感情地朗读，注意语气、语速、语境。

师：大家都读得不错，但还不够理想，最好请谁来读？

（大家七嘴八舌地说开了，请邱老师，请原来语文老师，请××同学）

师：我建议请老舍自己来读好吗？

（大家疑惑不解地跟着说：好！）

师：真的请"老舍"自己来读，下面请大家看"老舍"读这篇课文的录像。

（大屏幕映出北京人艺著名演员扮着老舍，看着窗前济南的景色，配着音乐，朗读这篇课文，同学们都惊呆了，出神地看着、听着，不知不觉地低声跟着一起读。）

师："老舍"读得好不好？

（学生活跃起来，连声说好，太好了……）

生：邱老师，我觉得这不可能是老舍？

师：为什么？

生1：我在网上查过资料，1967年"文化大革命"时老舍含冤自杀，怎么可能是老舍呢？

生2：也可能是老舍生前的录像。

生3：当时录像技术不先进，还不普遍呢。

生4：老舍是大作家，不可能自己来读这篇文章并录像。

师：同学们能够提出疑问是件好事，我们不能唯书、唯上，遇事要认真思考，多提
　　几个为什么，一个人要有质疑能力，才能有所创新。录像中的确不是老舍，是
　　北京人艺的一位著名演员装扮成"老舍"朗读这篇课文。这是高水平的朗读，
　　大家要反复听，细细体会和领悟。

5. 初步体悟　写作特色

师：通过刚才的朗读，大家对课文有了进一步了解。学习一篇课文，不仅要读懂读
　　通，还要学习作者的写作手法，以便自己写作文时参考。现在分小组讨论这篇
　　课文的写作特色。讨论后各小组派代表发言，最后教师归纳：
　　第一段　用对比手法，从北京的刮风，伦敦的阴雾，衬托出济南是宝地。
　　第二段　用论证方法，从济南的地理位置说明济南的冬天是暖和的。
　　第三段　用拟人、拟物的手法，描写济南冬天的山。
　　第四段　用拟人、比喻的手法描写济南冬天的水。

　　［评］　对初一的学生来说，只能从整体出发，初步地去体悟一篇文章的写作手
法，不必细讲。邱学华这样处理是明智的，跳出了过去语文教学中的串讲陷阱。

6. 当堂检查　反馈订正

由小老师带领默写 10 个句子，每句 10 分。（写错或漏写一字扣 2 分）

(1) 只等春风来把它们唤醒　　　(2) 暖和安适地睡着

(3) 干啥还希望别的呢　　　　　(4) 山上的矮松越发青黑

(5) 给蓝天镶上一条银边　　　　(6) 微黄的阳光斜射在山腰上

(7) 那点薄雪好像忽然害了羞　　(8) 房顶上卧着点雪

(9) 天上越晴，水藻越绿　　　　(10) 整个是块空灵的蓝水晶

检测后，小组内交互批改评分，评分后交还本人订正，达到 100% 的正确过关。

最后评出本堂课的先进小组，并布置课后写一篇的作文：《常州的春天》，先要
向父母请教，再去主要几个景点观察，然后再写，可用一周时间。

［点评］　这堂课有鲜明的特色，主要有三点：

(1) 充分体现了尝试教学思想，让学生自学课文，自己找出课文中的生字新词，
自己查字典、上网解决，自己朗读课文，自己讨论写作特色，摆正了学生主体地位。

由于每篇课文之间没有太强的系统性，课文中绝大部分的字都认识，因此语文教学更适合应用尝试教学法。

（2）这堂课紧紧抓住了"语言文字的积累和语言文字的训练"，这正是《语文课程标准》的基本教育理念。整堂课要求学生多读多写，对初一学生加强默写词语是必要的。

（3）跳出了传统语文教学的逐段逐句分析、教师串讲的方法，而是强调对课文的整体理解、感悟，突出学习课文的写作特色，把读与写结合起来。

（江苏省常州市兰陵中学钱元新、徐刚整理及评析）

众家评说

尝试教学法一问世，即受到教育界的关注，邱学华的论文，各地教育杂志都争相转载。随着尝试教学研究的不断深入，对尝试教学的评论文章越来越多，公开发表就有数千篇。本篇众家评说，先选登专家的论文，然后是主要媒体、教育行政部门、教育理论界以及教育实践工作者的评说，最后是学生的评价，有小学生、中学生、大学生以及邱学华的徒弟。

一、专家论文

（一）尝试教学法具有时代性和先进性

顾明远

邱学华老师是我国当代的教育家，他爱岗敬业，严谨笃学，从教六十年来为国家培养了大批人才，为中国的教育事业做出了卓越贡献。邱学华老师在教学中勇于探索，敢于创新，研究教学方法，提高教学质量。20 世纪 90 年代初他创建了"尝试教学法"，并开展了实验研究，取得了显著的效果：学生学习积极性提高了，对教学内容理解得深刻了，学习成绩提升了，知识技能巩固了，学习能力养成了。他的实验开始作为小学数学教学法在小学实验，随后扩展到小学语文、常识、音乐、体育、美术等各门学科；后来又从小学延伸到中学，最近几年又延伸到职业教育。20年来"尝试教学法"的实验越来越广泛，越来越深入。在广泛实验的基础上，总结了实验的经验，逐步上升到教育教学理论，提出了小学数学尝试教学法—尝试教学法—尝试教学原则—尝试教学理论—尝试教育理论—尝试学习理论，一整套教育理论体系。

"尝试教学法"不只是一种教学方法，也是一种教育理念，它的教育学原理是承认学生在教学中的主体地位，充分发挥学生的主动性、积极性和创造性，使学生在尝试中获得成功，在尝试中享受学习的喜悦。"尝试教学法"具有时代性、先进性。当今时代，科学技术迅猛发展，知识成倍增长，学校教学不可能，也没有必要把现存的知识都传授给学生，更重要的是教会学生学习，从可持续发展的角度教会学生探究知识的能力。"尝试教学法"可以激发学生积极思维，学思结合、知行结合，培养学生的创造思维和学习能力。正是因为它是这样一种教学理论和学习理论，所以可以推广到所有学校教学。这对于我国当前贯彻落实《国家中长期教育改革和发展规划纲要》，以人为本，推进素质教育，改革人才培养模式，改变陈旧的教学方法提供了鲜活的经验。

邱学华老师虽然已逾古稀之年，但是为了使他创立的"尝试教学法"理论使千千万万师生受益，他不辞辛劳，呕心沥血，终年奔波在全国各地的教育第一线，每年都精心组织研讨会。我曾经有幸参加过几次研讨会，被他对教育的激情所感染，被广大教师学习的热情所感动。他特别关照农村和贫困地区的教育，每次举行"尝试教学法"研讨会，都要免费邀请几十名山区少数民族地区老师参加，向他们赠送学习资料，组织他们参观优质实验学校。使成千上万名贫困地区的老师得以接触到先进的教育理念，观摩到先进的教学经验。邱老师这种敬业精神堪称当代教师的楷模，值得我们学习。

（顾明远：北京师范大学教授）

（二）因尝试而走向成功

柳 斌

我和邱学华老师深交已久，经常通信联系，看他的著作和文章，我十分敬重他的为人，敬重他的敬业精神，敬重他创立尝试教学法的改革精神，敬重他六十年如一日的奋斗精神。邱学华对尝试教学的研究历经半个世纪，道路是艰辛的，但又是辉煌的。他因尝试而拥有，因尝试而智慧，因尝试而走向成功。

邱学华的贡献在于把"尝试"这个概念引进到教育、教学中来，这本身已是从哲学高度上进行思考。人的认知，从根本上讲是始于尝试的，这种观点符合辩证唯物主义的认识论。正如毛泽东在《实践论》中指出："你要有知识，你就得参加变革实现的实践。你要知道梨子的滋味，你就得变革梨子，亲口吃一吃。"这里所说的"变革""吃一吃"，实际上就是要亲自去尝试。因此，尝试是学

习的基本形式，尝试是获得真知的必要条件。鲁迅先生说过，"第一个吃螃蟹的人是勇士"，因为没有他们的尝试，我们就不知道螃蟹的美味。这说明尝试是要冒风险的，是要有勇气的。所以，尝试不仅是一种学习方式，也是一种精神。

尝试教学法符合素质教育的要求，能为推行素质教育服务。尝试教学过程有利于培养学生探求新知的精神，促进学生养成自学的习惯，激发他们学习的兴趣，又能获得事半功倍的教学效果，促使学生品德、智力、体质的健康发展。这些正是素质教育的要求。当前《国家中长期教育改革发展纲要》出台，必将有力地推动素质教育的发展，我们应该树立信心，克服困难，坚持实施素质教育的大方向。我们一方面要抓住教育体制上的改革，逐步解决择校、高考、就业等难题；另一方面需要更多的像邱学华老师那样的教育专家和一线教师，深入进行课堂教育改革，使得教学过程科学化、合理化，符合青少年身体和心理的发展规律，把学生从过重的负担中解放出来。

人民教育家陶行知先生在 70 年前就提出解放孩子：解放学生的头脑，解放学生的嘴巴，解放学生的双手，解放学生的时间，解放学生的空间。陶先生特别强调要让学生学会提问，不要把学生的嘴巴封住，但是要把学生解放出来，就必须先把教师解放出来，要把教师解放出来，又必须先把校长解放出来，这一系列的改革，我们也要用尝试的精神去大胆地尝试。

我认为实施素质教育的战略重点应放在义务教育阶段，没有战略重点很难取得突破。义务教育阶段是一个人的奠基工程，基础打好了才能更好地发展。目前，中小学的教学改革形势很好，各种新教学法相继出现并逐渐走向成熟，邱学华的尝试教学法历经30年的实验研究，已在全国遍地开花，为广大中小学教师所接受。还有像李吉林的情境教育法、刘京海的成功教育、王敏勤的和谐教学法等。

在义务教育阶段应特别加强道德认知与道德行为能力的锻炼，加强创新能力和实践能力的培养，重视学生的个性发展，大力提高学生的综合素质。相信依靠大家的共同努力，在我们国家的培养人才摇篮里一定会呈现出万紫千红总是春的生机勃勃的局面。

今天开会纪念邱学华从教六十周年很有意义，希望邱老师进一步研究和完善尝试教学理论，使其进一步适应素质教育和创新人才培养的要求，为建设有中国特色的教育理论体系做出贡献！

（柳斌：原国家教委主任，国家总督学。此文为邱学华从教六十周年暨尝试教学理论研讨会上讲话摘要）

（三）教育的"光明使者"

朱永新

在中国教育界，有一位创造了许多纪录的长者。

这位不知疲倦的长者，走遍了祖国的大江南北，山山水水，作过数百场报告，给孩子们上过数百场公开课，全国有3 000多万学生、60万教师在教学过程中使用他的教学方法。他，就是尝试教学法的创始人——邱学华先生。

邱学华先生似乎有一点墙内开花墙外香，他是江苏常州人，曾经做过小学教师、中学教师、大学教师、小学校长、师范学校校长、教科所的研究人员。他在小学数学的建树为同道所公认。作为一种尝试教育思想，一种教学模式，尝试教学法已运用到中、小学以及幼儿园、大学。澳门教育暨青年局已决定在中小学推广应用。邱学华已到全国31个省、市、自治区以及港澳讲学600多场，约百万人次听讲。有实验基地学校 1 700 多所，20 年来实验教师撰写的论文 10 万多篇，公开出版的著作有 20 多部，已形成中国当代著名教学流派之一。他多年如一日推广尝试教学法，跋山涉水，为基层送去先进的教育理念，是一个名副其实的教育的"光明使者"。

尝试成功教学理论的产生与发展或许可以从邱学华先生的童年生活找到某种潜动力。他在《从教 40 年体会的谈话录》中说："记得小时候在沦陷区上海，没有钱进学校读书，特别羡慕别的孩子背着书包上学校。当时曾下决心，将来长大了当一个校长，穷人读书不要钱。"这个童年的梦想果真实现了，他不但当上了小学校长、师范学校的校长，还成为当代著名的小学数学教育专家和教育改革家。社会主义制度也使穷人孩子进学堂成了现实。当然，"上学校"的愿望满足了，还有更高层次的要求，即"上好学"。所以，从 16 岁到武进县农村当小学教师开始，邱学华就进行了探索提高教学质量的研究，解决"上好学"的问题。从口算教学、应用题教学、珠算教学到尝试教学法，结下了累累果实。

尝试成功教学理论着力于大面积（适用于不同地区，尤其是农村）、大幅度（适用于不同学生，尤其是中差生）提高教学质量，也体现了邱学华让每个儿童"上好学"的初衷。中国是一个人口大国、农业大国，农村小学占了绝大部分的比例，大面积、大幅度的关键首先在农村，现代教育家陶行知、梁漱溟、张宗麟等早已认识到这个问题，但真正取得成效的可能首推尝试教学法。据统计，应用尝试教学法的教师和学生绝大多数在农村。之所以如此，是因为邱学华考虑到农村学校师资水平较低、教学设备相对较弱、教学经费相对较少、学生水平参差不齐等特点，使尝试教学法"易学易用"，"照顾了教师目前的需要"，"几乎每个教师都能掌握，每个学生都能适应"（刘佛年语）。这是尝试教学法的生命力所在。尽管有人认为尝试教学法的"理论基础尚待加强"，邱学华本人甚至也说"我写的东西在理论上可能没有高度"，我还是认为这恰恰是尝试教学法风靡全国的原因，也恰恰反映了尝试成功教学理论自身的理论特色与优势效应。德国文豪歌德说过："理论是灰色的，生命之树常绿。"所以，我们的教育理论必须根植于教学，才能保持其旺盛的生命力。

应该说，我后来追求教育科学的大众化表述，多少受了一些邱先生的影响，因此我曾两次参加过他主持的大型活动，为尝试教学法能如此受教师欢迎而感动。

难能可贵的是，这位年近七旬的先生至今仍在孜孜不倦地传播他的尝试教育理论。他差不多每年都要出一本由他主编、一线教师参与的尝试教学研究文集，每年都要召开几次大型的尝试教学研究的学术会议和现场观摩。

"老夫聊发少年狂",最近他还创办了邱学华尝试教学网站（www.try-QXH.com），给我来信要求我们的"教育在线"网站与他链接。他认为"教育在线"是国内品位最高的教育网站，"办得很好，我经常登录，并在我的网站上链接。"

更为精彩的是，他要亲自去办"理想的学校"。他写了一个宣言："我要办一所理想的学校。朱永新先生《我的教育思想》中第一章是'我心中的理想学校'，读了感触很深。50年前我当过小学校长，当时年轻，糊里糊涂的，后来当过师范学校校长，但校长没有自主权。现在我要办一所理想的学校。我已是68岁的人了，但还是雄心勃勃，再来尝试一下，作为自己人生道路上的新起点。"

他的"与时俱进"精神更是令人感动。这些年来，他的尝试教学法伴随着素质教育、创新教育、新课程一起成长，他乐此不疲地吸收新的理念、新的养料，不断地完善自己的体系，不断地传播自己的理论。我们祝愿这位教育的"光明使者"，在新的人生征程上再创辉煌！

（朱永新：中国教育学会副会长、民进中央副主席）

（四）学习的本质——尝试成功
戴汝潜

对于"邱学华和尝试教学法"我早有所闻。1996年，我为山东教育出版社主编"全国著名特级教师教学艺术与研究丛书"，约请邱学华撰写《邱学华小学数学教学法探究》，并由我撰写该书的研究篇，使我接触了"邱学华和尝试教学法"的大量材料。同年10月，我受全国教育科学规划领导小组之托，参加全国重点课题"尝试教学理论研究"的专家鉴定组，1998年10月，我应邀参加了在湖南省张家界市召开的全国协作区第九届尝试教学法研讨会。这一切，使我对"邱学华和尝试教学法"的了解越来越深入，我为在中国大地上产生自己的教育理论而感到由衷的高兴，为邱学华几十年的求索精神而感动，为广大教师对尝试教学法的热情而感到震撼。

联合国教科文组织文件《学会生存——教育世界的今天和明天》一书中，有一句意味深长的、颇具哲理的至理名言："人和其他动物的不同点就是由于他的未完成性。事实上，他必须从他的环境中不断地学习那些自然和本能所没有赋予他的生存技术。"这里的意思是说人为了生存和发展，不得不终生学习，不停地使自己变成一个"人"，不断地实现自己的潜能。"寻求走向完人的理想道路"。很明显，这条道路的"金钥匙"就是"尝试成功"！人类的第一项划时代的技术发明——"钻木取火"不就是光辉的范例么?！从这个意义上讲，如果我们把"尝试成功"推崇为人类第一笔最伟大的精神财富未见得不妥。如是，我们的祖先燧人氏就该算是"尝试成功"的鼻祖了。当然，这里并非要作什么考证，只是要说明今人理应珍爱"尝试成功"的宝贵。

很自然地，建立在"尝试成功"理论上的尝试教学法也成为我们的宝贵财富。这是邱学华先生潜心研究近 20 年的成果，更是千万位人民教师精心探索、实践的一朵奇葩。改革开放 30 多年来，涌现了许许多多的新思想、新方法，然而，真正经受住理论和实践检验，并为广大教育工作者所认可的并不多，尝试教学法就是少数几个"至今仍保持旺盛生命力"中的一个。这个教学法是中国特级教师自己的创造，也是中国特色的教育理论的一部分。

尝试成功与尝试教学法是辩证唯物主义的认识论的活标本，具有鲜明的"实践—认识—再实践"的活力，从一开始就在受教育者幼小的心田里播下了伴随其一生成长的认知之树的良种。

尝试成功与尝试教学法以尊重主体的学习地位、满足主体的"需要—创造"之意愿为出发点和归宿，从而具有重要的现实意义和无限的生命力。

尝试成功和尝试教学法揭示了学习的本质，特别是学校的课堂教学活动中的学习本质，即在正确的教育导向下，"为成功去尝试""尝试能成功"。学习成为自我激励的良性循环的幸事。

尝试成功与尝试教学法遵循了心理学家关于儿童认知活动是在已有的思维"图式"的基础上逐步"同化"与"顺应"完成的这一原理，已有图式成为尝试的前提，也是尝试成功的基础因素。

尝试成功与尝试教学法适应了教育家的忠告：在所有的教育活动中，阅读对我们是最重要的。而阅读的基本方式就是尝试成功。

尝试成功与尝试教学法体现了"知识可以传授、能力只有通过训练"的道理，尝试过程本身就是训练，从而成为一种培养能力的好方法。

尝试成功与尝试教学法以受教育者自主学习为主，从而找到了落实差异教育的好途径。当然也为素质教育的课堂教学模式提供了范式。

值此以知识经济为标志的 21 世纪到来之际，教育肩负着前所未有的历史使命，而这个使命使我们难以勾画出明晰的设计蓝图，只是推断出四个方面的特征。

（1）受教育者的主体地位应该也必将得到充分的重视；

（2）掌握获得知识的钥匙；

（3）学会创造；

（4）自觉接受对教育的制约，成为社会的人。

根据未来教育的上述特征，我们可以十分乐观地为尝试教学法定位。

总之，尝试成功与尝试教学法的大量理论研究和广泛实践的群体创造，具有很多的长处，也具有很好的发展潜质。当然也不是说已经十全十美了，特别是在课堂教学中进一步摆脱传统模式的影响、突出学生主体活动方面，相信在今后的实践中会有新的创造，使之进一步得到完善；如果能够编写体现尝试教学法的教材就会更有利于推广、普及。当然，这是一件大工程，需要多方面通力合作完成，是很艰难的。

中国人应该学会珍爱自己的同胞，尊重他们的创造，这样也是对自己的尊重，这样洋人才会尊重中国人。让我们从这里起步"尝试之"。

（戴汝潜：中央教育科学院研究员）

（五）有胜于古　有胜于洋

陈梓北

读了邱学华的《尝试教学法》之后，深有感触。五六十年前我当学生的时候，在举国崇洋的空气中就持有异见；但恨自己建树太少，无以为国人鸣不平。难道一个亿万人民的国家，就不该有自己像样的新东西吗？否！否！邓小平同志指出："把马克思主义的普遍真理同我国的具体实际结合起来，走自己的道路，建设有中国特色的社会主义，这就是我们总结长期历史经验得出的基本结论。"尽管有些人直到现在还是开口不忘赞科夫，闭口不忘布鲁纳，总是看不起自己，不敢相信自己的东西，但是我们越来越多的人，正在"中国式的现代化，必须从中国的特点出发"这一思想指导下，在不断的实践中，有所创造，有所前进。

邱学华提出的"尝试教学法"，引起了大家的注意，全国许多地方都在试用，并取得一定的效果。从试用后的许多报道中，已经可以看出其效果的现实性（不再是设想和推论了）。邱老师在阐述该法教学步骤的基础上，既指出它的实践结果和理论根据，同时也指出它的局限性及应予注意之点。这说明了作者实事求是的科学态度与不懈精神。所有这些都是值得我们学习的。

本文提出我个人的体会，也算是一种评价。因为我几十年来形成了一个治学的奋斗目标，即"古为今用，必胜于古；洋为中用，必胜于洋"。以此为准，我认为尝试教学法是"古为今用，有胜于古；洋为中用，有胜于洋"。

先讲"有胜于古"。多少教育学或教学法教科书都引述《学记》中"学然后知不足，教然后知困……故曰：教学相长也。"利用"反馈的关系，说明教学相长，倒也可以讲得通"。但不唯"学然后知不足"，还得看到"知不足然后学"的一面。尝试教学法的第一步先提出问题，使学生"知不足然后学"，效果很好。同样，"教然后知困"吗？也不尽然，尝试教学法是教师靠课前认真备课后先"知困"，找出难点和重点然后教，才能节约时间，在40分钟内提高教学质量。

还有，一提"启发"二字，人们便追溯到孔子的"不愤不启，不悱不发，举一隅，不以三隅反，则不复也"。"愤"指学生处于困惑状态，"悱"指学生"口欲言而未能表达"。但对于如何"启"，如何"发"，历史上的古人是说不清楚的。孔夫子这段话，虽然连道出六个"不"字，也丝毫没提到如何启，如何发。直到今天，不少人把"谈话法"或"问答法"叫作"启发式教学法"，有人把"发现法"也划归为"启发式教学法"。不管怎样阐述和发挥，在实践中仍然苦于"启而不发怎么办"的还是大有人在。尝试教学法的第一步提出尝试题，就巧妙而较有分寸地"启"了。第二步自学课本，不就使学生自己摸到痛痒处而如愿以偿地"发"了吗？学生毕竟程度不齐，有的可以举一反三，甚至可以"反五""反六"，但后进生则不然。关键问题是教者如果根本不知道学生的个别差异就无法因材施教。从尝试教学法第三步尝试练习中，则可以迅速发现（其实有的早已初步发现，可令其板演）三类学生，（从巡视及板演中）加以区别对待。又经第四步学生讨论，从中可以有助于中差生的理解。而第五步教师有的放矢的重点讲解，更是画龙点睛的启发。

总之，尝试教学法确实是"有胜于古"的，毛主席教导我们：不能苛责于古人。我们也应以历史唯物主义为指导思想，给予古代圣人以应有的历史地位。那为什么要"狎侮大圣之言"，颂今非古呢？只是因为时至今日还有些人仍以"古已有之"的说教和思想，面对新生事物耍威风。事实上"存在决定意识"，古代根本没有"今日的客观存在"，怎会产生今日这般优越、复杂的教学新方法？所谓"古已有之"的"有"，只是这些人主观上"以无为有"的"幻觉"罢了，尽管他们还未必承认。至于客观上造成有碍于新生事物的存在与发展的影响，是不待言的。

另外，还有更多的人，主观上有"以彼为此"的"幻觉"。他们自觉不自觉地，面对我国四化建设中的新生事物，认为"洋已有之"，或者换句话说，"总不会一开始就比外国的好"。这便迫使我们不得不再谈"有胜于洋"了。

怎见得尝试教学法是"有胜于洋"呢？邱老师在回答"尝试教学法与发现教学法有什么联系和区别"这一问题时，明确地、较全面地指出：

> 在教师指导下，学生自学课本，通过尝试练习，自己去发现解题方法。从这个意义上说，尝试教学法与发现教学法是一致的。（我认为这是"洋为中用"。）

> 国外的发现教学法强调儿童的个人发现，忽视教师的主导作用和教科书的作用，认为不管多么高深的原理，只要教学方法得当，都能让儿童自己去发现。同时，由于没有详细介绍具体的教法，一般教师不易掌握。（我认为这正说明"洋为中用"不能照搬。）

尝试教学法根据数学教学的特点和儿童心理特点进行设计，把教学过程归纳为五个步骤，具体明确，简单易行，便于教师掌握，不管是城是乡，新老教师都能应用。

尝试教学法之所以会收到较好的教学效果，是由于五个步骤把教师的主导作用、学生的主体作用、教科书的示范作用以及学生之间的相互作用有机地结合起来。（我认为这正是"有胜于洋"的根本所在。）

我再重复一句：关键的问题就在于这个"有机的结合"。有的同志说，尝试教学法是具有时代特征和中国特色的教学法。是的，还是这一句，关键的问题就在于时代特征和中国特色的有机结合，正是由于强调这个"有机的结合"，也就是强调了对立的统一，才导致了"洋为中用，有胜于洋"。

过去"全盘西化""全盘苏化"的"好则一切皆好""凡洋皆好"等的教训，还不够惨痛?！马克思列宁主义普遍真理，如果不与中国的革命实践相结合，革命就遭到失败。何况布鲁纳的"发现法"，到底含有多少真理的成分，还有待于研究。可是时不我待，我们一刻也不能停止我们的实践。喜看 1983 年第 7 期《人民教育》管承仲写的那篇《当前中学数学教学方法改革概况》，介绍了正在实验的八种新教学法，从"自学辅导教法"（过去也曾称为"三个本子教学法"）到"知识结构单元教学法"，其中包括"发现法"的实验在内，都在不同程度上结合我国自己的实际。只要有这一结合来进行"洋为中用"，便有"有胜于洋"的可能。

唯独持"洋已有之，照搬可也"的论点，是要不得的。它不仅对已有成效的新创是个危害，而且对于实验的起步也有妨碍。因为照搬可以，根本用不着实验。从实质上讲，我国的独特经验，"洋"是不可能"已有"的，也像现代经验，根本不可能"古已有之"一样。我们只能做我们前人（也包括洋人在内）从来没有做过的极其光荣伟大的事业，走"有胜于古""有胜于洋"的康庄大道，自立于世界民族之林。

当然，古代文化遗产有发掘不尽的广阔内容，异域的先进经验也有学习不及的特殊境界。所以，我们必须以"古为今用"、"洋为中用"来壮大自己，进行多方面的高深学习、探索。谁也没有认为"凡古皆坏"、"凡洋皆坏"。想大家不会把矢志"必胜于古"和"必胜于洋"误解为不要"古为今用"和不要"洋为中用"，因我们不但要"学""比"，而且要"赶""超"。也只有如此，才能够把现代化的时代特征和民族化的中国特色更密切地有机地结合起来。

（陈梓北：河南师范大学教育系教授）

（六）邱学华——当之无愧的教育家

汪刘生

在我国当代教育理论界，一提到教育家，人们津津乐道的是夸美纽斯、杜威、赫尔巴特、裴斯泰洛齐、凯洛夫、赞科夫、苏霍姆林斯基、布鲁诺、布卢姆、皮亚杰等人；虽然谈不上是崇洋媚外，但"月亮总是外国的圆"，视野向外，看不到本土化的土生土长的具有中国特色的教育理论和教育家。要么视野向古，言必称孔子、孟子、墨子、老子、荀子、朱熹等人；厚古薄今，看不到我国当代尤其是改革开放以来的教育领域里涌现出来的大量具有生机活力的教育理论和当之无愧的教育家。

那么，什么样的人才能称之为教育家呢？换言之，教育家的含义是什么呢？《教育大辞典》对此的解释是："教育家（educator）是在教育思想、理论或实践上有创见、有贡献、有影响的杰出人物。"（顾明远主编：《教育大辞典》，上海教育出版社1998年版，755页。）

以此来衡量邱学华，他通过40多年的实验研究，创立了具有中国特色的尝试教学理论，既受到教育理论界的认可，又受到广大教师的欢迎。这一教学理论已在全国大规模地推广应用，现已为新课程改革的实施产生积极的作用，已在教育实践中产生了巨大的影响。因此，他确实是一位在教育思想有创见、教育理论有贡献、教育实践上有影响的杰出人物，是我国当代一位当之无愧的教育家。下面分而述之：

1. 创尝试教学法，教育思想有创见，且能与时俱进，不断创新

邱学华在小学数学教学法研究方面有很高造诣，他在20世纪60年代就开始出名，写了很多著作和文章。他是我国改革开放后在教学法领域内第一个敢于尝试吃"螃蟹"者，早在1980年他就独创了小学数学尝试教学法，影响很大。他创造的数学口算表，至今仍然采用。他主持编写的《小学数学教学法》，今天的许多的教学法著作仍是用它的体系。在中国小学数学教师中邱学华的名字几乎人人皆知。邱学华如果仅仅停滞于以上成绩，那么，邱学华充其量也不过是一位教学法专家。

但是邱学华本人就如同他首创的尝试教学法一样，不断尝试，不断创新，挑战

自我，锻造非凡，与时俱进，追求卓越的成功。

　　在邱学华的不断努力下，尝试教学法实验由小学数学延伸到了小学语文等其他课程，又发展到了中学、大学，并从普教发展到了幼教、特教。尝试教学法已不仅是一种具体的小学数学教学方法，而逐步成为具有中国特色的尝试教学理论。在此阶段，他的最大贡献是尝试教学理论的构建与实验。

　　90 年代开始，邱老师为使尝试教学研究走向实践，经中国教育学会数学教育研究发展中心批准成立了尝试教学理论研究会，并开始在全国各地建立"尝试教学研究实验基地"。研究会设理事会，由来自全国各地的高校教师、中小学教师、教研员等组成。实验基地发展迅速。1992 年"尝试教学理论研究与实践"被列为全国教育科学"八五"规划重点研究课题，下设 106 个子课题配合研究。邱老师把尝试教学理论的内容创造性地概括为历史渊源、实质特征、理论基础、尝试成功因素分析、教学原则、教学模式、实践效果等，有理有据，严谨科学。他并不停留于理论上的分析，亲自深入到教学实验第一线，时刻关注实验的进程。所以当 1996 年 10 月，中央教科所等单位的教育专家对课题进行鉴定时，他们一致认为：尝试教学理论研究为基础教育的学科改革做出了重要贡献，实际效果显著，为建立有中国特色的教学理论做出了卓有成效的新尝试。这标志着尝试教学理论的建立。至此，邱学华经过近半个世纪的不断尝试，不懈追求，终于创建了具有中国特色的举世瞩目的尝试教学理论流派。

　　为了做到与时俱进，不断创新，早在 1998 年，邱学华就明确提出"尝试与创新"的研究主题。1998 年第九届尝试教学法研讨会的论文集的书名即为《尝试　开拓　创新》。在他的倡导和直接帮助下，全国 1000 多个实验基地学校开展了"尝试与创新"的实验研究，在对实验不断总结与反思的基础上，他在世纪之交构建了尝试创新教育模式，形成了"学生能尝试，尝试能成功，成功能创新"的新思路，从而使尝试教学理论的研究与实践发展到了一个新的阶段。为使这一崭新的教育理论尽快地为广大中小学教师所掌握，他于 2000 年在济南召开了第十届尝试教学法研讨会，作的主题报告是"尝试与创新"，明确提出了"尝试教学是一种创新教育模式"。2002 年在广州召开的全国第十一届尝试教学法研讨会上，他明确提出，实施新课程呼唤尝试学习。于是，他的研究重点开始关注尝试学习的原理、策略与实践。

　　进入 21 世纪之后，邱学华开始对尝试教学理论的形成与发展进行了系统的整理与归纳，从而为尝试教学流派的形成奠定了良好的基础。经过几年的努力，他将自己长期以来的研究成果和许多优秀教师的实验成果汇编成"尝试教学理论研究丛书"。迄今为止，教育科学出版社已公开出版发行7本专著，其中有《尝试教学论》《尝试成功的学习》《小学数学尝试教学设计》《小学语文尝试教学设计》《邱学华尝试教学课堂艺术》《中学尝试教学设计》《幼儿尝试教育活动设计》等。丛书由原国家总督学柳斌同志题词："深化教改实验，建设有中国特色的教学理论体系"，体现了老一辈教育家对中国特色教学理论的衷情和希望。其中的《尝试教学论》的"序"是我国著名的教育学者顾明远教授所撰写。由国家教育科学出版社专门出版中国土生土长的教学理论研究丛书，这在我国教育史上是不多见的。这套尝试教学理论研究丛书的出版发行，标志着尝试教学理论已趋向成熟，已建立了较好和较完整的理论框架和操作模式。这也说明了邱学华的教育思想得到了教育界的公认。

综上所述，在教育思想上，邱学华创造性地提出了尝试教育思想，而且与时俱进，不断创新，做出了卓越的贡献。

2. 完善尝试教学理论，使之系统、科学，自成一家之说

邱学华曾经说过："我深知构建一种教学理论艰难复杂。我经常问自己：'我行吗？'有时也会胆怯。但是有一股力量鼓励着我，这就是为我国的教育理论走一条创新之路。翻开近现代的教育历史，中国教育没有自己的理论体系。难道就不能走一条创新之路，建立具有中国特色的教育理论体系吗？我是憋着股子气而排除困难，发愤工作的。"他把全国各地的大量实验材料进行了梳理，对其中的教育现象进行了理性思考，对尝试教学理论进行了长期系统的研究和推广，几十年如一日，痴心不改，从不倦怠，不断完善尝试教学理论，使之系统、科学，自成一家之说。

众所周知，20世纪80年代出现的许多教学方法，很大的一部分没有上升为教学理论，其深层原因在于缺乏理论的系统性、科学性，教育理论上没有突破，至今仍处于方法论层面上。而尝试教学法之所以能上升为尝试教学理论，是因为其具有理论的系统性、科学性，在教育理论上做出了贡献。

尝试教学理论的系统性、科学性表现为理论和实践两个方面：从理论方面考察，尝试教学论是由以下七个相互联系、相互影响、相互制约的具有特定功能和运动规律的子系统或要素所组成的系统，下面分而述之。

明确一个基本观点：学生能在尝试中学习，而且能在尝试中成功。

理解两个基本特征：先试后导，先练后讲。

培养三种精神：尝试精神、探索精神、创新精神。

促进四个有利（四个方面的优越性）。

掌握五种操作模式（一个基本式加上四种变式）。

运用六条教学原则。

重视七个达到尝试成功的因素。

　　试以最后一个子系统"重视七个达到尝试成功的因素"为例，它又是由以下七个相互联系、相互影响、相互制约的要素所组成，虽然促进学生尝试成功的要素很多，但是以下七个要素是主要的。它们分别是：（1）学生的主体作用；（2）教师的指导作用；（3）课本的示范作用；（4）旧知识的迁移作用；（5）学生之间的互补作用；（6）师生多向的情意作用；（7）教学手段的辅助作用。这七个要素又各有其独特的功能和价值，共同组成一个使学生达到成功的动力系统。其他子系统也同样是由一些要素所组成，不赘。

　　理论的系统性、科学性决定了应用的系统性、科学性，从应用方面分析，尝试教学理论的应用几乎涉及教学领域的所有方面。纵向上看，从幼儿园教学开始，小学、中学一直到大学教学，都有教师在应用尝试教学理论；横向上看，从中到外、从农村到城市，从义科到理科，从音乐、美术到体育……都不同程度有人在应用尝试教学理论。是什么原因使一个仅生长于小学数学单一学科的教学法成长为具有现代水准的系统的教学理论体系呢？这是每一个教育理论研究者都必须认真探讨的问题。

　　笔者曾经在探讨教学论研究如何系统化和科学化时认为，教学论研究必须"从封闭体系转向开放体系，即教学论研究视野全方位开放，不仅广泛吸取历史上教学论遗产和方法，而且不断吸取当代国外教学论研究成果和方法。"（汪刘生：《教学论研究的理论思考》，《课程·教材·教法》1994年11期。）邱学华研究尝试教学理论时正是如此，他的研究思维空间不断扩展，研究视野也不断开放，纵横八万里，上下五千年，他是从古今中外教育家有关教学理论的成果中吸取精华，旁及哲学、心理学、学习论等学科的优秀成果,去伪存真、去粗取精、糅合进自己的研究成果,综合概括而创立尝试教学理论的。

首先,以科学的辩证唯物主义认识论作为其哲学基础。

任何一种教学理论,若要自成体系,必须以一定的哲学思想作为其理论基础。而且,教学理论是否经得起时间的检验,主要视其哲学思想是否科学、进步。而辩证唯物主义认识论是当代人们所公认的科学的进步的哲学认识论,尝试教学理论以辩证唯物主义认识论的"实践的观点"、"外因通过内因而起作用"等基本观点来构成自己的理论体系,所以其理论体系也具有科学性、进步性和系统性,故尝试教学能取得最优化的教学效果。

其次,以"迁移""最近发展区"等现代心理学原理作为其心理学基础。'为迁移而教',这是当今教育界流行的一个很有吸引力的口号。按照这个口号进行教学,学生当前的学习应对他们日后的学习或工作具有较大的帮助。[1] 学生为什么能做尝试题?为什么能在尝试中获得成功和发展?其原因就在于尝试教学理论成功地运用了"迁移"原理。学生在做尝试题时,大脑并不是一片空白,他们已经储存了许多旧知识和经验,尝试题对学生来说并不完全陌生,他们能用已知来探索解决新知,这就是"迁移"作用。按认知结构理论来分析,学生的尝试过程也就是知识的迁移过程,也即对先前的知识结构进行同化改组,结合新学得的知识重新组合,形成能容纳新知识的更高一级的新的知识结构。学生不断地尝试,学生的大脑也就不断地形成新的知识结构,学生也就不断地得到发展。

尝试教学理论也成功地运用了维果茨基的"最近发展区"的理论。尝试教学论以"最近发展区"作为心理学基础,强调学生在教师指导下自己先尝试,正是为学生创设了最近发展区,尝试教学正是走在学生发展前面的教学。

最后,尝试教学论吸取了古今中外教学论的优秀成果。从孔子的"不愤不启,不悱不发"(《论语·述而》)中吸取了让学生先尝试的教学思想,尝试教学的"先试后导,先练后讲"与孔子的"先愤后启,先悱后发"的教学思想是一致的。从孟子的"我虽不敏,请尝试之"(《孟子·见梁惠王》)中吸取了尝试的普遍性思想。从

---

[1] 邵瑞珍等编著:《教育心理学——学与教的原理》,上海:上海教育出版社,1983。

《学记》"必也其听语乎，力不能问，然后语之"（《礼记·学记》）中吸取了教师先倾听学生提的问题，当学生无法解决时教师才给学生解说的教学思想。从朱熹的"读书是自家读书，为学是自家为学，不干别人一线事，别人助自家不得"（《朱子语类》卷119）中吸取了让学生自学尝试的思想。从陶行知的"试验就是用科学的方法去探新的生路"，"不能不说是十分有把握但深愿试他一试"[1]中吸取了让学生通过尝试去发明创造的思想。从胡适的《尝试集》和叶圣陶语文教学思想中吸取了尝试能成功，成功能发展的教学思想。从苏格拉底的"产婆法"中吸取了让学生先尝试提问教师后解决问题的教学思想。从桑代克的"尝试错误说"中吸取了联结主义的学习理论的合理内核。从布鲁纳的"发现教学法"中吸取了激发学生尝试动机的教学思想。不纳细流，无以成大海。尝试教学理论正是由于大胆地从古今中外教学理论中吸取大量的优秀成果，才使自己的理论体系具有严密的科学的系统性。

一位教育家，如果没有自己的理论体系，自成一家之说，则称之为教育家就名不副实，而邱学华有自己独创的系统性、科学性的尝试教学理论体系，在当代教育理论构建上做出了独特的贡献，所以邱学华被称之为当代著名的教育家是当之无愧的。

1. 长期坚持在教育、教学第一线，理论联系实践，"邱学华现象"举世瞩目，教育实践影响巨大

纵观人类教育史，大凡为人类教育事业做出了巨大贡献的教育家，诸如我国的孔子、陶行知等，国外的苏霍姆林斯基、赞科夫等，他们都是长期坚持在教育、教学第一线，理论联系实践，通过实验推动了教育理论的发展，将经验升华为理论而成为教育家，书斋里生成不了教育家的。邱学华是在长期的教育、教学实践中不断磨炼自己、反思自己而成为一位教育家的。诚如他自己所说的："我深信，教育实践是教育理论的源泉，因而我始终没有离开讲台。我的许多新方法、新思想，都是在教育实践的过程中萌发出来的。"

邱学华毕业于华东师范大学教育系，聪明好学，能力强，文笔好，当过10年大

---

① 陶行知：《行知书信集》，合肥：安徽人民出版社，1981，148页。

学教师，又是刘佛年教授的高足，他完全可以关起门来，查文献，找资料，写论文，成为一个著作等身的满腹经纶的教育学者。然而，他却义无反顾地走上一条理论联系实际的道路。他不但深入教学实际，而且自己亲自参加教学实验，在教学第一线获取第一手资料。他坚持的是一条实践→理论→实验→理论……的良性循环的科研之路。诚如苏春景教授所说的："长期以来，邱学华同志形成了自己的研究风格，即牢牢扎根于教学实践的宽广大地。""他在从事教学实践时，从未停止过教学理论的研究；同样，他在进行理论探讨时，也从未离开过教学实践岗位。"[①]

邱老师从16岁步入小学执教，一生就没有离开过教学第一线，即使在华东师范大学时，他一边在大学教书，一边到附小搞教育实验；在常州师范时，他一边当校长，一边到小学给小学生上课。即使退休了，"老骥伏枥，志在千里"，仍然离不开讲台，年过花甲，毅然参加《人民教育》编辑部组织的特级教师讲师团，亲自赴西部老少边穷地区讲课。

赞科夫进行了长达20年之久的教育实验，才提出他的"教学与发展"理论，同样，邱学华也进行了长达20多年的尝试教学实践，才提出他的尝试教学理论。而且历经25年经久不衰，应用规模越来越大，被教育界称为"邱学华现象"。目前，有100多个县市已全面推广，运用教师约60万人，试用班级约70万个，受教学生3000多万人，实验基地1800多个，成立100多个研究分会。邱学华编著和主编了200多本著作，在国内外教育杂志发表了600多篇论文。他创立的尝试教学理论和方法赢得了海峡两岸教师的一致欢迎，在海外也产生了相当的影响力。

众所皆知，生活之树常青，理论总是灰色的。实践是理论的源头活水，"问渠哪得清如许？为有源头活水来。"尝试教学理论之所以为广大教师所欢迎，之所以在海内外产生巨大的影响，是因为尝试教学理论来之于实践，又服务于实践。在实践中提高，在实践中升华。我国20世纪80年代涌现出来的众多教学理论，毋庸讳言，绝大多数都经不起时代的检验，自生自灭了。"造成这种现状的原因，从教学论研究方面来考察，主要是有的研究者没有走出书斋，深入到教学实际中发现问题，研究问题，而是热衷于闭门造车，从理论到理论，从概念到概念，停留在抽象思辨的层

---

① 苏春景：《尝试教学理论是具有中国特色的教学理论》，刊于张新洲主编：《邱学华与尝试教学法》，199～200页，北京：中国青年出版社，2001。

次上。教学论研究只有同教学实践紧密结合才具有生命力，否则将是无本之木，无源之水。"①

诚然，"邱学华现象"的产生离不开邱学华本人的学识、意志、才华和人格魅力。但任何一种教学论，要想具有生机活力，就必须像邱学华那样，走实践→理论→实验→理论……的科研之路，对此，学界已形成共识。例如姜乐仁先生认为："邱学华，作为一个实际工作者（教师），他没有忘记理论研究；作为一个理论工作者（研究人员），他也从没有丢掉实践活动。正是由于理论和实践的有机结合，相互促进，才造就了学者型的老师，同时，也使研究工作获得了无限发展的源泉。"（姜乐仁：《通向创业、成才的道路》）

我国现代教育家在国外产生巨大影响的人数不太多，邱学华就是其中的佼佼者之一，片桐重男先生是原日本国立横滨大学教授，日本新算数研究会副会长，他在20世纪80年代曾三次到中国考察尝试教学实践，对尝试教学法评价极高："尝试教学法先让儿童进行思考和讨论，然后给予指导，它不失为一种理想的方法。……当儿童兴趣盎然地进行学习时，他们对新学内容的掌握也比较好。为了激发儿童兴趣，使他们产生积极的求知欲，必须使他们明确哪些是他们已知的东西，哪些是自己还不知道的，并对任何事物都问上个为什么。从这一目的来看尝试教学法先让学生思考和讨论，它同样也可说是一种十分重要的教学法。"（来源：尝试教学在线时间：2004-10-25 20:59:43）所以，中央教育科学研究所戴汝潜先生曾感慨地说："邱学华先生称之为楷模，称之为小学数学教育家是当之无愧的"。戴汝潜先生当年感慨地把邱学华先生称之为小学数学教育家是当之无愧的。而今，在尝试教学理论产生巨大影响的今天，我认为把邱学华称之为当代著名的教育家是当之无愧的。

（汪刘生：杭州师范学院教授）

---

① 汪刘生：《教学论研究的理论思考》，《课程·教材·教法》，1994年11期。

（七）从小学教师到教育家

苏春景

中国教育界，有一位从小学教师成长起来的教育家。他五十余年如一日，一直从事小学数学的教学、研究与改革，并卓有成效，是我国知名的小学数学教学法专家；他从尝试中来，走自己的路，在对小学数学进行全方位研究的基础上，提出的尝试教学法已发展成为尝试教学理论并得到我国教育理论界的认可；他不满足于提出一个教学法，也不满足于构建一种新教学流派，而是不断致力于实实在在的教学改革。当新课程改革运行之时，他毫不满足地致力于将尝试教学理论渗透于新课程改革的大潮之中。这就是尝试教学法的实验者、尝试教学理论的创立者邱学华先生。

勤奋敬业的教育与教学实践，满腔热情执着于教育教学改革，全面系统的教学法实验，富有创意的教育理论升华，综合展现于邱学华的教学实践与教学理论融为一体的人生经历，使得他实现了由教师向教育家的自然转型，也为教育界提供了教育家成长的典型范例。没有生硬的舆论拔高，没有抽象的理论渲染，没有外部的行政命令，而是循序渐进，自然而然，瓜熟蒂落，成为中小学教师口服心服的教育家。研究邱学华的心路历程，会生发出对教师成长之路的不可多得的启示，从而激励千百万中小学教师爱岗敬业，在从事教学实践和教学研究的基础上，成长为一个又一个有中国特色的教育家。

1992年我在济南认识了邱学华先生以及尝试教学法。山东省教育科学研究所举办"中国当代教育改革家思想"系列讲座，陆续邀请国内著名教育改革家到济南为中小学教师做报告和上示范课，第一位就请了邱学华先生主讲。他平易近人，思维敏捷，对教育有独特的见解，他的尝试教学法理念先进，充满活力。特别让人吃惊的是，一位搞教育理论研究的学者，竟能亲自给小学生上数学课，在课堂上能把尝试教学法诠释得如此高超，完美，而且受到听课教师如此热烈的欢迎，令人震撼。当时，我暗暗地想："这才是中国的教育家"我是研究教学理论的，在教育界有很多研究杜威、布鲁纳、赞科夫的专家，也有研究孔子、孟子、陶行知的专家。我想，应该研究自己身边出现的教育家。从此我确立了自己的研究方向，就是"邱学华和尝试教学"，迄今为止已追踪研究了 10 多年。本文重点研究邱学华为什么能从小学教师成长为教育家的轨迹。

邱学华为什么能从一个小学教师成长为一个中国特色的教育家，结合尝试教学理论的动态发展过程，分析促进其转型的因素，必定会给教育界留下许许多多有价值的启示。

教育家的出现相对于文学家、科学家等，来得更加艰辛和痛苦。他需要接触成千上万的学生，他需要对所教学科了如指掌，他需要进行有根有据的经验反思与理论升华，而不是无病呻吟，尤其需要时间的考验和岁月的历练。我们看到大教育家的从教经历都是相当漫长而丰富的，教育家的成长更不应该急于求成。

1. 一生致力于小学数学教学与研究是转型的基础

邱学华自 20 世纪 50 年代涉足小学数学教育以来，先后在小学数学的口算、珠算、应用题教学、标准化考试等研究中留下深深的足迹。精深的专业知识是他从事大规模实验的必要条件，是教师→教育家转型的基本条件。在钻深钻透小学数学的基础上，自 20 世纪 80 年代初，他便开始尝试实验新的教育理念：从小学数学尝试教学法到尝试教学法，再到有指导的尝试原则，直到尝试教学理论。

教育实验是教师→教育家转型的催化剂和关键。邱学华与教学实验有着不解之缘，他着手教改实验的时间很早，迄今为止一直在教育实验的园地上辛勤耕耘，他的实验与研究牢牢把握时代的脉搏，紧跟社会发展的步伐，而且越来越走向深入。分析表明，他一生的教改实验活动共经历了五次飞跃：

第一次飞跃：由纯粹的教学试验到教学理论研究、学习的飞跃（1951—1960）。邱学华从埋头于小学数学教学起步，实践中的现实问题促使他不得不进行理论上的思考，最明显的莫过于他发明了"小学数学口算表"。尔后由小学校长到进入华东师大教育系学习，既打下了系统的教学理论基础，又抱定研究小学数学教育的志向。这次飞跃实现了教学理论与实践的有机结合，决定了他的工作方式和研究风范。

第二次飞跃：由教学理论朦胧的指导实践到自觉地运用教学理论主动地进行教学试验的飞跃（1961—1980）。其间，经历了"文化大革命"前五年的潜心探索与十年浩劫的痛苦反思。20 年的漫长岁月，虽经历波折，但从未离开过他执着向往的小学数学教学实践与研究，并积累起丰富的教学经验。他的实践从未离开过理论的指导，但在早期毕竟不是有意识的。"文化大革命"后，当他了解到国外教学理论的飞速发展，尤其是从日本教育考察归来，内心深处为我国与世界在教育、教学方面的差距而焦急万分，立志为中国特色的教学法作出贡献。这促使他从 1979 年开始便重新对 20 世纪 60 年代萌发的"先练后讲"系统试验。其间经历了由只吸收前人经验到走自己的路的痛苦蜕变过程，完成了第二次飞跃。

第三次飞跃：教学实验由点到面、教学研究由萌芽到成熟的飞跃（1980—1991）。尝试教学法的实验由最初的一个班发展到几十万个，应用范围已遍及全国。它已由小学发展到中学、大学，除小学数学外，小学语文、自然、史地、中学数理化等各科也在运用，还有音、体、美也在试用。尝试教学法得到以刘佛年为代表的教育理论家、国家教育部、教育刊物等的认可。尝试教学法的论文已被译为日文、英文、德文等，在国外教育杂志上发表。国内几乎每一本介绍教学方法的书籍都选入尝试教学法。

第四次飞跃：由教学法到教学理论的飞跃（1992—2001）。经过 20 年的实验与研究，尝试教学法升华为尝试教学理论。但是邱学华并没有停止前进，他不断对尝试→探索→创造以及它们之间的关系进行深入探讨，从而使尝试教学理论的研究向纵深发展。

第五次飞跃：由尝试教学理论自身的不断完善向教学理论与教学改革融为一体的飞跃（2001 年至今）。邱学华以开拓进取的精神开始了新一轮的探索，寻找尝试教学理论与基础教育课程及教学改革的结合点，以使新课程理念不断深入人心。这次飞跃的标志是尝试教学理论已成为课程与教学理论的突破口。尝试教学理论和课程改革的教育理念是一致的。例如创造、尝试、合作、猜测这些令人熟悉的新课程改革关键词，早已在二十余年的尝试教学理论探索中处于或生根、发芽，或开花、结果状态。

由此看出，小学数学的教学与研究是邱学华转型的载体与土壤，他以小学数学为依托，以小学数学尝试法为突破口，矢志不移，经历五次飞跃，走出了小学数学教师→学科教育专家→教育家的转型之路。教育家的诞生不是几堂讲课比赛的教学能手，也不是大部头教育专著的出版者，也不是新闻报道中的教育先进工作者，而是脚踏实地地潜心教学与用心思考相结合的产物。

2. 循序渐进、自然达成是转型的规律

大教育家孔子对自己的人生道路这样概括："吾十有五而志于学，三十而立，四十而不惑，五十而知天命，六十而耳顺，七十而从心所欲，不逾矩。"这是孔子晚年对自己一生学习生活的总结，他从 15 岁有志于做学问起，随着岁月的增长，不断取得学习上的进步，最后达到随心所欲都不违背礼法规矩的炉火纯青的境界。这反映了人生的普遍规律。据此透视邱学华的教学、研究与改革生涯，我们可以看到惊人的相似。他 16 岁立志当一名小学教师，萌发了研究小学数学的理想；30 岁已掌握教育理论基本功，并在师大附小取得实验的成功；40 岁时逆境中"偷偷"搞实验，在众人荒废大好时光时他坚持了下来，使自己的实验生根、发芽；而遇到改革开放的春天，他的实验便开花、结果；50 岁时尝试教学法实验受到教育界的关注；60 岁时尝试教学理论又得到教育界的认可；70 岁时适逢新课程改革，他将尝试教学理论的教育理念与操作模式运用于课程改革中，仍显示出勃勃生机。

美国教育学者泽思纳和乔伊斯曾将教师分为五类，即出色的雇员、初级的教授、充分发展的个人、革新者、善于思考的专家。这种划分方法恰是一个教师转型为教育家的从低到高的自然的发展过程。透视邱学华的一生，正好印证了教师成长为教育家的客观必然性。

（1）出色的雇员：属技术型、经验型教师，能够在课堂上规范地教学。邱学华从一当教师开始，就显示出悟性和灵性，具备教学的天赋，他在上大学前高质量地充当了这种角色。

（2）初级的教授：其标志是有良好的知识背景、精深的学术背景。四年系统扎实的华东师大教育科学理论的学习，加之以后孜孜以求的自我学习，塑造了他独特的学科知识与学术研究特色，这是他不断提出新观点的宝贵财富。

（3）充分发展的个人：只有促进个人发展的教师才是最优秀的教师，肯定教师个人的价值观，强调教师的教学个性和教学风格。大学毕业后，他念念不忘小学数学教学，始终钻研教学方法，逐渐形成自己生动形象、化难为易、鼓励探索的教学观，他独创的"先讲解理论、再借班上课"的研讨会模式，成为将教育理论转化为教育实践的一道亮丽的风景线。

（4）革新者：教师要充满朝气和活力，应当通过学生和学校教育的改革来改造

社会。改革开放之后，邱学华即以改革家的身份出现在中国教育界，而且创造了一个又一个改革的奇迹。

（5）善于思考的专家：教师是研究者，教师是思想家，教师不仅要培养学生的认知能力，还要提高学生的思维能力，邱学华凭借扎实的理论功底和长期的教学实践，提出一个又一个改革理念与思路，尤其在古稀之年更有成熟的新思想喷涌而出。

3. 立足创造中国特色的教学理论是转型的生命力所在

教育家都是一定民族的教育家，中国教育家必须面向中国民族的问题，适应中国国情，吸收中国教育理论宝库的精华和教育实践经验的财富。邱学华扎根于一线教育，了解中国的教育现状，提出中国特色的教育理论，从而在中小学教师心目中产生了巨大影响，成为中小学教师心服口服的中国教育家。这集中表现在他倾全力建构的尝试教学理论上面。

（1）尝试教学理论是对中国教学思想的高度概括

尝试思想，自古有之。孔子的"先愤后启，先悱后发"是"先试后导"的最初表现形式。孟子是中国教育史上第一个提出"尝试"的教育家，"我虽不敏，请尝试之"，道出了尝试的普遍性。著名学者胡适明确提出"自古成功在尝试"，他对杜威的五步教学法加以消化、改造，并结合清代某些学者的治学方法，创造性地得出"大胆地假设，小心地求证"的十字思维方法范式，暗示人们要敢于尝试、善于尝试。大教育家陶行知运用历史法分析尝试教学的发展，认为只有以科学的志向敢于尝试才是最高境界的教育法，并主张学生早尝试。当代语文教育大师叶圣陶先生则归纳出一整套行之有效的尝试方法。尝试教学理论浓缩了以上中国教育思想精华。

尝试教学理论吸收了国外先进的教学理论。综观国外教学理论，有关教学过程阶段的提法有几十种观点，相当一部分明确提出以问题作为起点，但名称各异。例如"准备""困难""提出问题""提出目标"等，表明尝试教学理论的合理性；有的提出了"假设""模仿"，说明它们已具有尝试的雏形。但国外教学理论无一用"尝试"作为开端并一以贯之。相对"发现""探索"而言，"尝试"更容易为中国人接受。尝试教学法经反复实验提炼的操作模式，使"发现""探究"已经成为可能，说明尝试理论是有中国特色的。

(2) 尝试教学理论吸取了我国当代教学改革实验的精华

党的十一届三中全会以来，我国的教学实验开展得有声有色，产生了许多有价值的思想与理论。例如魏书生的六步教学法、六课型单元教学法、八字教学法（读读、议议、练练、讲讲四个阶段）、卢仲衡的自学辅导教学法、顾泠沅的"尝试指导、效果回授教学法"等。

这些教改实验中最闪光、最有特色的东西，一是"自学"，二是"尝试"。加强自学环节，有助于培养学生的自学能力；重视尝试过程，可激发学生的创造思维。这说明了尝试教学理论吸取了我国当代教育改革实验的精华，是具有中国特色的。

(3) 尝试教学理论适合中国国情特点

任何教学理论都有特定的适用范围，中国的教学理论必须根植于我国的实际情况。中国是一个农业大国，农民的素质决定中国的未来。实验表明，尝试教学理论在农村中小学有相当大的市场，在落后的教学条件下也能见效。只进行"尖子教育""英才教育"是不切合中国国情的。尝试教学理论特别关注学困生，力求使全体学生都体验成功的欢乐。这显示了邱学华对中国国情特点的本质把握。

诚然，一个教育家必须吸收国内外教学流派的精华，但吸收的目的是创造，是适应国情的再生。邱学华之所以成长为教育家，乃在于他受国外教学理论的启发，从中国的现实出发，提出具有中国特色的教学理论，并且产生较强的实践效果。只有民族的东西才具有世界性，当代文化强调多元文化即尊重差异，没有民族特色的教学理论只能昙花一现，不联系中国现实的所谓的教育家经不起时间的考验和实践的检验。改革开放以来，邱学华的教学改革使千百万中小学教师取得骄人的成绩，他也由此升华出尝试教学理论，都源于他对中国教育实际的了解。所有这些，都给他成长为教育家注入了生命的活力。

4. 立足实践，提出可操作性的教学模式是转型的动力

邱学华所有的理论思考都面向实际，立足实践，在建构教学理论时也不忘找到易于推广操作的模式。作为教育家他的最大特色是能把抽象的理论问题表述得通俗易懂，具有很强的启示性和参考价值。

邱学华没有沉溺于纯粹的理论演绎，而是在实验中逐渐形成一系列可操作性的模式，不仅有基本模式与教学模式，还有独特的推广模式和研讨会模式。这使得教

学理论具有原动力，也成为他转型为教育家的动力。

(1) 基本模式——"先试后导，先练后讲"

"先试后导，先练后讲"是尝试教学理论的核心，它不同于传统教学，且切中其弊端。即使与当前我国流行的典型教学实验相比也有所突破。其他教学实验固然在不同程度上调动了学生的积极性，但是从根本上看，还未脱离传统教学的窠臼。尝试教学法从"试"入手，从"练"开始，通过五步教学程序达到传统教学所未起到的效果，是一种思维方式的转折。既可证明它在很大程度上不同于"传统教学"，也可推断它在教学程序上受到"现代教学"启示。据此我们有理由认为，尝试教学既吸收了传统教学的合理内核，也剔除了杜威所谓现代教学的不当之处。它是对两种教学观点取长补短的结果，但又不是机械地相加，因而也不同于折中的教学观，而是一种崭新的教学观。

尝试教学理论的高明之处在于对现代教学与传统教学的优化。"先试后导，先练后讲"的立足点是"三为主"（以学生为主，以自学为主，以练习为主），这也是现代教学的着眼点。而它之所以切实可行，乃在于"四个作用"的有效发挥。其中"教师的指导作用"与"教科书示范作用"是传统教学所关注的"三中心"之二，但光有这两个作用还远远不够，尝试教学又吸取了现代教学力倡的"学生的主体作用"和"学生间相互作用"。由此看来，尝试教学是对以往教学观合理扬弃的结果。

(2) 教学模式——"出示尝试题→自学课本→尝试练习→学生讨论→教师讲解"

自从教育学产生以来，许多优秀的教育家曾提出闪光的教学思想，构建系统的教学理论，但有许多方面不如意：有的仅停留于纯粹的理论探讨；有的只处于教学理论与教学实践的表层结合；有的运用于实践中，但效果不甚显著；有的则是外国的舶来品，移植到中国须经一番改造……如何尽善尽美地把教育家的理想追求付诸客观实践，就成为每个有心的教育者感到困惑的课题。尝试教学理论不是空洞的抽象说教，它有极强的实用性、可操作性，体现了高度的实践性。

尝试教学模式的高明之处在于，其教学程序的每一步都使学生不断地处于"愤""悱"状态，而且对具体的"愤""悱"采取不同的"启""发"。

第一步，出示尝试题，学生即进入"愤"的心态；出示尝试题后，教师往往问道："老师还没有教，谁会做这道题目？"强化了"愤"的心理。

第二步，学生在"愤"的基础上，通过自学课本"求通"，教师在此阶段提出的思考性问题为"开其意"设置了铺垫。

第三步，通过尝试练习，尝试"求通"；作完练习后，学生进入"悱"的境界，要求弄明白谁对谁错。"愤""悱"过渡自然，且相互交融。

第四步，讨论强化了"悱"的心理，"达其辞"成为学生的一种强烈愿望。

第五步，在"愤""悱"都已具备的条件下，教师对学生进行全面系统的"开其意""达其辞"。

分析表明，尝试教学的五个步骤好似启发教学的一幅画面："愤"的出现→"愤"的强化→"悱"的出现→"悱"的强化→"愤""悱"的解决。即先设法产生"愤""悱"，再及时强化，最后"启""发"。

（3）独具特色的推广模式

提出一个新教学观点，再从理论角度论证，最后构建概念体系和逻辑结构，这并不是一件难事，但如何让它生根、发芽、开花、结果，不是靠几篇（部）论文（专著）能承担的。与以往的教学实验相比，尝试教学的确在理论上使人耳目一新。但更引人注目的是，它经长期实验形成了独具风格的推广模式。当代教学实验的最大难题即推广应用，尝试教学理论的做法值得提倡。它的推广措施是：组织全国各地对尝试教学有兴趣的教育工作者，成立民间性质的全国协作区尝试教学理论研究会，建立专门的实验基地，创立尝试教学网站，印发内部交流资料《尝试教学研究信息》，出版"尝试教学理论研究丛书"等，以指导实验的正规开展。开展一项试验，进行一次教育改革，都需要大量的人力、物力与财力，令人惊奇的是，一项坚持二十余年、具有全国规模的实验与研究，从未向国家要一分钱，这种无私的改革热情与奉献精神真是可嘉。

（4）看得见、摸得着的"研讨会模式"

自1985年以来，尝试教学法研究会先后在常州、太原、湘西、玉溪、南宁、十堰、张家界、济南、广州、宁波等地召开了十二届年会，与会人数逾几万人，提交论文几万篇。每两年一度的年会，都会确定下一阶段的实验重点。为保证实验的科学性，真正做到理论与实践的密切结合，会议邀请国内外知名教育专家结合议题做学术报告，安排有实践经验的代表交流实验体会，聘请优秀实验者亲自上示范课，使与会代表对该教学理论的应用口服心服，缩短了教育理论工作者与实践者之间的距离，也掀起了一场声势浩大的群众性教改实验。另外还分中学、小学、幼儿园、大学分别举行研讨会和教学观摩会。迄今为止，邱学华主持召开的研讨观摩会已达百余次，每次都给人以深刻印象。

5. 始终坚持理论联系实际原则是转型的源泉

（1）不断正视现实问题是尝试教学理论产生的土壤

邱学华的教育活动包括两个方面：教学实践与教学研究，他通过教学将教学实验与教学研究二者融为一体，因而取得一系列成效。著名教育家刘佛年指出："他所以能从一个农村小学教师发展成为知名的小学教育专家，就因为他的研究走的是一条理论联系实际的正确道路。"他首先是一名普通的小学数学教师，是一位教学实践工作者。考察其一生的教育改革实验活动，他力求将自己的研究成果转化为教学改革的具体要求，并内化为中小学教师的自觉行为。他不是为科研而科研，而为了把教育科研成果转化为生产力。通读他的上百篇教育论著，不难发现，他十分擅长将抽象的教学原理转化为可操作性的教学程序。例如：①根据反馈原理，提出"四个当堂"；②根据教育控制论，设计出新授课的"六段式课堂结构"；③为体现课外活动的趣味性，概括出数学课外活动的12种形式；④综合现代教学论思想，创立了尝试教学理论等。以上皆在中小学教师的225心目中产生了较大影响。他的理论研究之出发点总是教学中遇到的实际问题，是中小学教师一直困惑的难题。正像李伯棠先生所评价的："他熟悉小学数学的实际情况以及小学数学教师的甜酸苦辣，因而他的论著一般都是从小学数学教师中遇到的实际问题出发，运用教育学、心理学的有关理论，从理论和实际两个方面加以阐述，做到了理论与实践的高度统一。"在学术著作出版不景气的情况下，他的每一部论著都很畅销，受到教师的欢迎。正因为如此，他的理论研究成果具有强大的生命力。

长期以来，邱学华形成了自己的研究风格，即牢牢扎根于教学实践的宽广大地。当有人问他在研究中应注意哪些问题时，他发自内心地讲："最主要的是理论联系实际，少发空论，多研究实际问题。"这正是他五十余年如一日教学研究的生动写照。他不急于构建教学理论，而以解决实际问题，提高教学质量，增强学生综合素质为己任。邱学华精通各个年龄阶段的教学实践，在此基础上进行的理论研究大多为当时敏感的热点、难点问题，因而提出的观点大都给人以朴实的感觉。他始终以解决教学中存在的现实问题为目的，但从未忘记进行理论反思，而是自觉接受现代教育科学理论的指导。他所进行的教学改革都不是心血来潮，都有明确的教学改革指导思想，因而教学实践长盛不衰，影响较大。他既有专门的理论思考、比较、研究与升华，又有创造性的实践、实验、探求与开拓。其教改活动既不是纯粹的教学实践，也并非单调的逻辑建构。他在从事教学实践时，从未停止过教学理论的研究；同样，他在进行理论探讨时，也从未离开过教学实践岗位。

（2）实践→理论→实践是教学理论不断发展的必由之路

邱学华具有丰富的教学实践经验，他当过小学、中学、大学、师范学校的教师，但从未离开过小学数学的教学岗位。即使外出讲学，也亲自借班上课。他一面投入实验，一面开展相关研究，时刻不忘对实验进行反思。凭借毕业于华东师大教育系的功底，他至今已撰写论文 600 余篇，主编、编著和独著了 200 多本书。仅 1982 年之后，他就公开发表或正式出版专门论述尝试教学的论文（专著）近百篇（部）。经反复试验辛勤构建的理论体系，起到了为正规实验保驾护航的作用。从实验到理论的跃进，尝试教学逐渐在教育工作者的心目中扎下了根。

教学法的价值最终体现在实际效果上，邱学华在实验中生成的"民间模式"为实验的规范化、普及化打下了牢固基础。从试验中来，不断进行理论升华，再进行正规实验，才使教学法具有较强的实践效果。试验是基础，理论是杠杆，实践效果是根本的检验标准。正是走过了这样一条合乎逻辑的发展道路，尝试教学才形成一支可观的实验大军，其中有教育理论工作者、教研员、中小学教师等，在这里，教学理论与教学实践得到有机结合。教学理论者探讨的是实验中出现的问题，教学实践者则在教学理论指导下进行科学实验，又提出新问题。问题→研究→实验→新问题……使教学实验的发展纳入良性循环的轨道。

6. 对教育理论的系统思考是转型的关键

为了创立尝试教学理论，邱学华一方面凭借自身扎实的教育理论功底；一方面在其他教育理论工作者的帮助下对尝试的渊源、尝试在教育史上的地位，尤其是对桑代克的尝试错误说等进行系统研究，从而为尝试教学奠定了坚实的理论基础，他本人也由教师飞跃成教育家。

常州市教育局韩涛局长（左）、丁伟明副局长（右）和邱学华亲切交谈

　　纵观邱学华的成长，他五十年如一日，既系统钻研教育理论，又特别花大力气研究小学数学。他在创造教育、素质教育等研究领域自成一家之言；在数学教学研究方面，他的课堂教学结构理论、批改作业的方法等，给人耳目一新的感觉；在教材研究方面，他的口算与应用题探索颇有独到见解。与一般从事小学数学教学研究的教师不同，他经历过名牌师范大学教育专业的洗礼，接受过许多名师的指点，具备高超的科学研究能力，并构建起独特的理论框架。20 世纪 80 年代后，他在教育理论界遇到了许多志同道合的朋友，如国内有刘佛年校长、顾明远会长、查有梁研究员、唐文中教授、张梅玲教授、朱永新教授、戴汝潜研究员，香港天才教育研究会会长李业富博士等；外国有日本数学教育研究会会长茂木勇教授和片桐重男教授、德国的岗特·雷诺先生等。这些教育界人士从各个领域为尝试教学理论的发展献策献力，提出许多客观的忠告。这是尝试教学理论日趋完善的重要因素，也是影响他成长为教育家的关键因素。

　　7. 崇高的敬业精神，严谨的治学态度和科学的求实作风是转型的主要因素

　　邱学华是一个有强烈的社会责任感的人，这突出表现在他对自己的小学数学教学始终如一：爱业、敬业、精业、勤业。大凡接触过邱学华的人们都有一个共同的感觉：他总是忙忙碌碌，但忙而不乱。他每段工作总围绕一个中心目标，"有计划、有干劲、出成效"是其工作风格。邱学华从踏上讲台的那一天起，就立志当一名好教师。从此以后，不管道路多么曲折，他始终没离开过小学数学教学的第一线。他特别喜欢和孩子们在一起，对学生和教育事业充满深厚感情。只有敬业，才能精业；只有对所从事的事业全身心投入，才能做出成绩。邱学华由小学教师转型为教育家，是几十年如一日教学改革的智慧与汗水的结晶，是其敬业精神结出的丰硕之果。

邱学华的治学态度非常严谨，其教学研究的基本原则是力求精深有用。每一个研究专题，皆执着投入，钻深钻透。为研制我国的第一个口算量表，仅采集样本就达7万余个，涉及全国20个省、市、自治区，花费时间整整跨越了40多年的漫长岁月，经过了方法→理论→量表长期的发展过程。没有严谨的治学态度，缺少一丝不苟的工作作风，量表是不会诞生的。尝试教学的实验与研究是他一生着力最多的工作，由尝试教学法到尝试教学理论，不是生硬拔高，而是在实践中发现问题，研究问题，有一说一，不哗众取宠。尤其对尝试教学在实验中的缺点与问题也直言不讳。为摸清尝试教学法的实验情况，1991年、1996年他先后两次进行大规模的调查、统计、分析，印发了几千张表格，从发信、收信到统计数据，整整干了几个月。"严谨"保证了实验的健康发展，"严谨"使他的教改实验在实践中产生了明显效果，"严谨"是教育家的基本素养所在。

求实精神是邱学华实验的一大特色，他总是捕捉教学实践中的活生生的矛盾，作为他自己的研究、实验课题。其改革实验易于见效的根本原因，就是具有强烈的针对性。他之所以创立尝试教学法，即对传统教学的弊端进行发难。研究表明，他提出的每一个观点、方法都朴实、实在，便于操作，易学好用，具有较强的可接受性。他的论著没有难懂的名词术语，特别适合中小学教师的实践，他不唯书，不唯上，唯实践作为检验真理的标准。

一个真正的教育家必须具备以下条件：一是长期的有成效的教学实践经验；二是有理论指导的、有明确研究方向的、有特色的教学实验；三是具有扎实的理论功底，能够进行经验反思和实验总结；四是发表出版了一系列方向一致的有影响的论著，并得到教育界的认可；五是教学理论在教学实践中得到广泛应用并长盛不衰。这五方面的条件，邱学华都具备了。

邱学华走出了由教师转型为教育家的典型之路：艰辛走过五十余年的教育实践

与教育探索之路，是成长为教育家的源泉；一直钟情于教育改革，不断思考如何调动学生积极性、提高教学质量这一根本问题，是成长为教育家的基础；有明确的研究方向、在尝试之路上尝试构建"尝试教学理论"，是成长为教育家的关键；摸索出一条切实可行的教育理论与教育实践融为一体的模式，致力于中国国情下的教育理论思考，是成长为教育家的生命力所在；不玩花架子，兢兢业业搞脚踏实地的教学实验，创造出形成自我特色的教本研究，是成长为教育家的特色；紧握时代脉搏，笔耕不辍、著作等身，是成长为教育家的亮点；虚心学习的人格气质，通俗易懂的写作风格，平易近人的待人方式，乐观向上的人生追求，精力充沛的身体素质，是成长为教育家的良好品质。以上因素的有机结合，形成了邱学华的风格，也铸就了教育家的品质，它将留给千百万中小学教师无尽的思考。

（苏春景：鲁东大学教育科学学院院长、教授）

（八）对"邱学华现象"的思考

王　坦

今年，尝试教学研究经历了 20 年的风雨历程，全国协作区第十届尝试教学法研讨会即将在济南召开，又正值邱学华先生从教 50 周年，真是三喜临门。这是尝试教学理论界的幸事，也是全国教育界的幸事。

很久以来，我一直在思考一个问题：为什么很多教改实验随着时间的推移逐步消失了，而尝试教学研究却越来越壮大，从一个实验班发展到 70 多万个，实验范围遍及全国，特别值得注意的是，国家没有发过红头文件，又没有拨过一分钱研究经费。教育界有人称之为"邱学华现象"。

我认为"邱学华现象"值得很好地研究，因为在对"邱学华现象"的研究中可以探索出我国教育科学发展的许多有益的东西。

1. 党的十一届三中全会以来，稳定的政治局面，党和政府高度重视教育的大环境，是产生"邱学华现象"的基础。一项教育实验研究能够坚持 20 年，而且长盛不衰，这在过去是不可想象的。

2. 尝试教学研究本身的强大生命力是它不断发展的原动力。环境只是一定的条件，发展主要靠自身。邱学华选择"尝试教学"这个课题，抓住了教育的本质，抓住了素质教育的本质，也抓住了创新教育的本质。同时"尝试教学"又作为一种课堂教学模式，同广大教师的需求休戚相关。这个问题早在12年前，华东师范大学名誉校长、著名教育家刘佛年教授已经指出："尝试教学法问世七八年来，影响已遍及全国，发展之快，规模之大，在过去是很少见的。我想这是因为邱学华同志提倡的这种方法有它的特点：它既吸收了古今中外一些有影响的教学法的积极因素，又符合我国大部分学校当前的教学条件与需要；它既有一定的理论基础，而实践的方法又简便易行，几乎每个小学教师都能掌握，每个学生都能适应；它虽有一个大致的模式，但又反对机械搬用，强调从实际出发灵活运用；它在实践中已显示了巨大的效果，但又实事求是地指出自己的局限性，承认它不是万应如意的灵药。这就使这种教学法具有观点比较全面，实践方法比较灵活的特点，因此也就给它带来了较强的生命力。"现在回过头来看刘老对尝试教学法的评价，真是高瞻远瞩，切入本质。

3. "邱学华现象"也说明了走理论联系实际道路的正确性。邱学华先生毕业于华东师范大学教育系，当过10年大学教师，又是刘佛年的高足，他可以关起门来，查文献，写论文，可是他义无反顾地走上一条理论联系实际的道路。在华东师范大学时，他一边在大学教书，一边到附小搞教育实验；在常州师范时，他一边当校长，一边经常跑到小学给小学生上课。几十年来他始终扎根在教学第一线，他曾说："我深信，教育实践是教育理论的源泉，因而我始终没有离开讲台。我的许多新方法、新思想，都是在教育实践的过程中萌发出来的。"正由于尝试教学理论是从教学实践中产生的，不断完善的，才能易学易用，受到教师的欢迎。

4. "邱学华现象"的产生离不开邱学华本人的学识、意志、才华和人格魅力。一个人能坚持20年的实验研究，本身就是一件难能可贵的事。实验初期受到的讽刺嘲笑，压制打击，他顶住了；推广阶段遇到的重重困难，他克服了。他勇于创新，敢于向传统教学模式挑战，把"先讲后练"改为"先练后讲"，着力于培养学生的尝试精神、探索精神、创造精神；他永远不满足于现状，在教学实践中不断探索，从尝试教学法→尝试指导教学原则→尝试教学理论，不断完善，不断进取。

邱学华的才华是尽人皆知的。他能讲，他的演讲是出名的；他能写一手好文章，条理清晰，通俗易懂；他能给小学生上课，生动活泼，兴趣盎然，这在全国教育理论家中是十分难得的，很多教师就是听了他的课才决定试用尝试教学法的；还有一条，他身体好，精力充沛，天南地北到处奔波，每次研讨会他既要主持会议，又要做学术报告，还要上示范课，站在讲台上，谁都不会相信他已经是 60 多岁的人了。看来这就是一个人的素质。

5. "邱学华现象"的产生也离不开各级教育行政部门、广大教师以及教育理论界的热情支持。尝试教学研究与推广是一项巨大的系统工程。正如邱学华自己说："从尝试教学法到尝试教学理论，凝聚了千千万万人的心血，它是集体智慧的创造，是 10 多年来教学改革的成果，绝非个人力量能够办得到的。"我希望在中国多出几个邱学华，多产生一些"邱学华现象"，正如教育部总督学柳斌先生为《尝试教学理论研究丛书》题词中指出的："深化教改实验，建设有中国特色的教学理论体系。"愿大家为此共同努力。

（王坦：原山东省教科所所长、教授、博导，现任山东省教育厅副厅长）

（九）人生只做一件事

王敏勤

美国的比尔·盖茨在谈到他的成功经验时说：我不比别人聪明多少，我之所以走到了其他人的前面，不过是我认准了一生只做一件事，并且把这件事做得更完美而已。近读《教育家成长丛书——邱学华与尝试教育人生》一书（北京师范大学出版社 2006 年 1 月出版），对这句话有了更深刻的理解——人生如果能做好一件事就不容易，如果每个人一生都能做好一件事，那我们的国家就会人才辈出，大师辈出。

我与邱学华老师相识在 20 世纪 90 年代初期，那时我还是研究生毕业不久的青年教师，他已是闻名全国的教育专家。邱老师今年 72 岁，而研究尝试教学理论已有 40 年的时间，可以说是倾其人生的大部分年华来做一件事，并且把这件事做出了名堂，这就是构建尝试教学理论体系。

1. 一摞著作成就一个教育理论家

中国现代有没有教育家？这是一个争论多年而没有定论的问题。正如《教育家成长丛书》的主编在该书的前言中所说："但有一点可以肯定，中国有大批正在成长中的教育家！"我认为教育家首先应是一个教育理论家，要有区别于别人的独特的教育思想，这种教育思想要有完整的理论体系，要有可供操作的教育教学模式，要有阐述自己教育观点的理论专著。如果从这些方面说，邱学华老师可以说是一个教育理论家。从1978年到现在，邱老师已编著和主编250多本书，平均每年出版八九本，总字数已达3000多万。其工作量之大、著述之多，在众多的中小学教师中很少有人能比。在他的书中，有教育理论专著，有小学数学教学研究，有学生读物，能代表其教育思想的主要是其教育理论专著。例如福建教育出版社出版的《尝试教学法》(1988)，教育科学出版社出版的《尝试教学论》(2005)等。从这些书中可以看出邱老师创立尝试教学理论的轨迹：从尝试教学法到尝试教学理论，再到尝试学习理论。为了系统宣传和总结尝试教学理论，教育科学出版社从1999年开始出版"尝试教学理论丛书"，历经6年时间，先后出版了7本书，构建了比较完整的尝试教学理论体系。邱老师的尝试教学理论是在中国这片土地上土生土长的教育理论，具有首创性的价值。过去多少年，各级各类学校的教学都是"先教后学，先讲后练"；而邱老师在20世纪60年代就提出了尝试教学的思想，"先让学生试一试"，而后又提出了"先试后导，先练后讲"。把传统的教学理念颠倒过来。上课老师不先讲新知识新概念，而是出示尝试题让学生先做，学生不会就自学教材，自己做题，教师再针对学生在自学中存在的问题进行点拨。这些思想在今天看来已基本普及，但邱老师在几十年前就提出并进行实践，确实是一种大胆的创新。

2. 一串数字成就一个教育实践家

我认为一个教育家不仅要有自己的教育理论，更主要的是要在实践中不断验证、总结和完善自己的教育理论。一个只有实践经验而没有自己教育理论的人不能算是教育家，一个只有教育思想而没有深入教育实践的人也不能算是教育家，教育家应该是二者的有机结合。邱学华老师几十年来一直深入教育第一线，他不但作理论讲座，还亲自上课、评课，指导中小学教师上课。从1980年启动尝试教学实验以来，他跑遍了全国31个省市自治区和港澳台地区，为中小学教师做报告和上现场课600多场次，他的实验基地有近2000个，参与实验的老师有六七十万人，参与实验的学生有3000多万。从这一串数字可以看出，邱学华老师近26年来为了研究和推广尝试教学理论，付出了多大的心血和劳动，在当今中国能够像邱老师这样深入实际献身于基础教育的教育理论工作者大有人在，但像邱老师这样几十年来勤耕不辍，有这么广泛而众多的试验基地和实验老师的人却为数不多。

3. 一生追求成就尝试教育人生

邱学华老师大半生的经历可以说是我们这个时代变迁的缩影，他当过小学教师、中学教师、大学教师；当过农民、当过校长，做过专职的教育科研人员。他有过被人欣赏的幸运，也有过被人歧视的落魄，在他的职业生涯中，他最热心的是当一个普通的中小学老师，他最钟情的是基础教育科研工作，他的精力和时间投入最多的是尝试教学理论。我们或许为他没有继续留在高校成为一个大学教授而遗憾，或许为他没有当教科所所长而不理解。实际上，如果他真成了一个大学教授，无非是在教授如云的高校教师名单中又增加了一个邱学华的名字；如果他真成了教科所所长，无非是在他的名片上又增加了一个"干部"的头衔。然而尝试教学理论在中国却只有一个，是独创性的成果。世界上要做的事太多，而人的时间、精力和能力是有限的，如何在这有限的时间内做出成功的事来？比尔·盖茨说得好："如果你想同时坐两把椅子，就会掉到两把椅子之间的地上。我之所以成功，是因为我一生只选定了一把椅子。"邱学华老师的成功也是缘于他只选定了一把椅子，为了专心从事尝试教学的研究和实验，他辞去师范学校的校长，坚持不当教科所所长。这样才有时间进行系统的理论研究和写作，才能有时间跳出常州到全国各地宣讲尝试教学法，指导实验工作。从1980年正式启动尝试教学实验，26年来他一直没有放弃过。正是凭着这种执着的追求，他跑遍了祖国的大江南北，城市乡村，深入实践，指导实验。现在虽然他已72岁高龄，但活动的频率和强度一直没减，他说他的幸福和快乐都在教育实践中，他的一生属于基础教育，他生为尝试教育而来。

人生只做一件事足矣！富可敌国的比尔·盖茨尚且如此，何况我们普通的人。邱老师确实做好了一件事，并且做得轰轰烈烈，他为我们教育理论工作者做出了榜样。

（王敏勤：天津市教科院基础教育研究所所长、教授）

（十）走向世界的尝试教育
赵公明

20世纪后期，我国教育工作者逐步走向自主思考与探索的道路，其中一些特别有思想、有民族责任感的同志开始注重自己的教育教学实验，不少实验持续的时间都很长，适应的范围也不断扩大。但是真正具有民族特色、拥有"知识产权"的教学流派，应该说还是很少。理论和实践表明，在尝试教学法基础上孕育发展起来的尝试教学理论，是具有民族特色、拥有"知识产权"的中国教学流派。它走过了一条合乎逻辑的发展道路；它具有哲学、心理学、教育学的理论基础，并在教学实验中升华为独特的教学理论体系；它作为中国大地上土生土长的教学实验与研究，已经在包括香港、澳门、台湾在内的全国范围内推广应用，并且在国外亦有反响；它推出的教学模式和课堂教学结构具有极强的应用性；它的探索研究与时俱进，不断发展、不断完善，从教学走向教育。客观地讲，尝试教育应该是20世纪后期中国教育的一道风景线。

1. 尝试教学理论在实践中的诞生决定了自身强大的生命力
邱学华自20世纪50年代涉足小学数学教育以来，先后在小学数学的口算、珠算、应用题、标准化考试等研究领域留下深深的足迹。

毫无疑问，厚实的教育专业知识是他从事大规模教育实验的必要条件。在对小学数学教育透彻研究的基础上，自 20 世纪 80 年代初，邱学华便开始实验新的教育理念：从小学数学尝试教学到尝试教学法，从尝试教学法到有指导的尝试原则，直至尝试教学理论和尝试教育理论的探讨。

邱学华着手教学实验的时间很早，并且一直立足于教学实践，与时俱进，课题研究的不断向前发展，取得丰硕的成果。关于尝试教学发展的研究表明，邱学华一生的研究有五次飞跃：

第一次飞跃：由纯粹的教学实验到教学理论研究的飞跃（1951— 1960）。邱学华从埋头于小学数学教学起步，从解决现实教育中的问题入手，不断地进行理论上的思考与探索，最为典型的莫过于他发明了"小学数学口算表"。尔后他担任小学校长让他对教育有了更多的感受和理解，进入华东师范大学学习，则使他打下了系统的教育理论基础，坚定了研究的志向。

第二次飞跃：由教学理论朦胧地指导实践到自觉地运用教学理论主动进行教学实验的飞跃（1961—1980）。其间，有"文化大革命"前五年的潜心探索，也包括"文化大革命"十年的浩劫的痛苦，以及"文化大革命"后的反思。20 年的漫长岁月，虽然历经波折，但邱学华从未放弃自己的追求，执着地进行小学数学教学实验的探讨与研究，并积累了大量的教学经验。在这一阶段，他开始注重理论对实践的指导，尽管早期的意识不是十分强烈，但粉碎"四人帮"后，尤其是从日本教育考察回来后，当他了解到国外教学理论飞速发展的真实情况后，责任感特别强烈，一种让中国走向世界，让民族教育走向辉煌的抱负油然而生。他长期在教育第一线，在教育实践中亲身体验到传统教育，特别是传统教学的弊端带来的苦闷和烦恼，在党的十一届三中全会改革热潮的鼓舞下，邱学华便重新开始对 20 世纪 60 年代萌发的"先练后讲"进行系统实验，完成了第二次飞跃。其标志是 1982 年 11 月在《福建教育》发表的《尝试教学法的实践和理论》，这是教学理论指导教学实践的成功尝试。

第三次飞跃：教学实验由点到面、教育研究由萌芽到成熟的飞跃（1980—1991）。尝试教学法的实验由最初的一个班发展到几十万个，应用范围已经遍及全国。它已经由小学发展到中学，大学也有人开始实验；除小学数学外，小学语文、自然、史地、中学数理化等各科也在运用，甚至在音、体、美学科中也有推广和研究。尝试教学法得到以刘佛年为代表的教育理论家的认可。教育部给予肯定，教育刊物发表了大量相关研究成果，媒体进行了广泛的报道。尝试教学法的论文已经被译为日文、英文、德文等，在国外杂志上发表。

第四次飞跃：由教学法到教学理论的飞跃（1992—1999）。经过20多年的实验研究，尝试教学法升华为尝试教学理论。但是，邱学华没有停止前进，他不断对尝试—探索—创造以及它们之间的关系进行深入探讨，从而使尝试教学理论的研究不断向纵深发展。

第五次飞跃：由教学理论的成熟到全面系统的教育实验的飞跃（2000年至今）。尝试教学实验研究在全国迅速壮大，如此众多的学校和个人参加实验在中国教学实验史上是一大奇迹。尝试教学理论通过国家专家鉴定，得到教育界的广泛认可，把尝试教学实验推向一个更新的高度。

纵观尝试教学理论发展过程，我们不难发现一个事实，尝试教学理论之所以有强大的生命力，是因为它是在实践中诞生的；尝试教学理论之所以能够走出国门，是因为它具有鲜明的本土特色。

2. 尝试教学理论具有鲜明的中华民族特色决定了其世界性走向

尝试教育理论从博大精深的中国教育思想吸取精华，立足于中国教育的现代实际，进行广泛的实践探索，用事实说话，让成果表达。

诚然，尝试教学理论也创造性地吸收借鉴了国外的教学理论。例如布鲁纳的从教学内容出发，提出了"发现学习"；施瓦布从教学方法着眼，倡导"探究学习"。殊途同归，都是强调创造教学的必要性和可能性。邱学华敏锐地抓住"发现""探究"两个环节，大胆引入国内外学者一直潜意识运用而忽视的"尝试"概念。"尝试"的概念，在中国古代已有，通俗易懂，便于大家接受，在实践中反复实验，最后创立尝试教学理论，体现了尝试教学理论鲜明的民族特色。

尝试教学理论形成和发展表明，尝试教学理论具有旺盛的生命力。在中国，没有一种实验能够像尝试教学理论这样拥有广阔的推广市场，全国各地每一角落都有尝试教学实验学校。并且，这种推广是自发的、民间的。其中最为重要的原因就是尝试教学理论本身具有走向世界的旺盛的生命力。

基本模式——"先试后导，先练后讲"是跨越国门的突破

"先试后导，先练后讲"是尝试教学理论的核心，它不同于传统的教学，也不同于以杜威为代表的儿童为中心的教学观，更不是简单的折中，相对于目前世界上各种流派，尝试教学理论独树一帜。它从博大精深的中国教育思想吸取精华，以中国教育中合理尝试思想理论为内核，吸取了传统教学的合理的营养，剔除了杜威现代教学论的不当之处，对折中主义机械加减进行了批判，邱学华老师"上天（进行系统的理论研究）入地（进行大规模实验探索）"，形成了自己崭新的尝试教学理论。

"先试后导，先练后讲"的立足点是"三为主"（以学生为主，以自学为主，以练习为主），重视"七个作用"（学生的主体作用，学生之间的互补作用，教师的指导作用，师生之间的情意作用，课本的示范作用，教学手段的辅助作用，知识的迁移作用），培养"三种精神"（尝试精神，探索精神，创新精神），这样一来，尝试教学法就走出了单纯的教学领地，走进教育空间，形成尝试教育理论体系。

由于尝试教学理论从博大精深的中国教育思想吸取精华，以中国教育中合理尝试思想为内核，具有鲜明的民族性。愈是民族的，愈是世界的。艺术是如此，教育亦是这样。所以，我们说，尝试教学理论具有走向世界的旺盛的生命力。

（江苏省江都市教育局教科室主任、苏州大学高级访问学者）

（十一）邱学华教育思想的精髓

李伯棠

邱学华同志是我国当代著名的小学数学教育专家和教育改革家。他从 16 岁起，就在一所农村小学开始了教学生涯，后以优异的成绩考入华东师范大学教育系继续深造。当时，我正在华东师范大学教育系任教。邱学华同志在校期间刻苦钻研的精神，给我留下深刻的印象。毕业后，他做过大学教师、中学教师、师范教师，其中虽几经波折，历尽坎坷，但他始终坚持小学数学教学法的研究工作。特别是在党的十一届三中全会以后，他的研究热情更加高涨，先后编著和主编了著作 200 多本，发表了论文 500 多篇，达 1000 多万字。其勤奋精神，令人敬佩。

邱学华同志的数学教育思想可以概括成六个方面：第一，培养"一个兴趣"（即调动学生学习积极性，引导学生喜欢学数学）；第二，狠抓"两个基本"（即口算基本训练和应用题基本训练）；第三，体现"三个为主"（即以学生为主，以自学为主，以练习为主）；第四，做到"四个当堂"（即当堂完成作业，当堂校对作业，当堂订正作业，当堂解决问题）；第五，应用"五步教学法"（即尝试教学法）；第六，实施"六段式课堂结构"（即基本训练，导入新课，进行新课，试探练习，课堂作业，课堂小结）。这六个方面形成了一整套系统化、科学化的具有中国特色的小学数学教学新体系。现在把这一整套小学数学教学新体系称之为"邱学华教学法"。我认为邱学华同志是当之无愧的。

邱学华同志教育思想的精髓是什么呢？我认为就是他所创导的尝试教学法。河南师范大学陈梓北教授对尝试教学法的评价是："古为今用，有胜于古；洋为中用，有胜于洋。"这是十分中肯的。

尝试教学法的基本精神，可以用八个字来概括："先学后教，先练后讲。"我国古代教育史上较有价值的教育论著《学记》中说："学然后知不足，教然后知困。知不足，然后能自反也；知困，然后能自强也。"尝试教学法就是在继承了《学记》的这一传统的教学思想基础上发展起来的。邱学华同志认为《学记》的这一教学思想，片面强调学生的主体作用，而忽视了教师的主导作用。他把"学然后知不足，教然后知困"发展为"知不足，然后学；知困，然后教"。这样，就体现了教学过程中学生的主体作用，又体现了教学过程中教师的主导作用，真正做到了"教学相长"。

尝试教学法既有与国外先进的教学理论和经验的相似之处，又有它的独特之处。例如，苏联赞可夫的"教学与发展"的理论，在教学论的原则中，把进行高难度教学作为起决定作用的一条原则。尝试教学法的基本精神则是"先练后讲"。不讲而练，是有一定难度的，需要跳一跳就能摘下果子来，但并不是高不可攀。因为尝试教学法中出示的尝试题，同课本例题的类型、结构基本相同，难度也大致相等。为了使尝试题出示得不太突然，又采用以旧引新的办法，从准备题过渡到尝试题，而准备题是以学生的旧知识为基础的。实际上，准备题对尝试题来说，起了铺垫作用，虽有一定难度，但不是高难度。这是尝试教学法与"教学与发展"理论的一个区别。再如，美国布鲁纳的"发现教学法"，强调学生的个人发现，忽视教师的主导作用和教科书的指导作用。而"尝试教学法"的五个步骤，把教师的主导作用、学生的主体作用、学生之间的相互作用以及教科书的指导作用等有机地结合起来，这是它与布鲁纳的"发现教学法"的显著区别。

那么，"尝试教学法"的理论根据是什么呢？《学记》中说："虽有佳肴，弗食不知其旨也；虽有至道，弗学不知其善也。"毛泽东在《实践论》中也说过，你要知道梨子的滋味，你就得变革梨子，亲口吃一吃。毛泽东强调要亲口吃一吃，这是因为人对事物的认识活动，都必须由认识者本人亲自去进行，别人不能代替。所谓"尝试教学法"，就是在教师的引导下，让学生亲自去感知教材，通过自学，联系旧知识，初步获得新知识，然后转向运用新知识，去解决新问题。这个获得知识、运用知识、解决问题的认识过程，一般是不可能一次完成的，必须经过反复实践（即反复尝试）才能完成。这就是毛泽东所揭示的人对事物的认识活动的规律："实践、认识、再实践、再认识。"在尝试教学法的教学过程中，首先出示尝试题，再指导学生自学课本，然后进行尝试练习，经过学生讨论后，最后由教师针对难点进行讲解。我认为这种"先试后导，先练后讲"的教学方法，让学生的学习过程在教师的主导下的不断尝试中进行，是符合辩证唯物论的认识论的。

现在，邱学华同志创导的尝试教学法，北起黑龙江，南到天涯海角，东起东海之滨，西到帕米尔高原，都已被广泛试用，并开花结果。更可喜的是，这一具有中国特色的教学法已传到国外。这朵新开的鲜花已遍神州，香溢四海，实在令人自豪。

邱学华同志原是一位农村小学教师，长期深入小学实际，从事教学研究。他熟悉小学数学的实际情况以及小学数学教师的甜酸苦辣，因而他的论著一般都是从小学数学教师中遇到的实际问题出发，运用教育学、心理学的有关理论，从理论和实际两个方面加以阐述，做到了理论与实践的高度统一。因而他的论著一问世，不仅受到国内外专家、学者的高度评价，而且受到广大教师的普遍欢迎。

邱学华同志平时除潜心研究数学教学以外，还到全国（除西藏、台湾）29个省、市、自治区作了四百多场学术报告，听众达20多万人。他边做学术报告，边做示范教学。一个知名的小学数学教育专家能亲自借班给小学生上课，非常难能可贵。为什么他的教学理论和方法能很快地被广大教师所接受，我认为这也是一个重要原因。2000多年前，我国著名教育家孔子，周游列国，收弟子3 000，其中只有72贤。而邱学华同志周游列省，传道、授业、解惑，培养骨干，弟子竟达20多万人，其中佼佼者何止万千，真可说是桃李遍天下。

　　我与邱学华同志有师生之谊，他的成长过程，我是亲眼看见的。他今天能成长为小学数学教育专家及教育改革家，真是青出于蓝而胜于蓝，怎不令我高兴呢！

（李伯棠：华东师范大学教授）

（十二）尝试教学理论与尝试教育理论
朱洪秋

　　20世纪70年代末的改革开放，给我国社会主义现代化事业带来了勃勃生机，也给我国教育事业带来了曙光和春天，一批有志于教育实验、教育研究、教育改革的教育实践家应运而生，邱学华先生就是其中的一位典型代表。邱学华先生经过近30年的教育实验研究和实践探索，创立了我国基础教育领域最具有影响力和包容性的尝试教学模式，并逐步升华到尝试教学理论，这是我国基础教育课堂教学改革的巨大财富。

1. 尝试教学理论的突出特点

（1）中国当代持续时间最长的教育实验

　　尝试教学从1960年开始酝酿，1980年开始正式启动实验研究，到现在已经有50多年，可以说是中国当代持续时间最长的教育实验。1956年，邱学华先生考入华东师范大学教育系深造，在如饥似渴的学习过程中，他发现几乎所有中外先进教育思想中都有一个共同的理想，那就是让学生主动学习，反对满堂灌，反对注入式。从华东师大教育系毕业以后，邱学华先生开始在华东师大附小做实验，"让学生先做题，然后教师再讲"；20世纪70年代末，他在常州师范学校办"小学数学教学研究班"，提出"先练后讲"的思想并进行尝试实验；1983年10月，西安"全国小学数学教学研究会"上出现"质疑风波"后，邱先生仍然锲而不舍，坚守他的尝试思想，继续进行他的实验研究；20世纪90年代，邱先生开始进行"尝试教学理论研究"，初步架构起尝试教学的理论框架；进入21世纪，已经年近80的邱先生继续在全国各地进行着他的尝试教学实验。

（2）中国当代影响最广的教学理论

"实践是检验真理的唯一标准。"邱学华先生的尝试教学研究从一开始就扎根于教育教学第一线，并通过其独特的研究方式、培训方式、传播方式，在祖国的大江南北生根、发芽、开花、结果，成为目前中国当代影响最为广泛的教育理论之一。从开始进行实验研究，到举办小学数学教学研究班，到组织全国尝试教学法研讨会；从一个班级实验开始，到一所学校进行实验，到一个地域进行推广；从小学数学实验研究，到小学各科实验研究，再到中学各科实验研究……尝试教学理论已经影响到全国几乎所有的省市自治区，已经有立项课题 2000 多个，研究队伍七八十万人，实验基地 2400 多个。每两年召开一次的尝试教学学术年会已经持续举行了 15 届。

（3）中国当代包容性最强的教学流派

在我国改革开放的大背景下，在基础教育课程改革的推动下，基础教育领域涌现出很多教学改革流派，尝试教学理论以其上位性、包容性、实效性而独树一帜。尝试教学理论以尝试为基本思想，以小学数学尝试教学为切入点，不断向小学各科拓展，不断向基础教育各学段延伸，体现了其强大的生命力和发展性。尝试教学理论以尝试成功说为理论基础，不排斥任何先进、有效的教育思想和流派，广泛包容和吸纳目标教学、分层教学、愉快教学、合作教学、情境教学、活动教学以及计算机辅助教学等教学理论，成为中国当代包容性最强的教学流派。尝试教学理论也因此发展和派生出很多实践性非常强的教学流派、教学模式。

（4）中国当代最具操作性的教学模式

尝试教学理论有独立的教育思想、教育理论基础，更具有其现实有效的教学策略和教学模式。"先学后教"作为尝试教学的核心思想，以程序性教学策略的独特方式彻底改变了传统教学中教师教的方式和学生学的方式，非常具有可操作性。尝试教学理论的操作模式不仅有基本模式、灵活模式，还有整合模式，尝试教学理论认为，教学有模，但无定模，无模之模，乃为至模。这就是尝试教学理论的包容性、灵活性、发展性所必然带来的可操作性和实效性。

2. 尝试教育的理论架构

尝试教育理论是尝试教学理论的拓展和升华，是未来进行尝试教育实验研究和实践探索的理论基础和指导思想。本文试图根据国内外教育教学理论以及教育教学关系理论，初探尝试教育理论体系，并在以后的尝试教育实验研究、尝试教育实践探索、尝试教育总结反思中不断完善和发展。

（1）尝试教育与尝试教学

在教育领域的专业名词中，教育、教学是两个使用频度很高的词语，而且使用的内涵和外延有很大差异，为此，必须首先对这两个名词进行界定。教育是按既定目标对人进行德、智、体、美全面培养的活动过程。教学是教育活动整体的一个部分、一个环节，是对知识、经验、方法、能力的培养过程。教育是教学的上位概念，包含教学的全部内容，对教学有指导作用。

尝试教育和尝试教学是尝试思想运用于教育过程和教学过程后形成的两个专有名词，是尝试教育理论中的两个核心概念。尝试教育是运用尝试思想和策略，按既定目标对人进行德、智、体、美、全面培养的活动过程。尝试教学是尝试教育活动整体的一个部分、一个环节，是运用尝试思想对知识、经验、方法、能力的培养过程。尝试教育是尝试教学的上位概念，包含尝试教学的全部内容，对尝试教学有指导作用。

由于我国学校教育是按照德育和教学两条主线开展教育工作的，所以，本文提出尝试德育的概念，以便与学校工作系统协调适应。尝试德育是指运用尝试教育的理论、思想和策略，开展学生政治、思想、道德、心理、法制教育的过程。尝试德育和尝试教学是学校教育过程中并行且交互作用的两个重要组成部分，尝试德育和尝试教学共同构成学校尝试教育的主体。尝试教育是尝试教学和尝试德育的上位概念，包含尝试教学和尝试德育的全部内容，对尝试教学和尝试德育有指导作用。

（2）尝试教学理论的深化

尝试教学理论应将其在尝试德育论的渗透和向学科尝试教学论的演绎作为进一步的研究重点。

尝试德育论的渗透是在尝试教育理论的指导下进行的，应该在尝试教学过程中继续坚持"先学后教"的教学策略，同时，探索尝试德育论指导下的三维教学目标中情感、态度、价值观目标的有效实现形式，探索尝试教学过程中"合作学习"、"评价激励"、"展示激励"等人本因素介入后的叠加作用，以实现尝试德育和尝试教学的融合。

学科尝试教学论的演绎应该关注尝试教学过程中的学科差异，按照不同学科的学科思想和特点提出不同学科的尝试教学策略。比如"先学后教"在数学学科的具体表达为"先练后讲"，在其他学科有其他的表述。数学学科从尝试练习开始，语文学科可否从尝试阅读或者尝试写作开始，英语学科是否可以从尝试表达和尝试对话开始……依此类推，我们可以提出语文尝试教学、数学尝试教学、外语尝试教学、科学尝试教学、社会尝试教学、艺术尝试教学等学科尝试教学策略。

（3）尝试德育理论架构

尝试德育理论是尝试教学理论向德育领域拓展和升华的产物，尝试德育理论更加关注学生的道德、情感、意志、行为等非智力因素。尝试德育理论是与尝试教学理论并行的理论，但在一定程度对尝试教学理论有指导价值，因而又是比较接近尝试教育理论的偏上位理论。

尝试德育理论的核心思想也应该是"尝试"，"学生能尝试、尝试能成功，成功能创新"。尝试德育的基本策略仍然是"先学后教"，但是，可以根据德育的特点具体表述为"先行后知"，"先做后导"，并作为尝试德育的一个程序性策略。尝试德育应该凸显主体性和实践性。

尝试德育在向尝试教学渗透的同时，也应该像尝试教学向尝试学科教学演绎一样，提出不同德育路径下的尝试德育实施策略，以提高尝试德育的操作性和实效性。比如，我们可以提出尝试学科德育，关注情感、态度、价值观；尝试规范德育，关注行为习惯的养成；尝试班级德育，把班级交给学生；尝试活动德育，给学生多元平台；尝试实践德育，让学生走出校园；尝试主题德育，关注价值的形成；尝试形势德育，做到与时俱进，以上几个方面涵盖了学校德育的主要途径。

(4) 尝试教育理论架构

尝试教育是一个上位于尝试教学、尝试德育，并涵盖尝试学校教育、尝试家庭教育、尝试社会教育的包容性概念。尝试教育理论的核心思想也应该是"尝试"，"学生能尝试，尝试能成功，成功能创新"。尝试教育的基本策略仍然是"先学后教"，但是，可以根据不同教育情境特点具体表述为"先练后讲"、"先学后教""先行后知""先做后导"等。

尝试学校教育主要包括尝试教学和尝试德育，也应该包括尝试体育、尝试美育，尝试学校教育应该坚持"学生为本"的基本指导思想，让学生在教学和德育的方方面面去尝试、去行动。尝试学校教育也应该承担尝试家庭教育指导和关注尝试社会德育的责任。

尝试家庭教育是尝试教育理论在家庭中的延伸和应用。家庭教育应该坚持"生活为本"的基本指导思想，让学生在生活中进行各种尝试。尝试家庭教育应该坚持生活为先、道德为本、关注学业的基本定位，避免唯智论思想。

尝试社会教育是尝试教育理论在社会中的拓展和应用。尝试社会教育应该坚持"环境育人"的基本指导思想，让学生在道德的、丰富的、民主的环境中进行各种尝试。尝试社会教育要坚持主流价值，发挥其对尝试家庭教育和尝试学校教育的引领作用。

(5) 尝试成功理论架构

尝试成功理论是一个上位性理论。成功是尝试教学理论的上位理论，可以升华为尝试德育理论的上位理论，还可以进一步升华为尝试教育理论上位理论。

尝试成功理论认为：第一，学生都有好奇心和求知欲，尝试是学生的本能，是"主体性尝试"，学生愿意尝试；第二，尝试教育中的尝试是基于教师的"有指导的尝试"，是基于学生经验的"迁移性尝试"，是基于同伴互助的"合作性尝试"，因而，学生能尝试，尝试能成功；第三，"成功是自信的源泉，成功是成功之母"。因而，尝试成功能够提升学生的自我效能感，促进学生进入螺旋式的成功金字塔。

(朱洪秋：北京市西城区教育研修学院德育心理部副主任、北京师范大学教育博士)

（十三）尝试教学法与建构导向的数学教学

周筱亭

第一次和邱学华老师见面是在浙江宁波万里国际学校举办的"海峡两岸小学数学教育研讨会"上。对他的最初印象是：一位身体强健、做事积极、勇往直前的长者。后来，同行的台湾高雄市博爱国小洪雪芬老师告诉我，邱老师 70 多岁了，早从学校退休，但是退而不休，而且"事业"越做越大。拜读完《邱学华与尝试教育人生》和其他一些相关的书籍，才知道他自 50 年代从事的"小学数学教学实践与研究"开始，历经 80 年代"由点到面的尝试教学实验、由萌芽到成熟的教学研究"时期，90 年代"由教学法到教学理论"时期，来到了 21 世纪的"由教学理论的成熟到全面系统的教育实验"，整整经过了 30 年的努力。应用范围已扩大到大陆 31 个省、市、自治区，大约有 70 多万教师参与，受教学生达 3000 多万，令人震惊，这是世界上规模最大的教育实验，值得中国人自豪。

就我长期在台湾从事数学课程与教学实验的经验来看，这绝对是一场持久且辛苦的奋战，因为面对的是大规模的老师与学生，一方面要顾及城乡水平的极大差距；一方面又要让老师们有采用此教学法的意愿。学生们能被鼓舞起好奇心与求知欲，主动地学习，提高中小学生的素质，非常不容易。

我觉得邱老师提出的尝试教学和我们在台湾 20 世纪 90 年代提出的建构导向的数学教学主张有许多不谋而合的地方：

1. 尝试教学的理论特征为"先练后讲"。"先让学生试一试"是它的主要精神，先由教师提出问题，学生在旧知识的基础上自学课本和互相讨论。建构导向的数学教学也主张：教师应该提出开放性的问题，引发儿童不同的想法，并对这些想法作进一步的追问与澄清，促使儿童进行深层思考，自己解决问题。当然，由于建构导向的数学课程相信数学知识的学习，是在解题、反省、讨论与修正的过程中逐步形成，因此学生需养成勇于尝试的态度，灵活运用已经习得的数学知识，来解决问题并说明过程。

2. 尝试教学强调"合作互补原则"，利用班级集体的有利条件，在尝试过程中，加强学生之间的互相合作和互相补充，而组织学生讨论则为贯彻互补原则的重要形式。在建构导向的数学教学里也建议：为了让每个学童有充分参与讨论与发表意见的机会，教师可以考虑将 4～6 人编为一个合作学习小组。

3. 尝试教学的"问题新颖原则"提出：问题要能给学生产生耳目一新的感觉，教师需创设尝试情境，让学生解决问题，同时，问题需与学生生活实际联系，难度需适合学生年龄和学习水平，并且尝试问题需以课本内容为依据，在形式上力求新颖。建构导向的数学教学则建议老师可依教科书所规范的单元目标，配合当地环境和儿童的实际生活选择适当而有趣的题材作为教材。

4. 在"尝试教学指导原则"里提出需根据学生年龄特点和学科特点而用不同的做法，由扶到放，由易到难。在小学低中年级，教师应多加辅导，在小学高年级和中学应该逐步放手，让学生独立尝试。建构导向的数学教学也提出：对于低年级的学童，应着重于心理特性，因为学生年龄小，需配合其认知发展程度，老师提出的问题需顾及他们的生活经验与理解程度；对于中年级的学生，除了心理特性之外，还要着重于社会特性，因为学生年龄较大，一个班级有如一个小型社会，可以透过同学之间互动与师生互动来使学生形成数学概念与获得数学知识；高年级的学生，则需要注意其科学性，让学生养成独立学习的习惯与技能，注重学生运用符号（数学语言）进行抽象思考，简化解题的过程。

5. 不论是尝试教学法或是建构导向的数学教学都以学习者为中心，希望能将传统教学的"学生被动地听老师讲，死记硬背"现象转为"主动探索、解决问题"以培养学生的能力。

尝试教学法经过邱学华老师半个世纪的努力，已经经历了萌芽、形成、发展的过程，到达了推广的阶段，获得了广大的回响，就从事数学教育的人看来，这是一个很难能可贵的努力成果。可是，建构导向的数学教学在台湾却推展得不如预期，因为我们发现，理念虽然很好，但是老师们在执行上却产生了各自解读与诠释的差异性，而且这样的教学需要老师不仅对于数学学科知识具有脉络上的了解，还需要针对学生的认知发展层次，采用不同的教学策略，并不容易做到。或许我们需要更多位像邱学华老师一样的执着的人，卷起袖子就能上讲台，又能提出浅显易懂的教学法，让老师们都心服口服地愿意尝试吧！

据了解，台湾屏东师范学院黄金钟教授，1990 年在北京参加国际数学教育大会上认识了邱学华先生，并把他创立的尝试教学法带到台湾，在一些学校开始试用，受到教师的欢迎。高雄市莒光小学陈美莉老师写的经验文章中指出："尝试教学法是一种理想的教学模式。"

我们多次来大陆参加"海峡两岸小学数学教育研讨会"，以尝试教学法为载体，促进两岸在教育上开展交流，互相借鉴，共同研究，为两岸广大的中小学生，谋福祉，求发展。

（周筱亭：台湾教育研究院研究员）

（十四）我认识的邱学华先生和尝试教学法
余荣燊

在内地的小学数学教育专家之中，邱学华先生是我最敬佩的学者。其原因有以下几点。

1. 他从乡村小学教师到教育专家，热爱小学数学，不断研究，不断写作，一共编著了 200 多本著作，实在是惊人的成就。而且每一本新书，一方面强调和坚持一贯的原则；一方面加入新意，改善理论，报道实践效果和发表教育人士的评论。他这种力求完善的精神，最值得我们学习。

2. 他是大师级人物，但他没有架子，诚恳地循向别人学习，还虚心接受批评，改进教学。每次谈及尝试教学法，我所提到的外国的理论和个人的浅见直言，他都认真地跟我讨论，而且接纳一些意见。在佛山举办的研讨会上，他教四年级学生学习《年、月、日》的课题时，曾要求我评课。我本着尝试和学习精神，写了一篇评课的文章，他在四川南充教同一课题时，就接纳了我的小小意见，演讲得更精彩。他还把他的教学设计和我的评课文章，刊登在上海教育出版社出版的《小学数学教师》（2000 年，第一、二期合刊），给其他学者和教师参阅，足见他虚怀若谷。他这种不自满的做学问态度，更值得我们效法。

3. 他退而不休，70 多岁东奔西跑，与各地合作筹办研讨会和教学观摩会，为提高内地小学数学教育而努力。他多次到香港考察访问，为香港教师讲学。他不独

"讲"，而且"做"。每次在各地举行尝试教学法研讨会和教学观摩会，他都身先士卒，披甲上阵，把尝试教学法的精神和方法示范出来，并表演了他的优秀教学技巧，作为老师们学习的榜样。相信很少写教学理论的专家能够同时去尝试自己创立的教学法，设法改进，从而缩短理论和实践之间的距离。他这种结合理论和实践的作风，实在是教育研究工作者的模范，值得大力推广。

1995 年邱学华到香港讲学和师生在一起

　　至于尝试教学法，邱先生在他的著作中介绍尝试教学思想的历史渊源，旁征博引，从古代孔、孟之说到近代学者胡适之与教育家叶圣陶的言论，证明了他创立的尝试教学法是有根据作为基础的。这些研究结果加上他的实际教学和讲学的经验，加之不断改进的精神，因而使他的理论受到广大教师欢迎。

　　近 200 年来，外国对于各种教学法的理论，可归纳为两个主流思想，争持不下。一个重视学生的学习过程，例如布鲁纳等；一个重视学生的学习成果，如盖聂等。尝试教学法则有兼顾二者的优点：引导学生尝试，就是一种良好的学习过程；学生尝试成功，就是获得学习成果。外国教育研究和提倡的教学法，适用于课室大、设备先进、学生人数少的学习环境。理论和实践始终有距离，问题是距离的大小。很多教育理论看起来头头是道，但做起来就困难重重，主要原因是有没有经过实践来改善，有没有配套符合实施的条件。中国很多小学尚未具备上述条件，班级学生人数多，教学设备较差，由中国教育人士从实践中创立的尝试教学法，则比较适用。

德国教育家赫尔巴特倡导的分段教学法，风行全世界。不过，各国教育家又会根据该国情形进行研究和变化，例如，前有苏联凯洛夫建议的五个环节教学，今有中国邱学华先生提出的五段六结构式教学。邱先生"小学数学教育的新体系"强调的"一个兴趣两基本，三个为主四当堂，五步教法六结构"，都有详尽的说明和评论，不用我再分析。不过，无论把教学过程分为多少段，都只是一种作为参考和实验的模式。最重要的是"灵活运用"这四个字，里面包含了很多教学经验和心得，才可以挥洒自如。每一种教学法当然会有它的模式去配合，但拘泥于模式，反而很易流于形式和表面化。香港的活动教学法，就因为有些教师未能把握它的精神和方法，被讥笑为"为活动而活动"。因此，采用尝试教学法的教师，也必须了解和把握这种教学法的精神和方法，按照教材和学生能力而变化。现代的资讯科技一日千里，教学法也必须配合新发展而变动。

邱学华先生提倡的尝试教学法，能够在各地推行，我认为他本身的经验和研究，努力写作和推广，都是成功的要素。他的理论亦综合了中外教育原则，自成体系。他在澳门的演讲，震动了当地的小学数学教育研究工作者和教师，人们纷纷向他请教。可见他的教学理论和方法是多么的深受欢迎。

最后，我们十分欣赏邱先生的"从尝试错误说到尝试成功说"，完全摆脱了桑代克的教育理论的影子。把桑代克的"效果律"和"练习律"吸收为己用，使师生树立信心，相信尝试能够取得成功。因此，我深信邱先生每年在各地举办研讨会和教学观摩会，不断探讨改进，尝试教学理论将来一定会继续发扬光大。

（余荣燊：香港教育学院/澳门大学讲师、香港《现代小学教学》主编）

（十五）尝试教学法与澳门小学数学教学

汪甄南

21世纪将是一个瞬息万变的资讯社会，这个资讯社会也必将会广泛地影响和支配人们的日常工作和生活。在教育层面上来说，新世纪的到来也必将会改变我们今后的学习模式，特别是在教学方法、教育技术、课程发展、教育效能等各个领域将会发生巨大的变化。

1995 年夏，我有幸参加了在天津市召开的全国小学数学教改研讨会，并认识了邱学华老师，同时也初次接触到尝试教学法。对于长期任教数学的我来说，尝试教学法鲜明的观点给我留下了特别深刻的印象，即：尝试教学法始终把学生放在主体地位，而且在各个不同的阶段（如尝试、自学、讨论等）积极发挥学生的主体作用。在尝试教学法的运用过程中，强调教师恰当的主导作用，使师生共同活跃在探索知识的认知过程中。这种教学方法的推广和运用，除了有利于培养学生的创造精神和自学能力之外，更有利于调动学生学习数学的积极性，改变学生害怕学习数学的心理，同时减轻学生的功课负担，使学生从沉重的学业负担中解脱出来。

同时，尝试教学法的实用性、可操作性、科学性以及同样符合澳门小学生数学知识基础的适应性，使我觉得在澳门积极推广尝试教学法，对澳门的小学生学习数学将会带来极为积极的效果。并且对澳门的小学数学教师来说，也将会带来极为积极的教学效果。为此，返澳之后，在我任教的数学教学课程中，开始向学生推介尝试教学法和尝试教学法的有关理论。特别侧重于以下几个方面的内容：

（1）向学生介绍尝试教学法的理论研究及操作实践的有关论文。

（2）在数学课程中，向学生讲授尝试教学法的基本理论和基本操作过程，并在微格教学中向学生建议运用尝试教学法。

（3）向有关学校的校长、主任、教师等介绍尝试教学法的"先试后导""先练后讲"的主要精神，以及与传统教学法的"先教后学"和"先讲后练"之间在教学思想上的本质区别。

尝试教学理论的实质是让学生在尝试中学习，在尝试中成功。这一教学理论也适合澳门的小学数学教学改革。它可以改变澳门传统的教学模式，由教师先讲授，然后学生练习，改变为先由教师提出问题，学生在旧知识的基础上，自学课本和相互讨论，依靠自己的努力，通过尝试练习，去初步解决问题，最后教师根据学生在尝试练习过程中的难点和教材的重点，针对性地进行讲授。这样一种把教师的主导作用和学生的主体作用紧密有机地结合起来的教学方法，对澳门的传统教学方法的改进，起到了积极的促进和推动作用。

澳门的岭南中学和圣保禄中学的小学部有关老师，都在运用尝试教学法进行小学数学教学的实验。老师们的感受是：这种新的教学方法使人耳目一新，尝试教学法也能适合澳门小学生的数学科学习。同时老师们对以下几个方面的体会更为深刻。

（1）尝试教学法极大地调动了学生的学习积极性。一些"惊数"的学生，在尝试活动过程中，经过自己的努力和老师的指导慢慢地克服"害怕数学"的心态，使学习趋于正常。

（2）尝试教学法的运用，老师们感到自己的责任更大了，因而也能更好地发挥其指导作用，而不是放任学生自己去练习，从而加强了老师的备课意识。

（3）充分发挥了"数学课本"的作用，使学生对"数学课本只是在做家课时有用"，变成能主动地对数学课本进行自学。

（4）在尝试过程中，增强了师生之间的情感，学生敢于主动向老师发问，老师也能积极指导不同程度的学生学习。在这种情感互动的情况下，课堂气氛活跃，师生沟通真诚，不知不觉之中，师生共同创设了一个数学学习的良好环境。

邱学华（中）在澳门大学教育学院讲学和余荣燊先生（左）、
李小鹏先生在一起

2000 年 3 月澳门大学教育学院邀请尝试教学理论创始人邱学华亲自到澳门讲学，受到澳门广大教师的欢迎。2000 年 10 月澳门特区政府教育暨青年局派中学教育处长陈宝云、小学教育处长李嘉丽参加在山东省济南市举行的全国协作区第十届尝试教学法研讨会，她们亲身感受到尝试教学法对培养学生的主体精神、创新精神的巨大作用，又容易学习，便于推广。教育暨青年局决定在全澳中小学推广尝试教学法，2001 年 3 月邀请邱学华先生到澳门讲学和培训教师。邱学华先生在澳期间，向全体中小学校长做学术报告，向全体中小学数学教师宣讲尝试教学法并亲自上示范课，又深入课堂进行具体指导。盛况空前，这是迄今为止，澳门教育界规模最大的一次教研活动。预计尝试教学法将会对澳门中小学的教学改革产生不可估量的影响。

（汪甄南：澳门大学教育学院教授　澳门数学教育学会会长）

二、主要媒体报道

　　30 多年来，中国各大报纸如《人民日报》《中国教育报》《光明日报》《教师报》，新华社、中国新闻社都相继做了多次报道，《人民教育》《教育研究》《中国教育学会刊》《课程　教材　教法》《福建教育》《河南教育》《江苏教育》《湖北教育》等各地教育杂志已刊登有关尝试教学研究文章几百篇。特别是《福建教育》杂志从 1982 年起连续 20 多年进行追踪报道，刊登了 100 多篇文章；《中国教育报》也进行 8 次追踪报道，特别是 1994 年 7 月 15 日以头版头条刊登了记者张玉文撰写的长篇报道《邱学华与尝试教学法》，1998 年 9 月 4 日第 3 版以整版介绍"尝试教学法的发展"。《人民日报（海外版）》在 1992 年 5 月 4 日刊载了记者陈琪写的报道《中国历经十年研究和实验，尝试教学法推广已获实绩》向海外广泛作了宣传。《人民教育》（2011 年 13～14 期合刊）以"尝试教学专辑"形式出版，以下列举其中的几篇报道。

（一）《中国教育报》报道
常州等地开展小学数学尝试教学法的实验

　　这种教学方法有利于培养学生自学能力，有利于调动学生积极性，减轻学生课后作业负担。

　　本报讯：尝试教学法是小学数学教学中既有利于培养学生的创造精神，又符合小学教学实际的简便易行方法。这是（1985年）4月18日在江苏省常州市参加小学数学尝试教学法研讨会代表们的共同看法。

　　尝试教学法是江苏省特级教师、常州师范学校副校长邱学华在运用广大教师教学实践经验和吸收国外有关理论和方法的基础上总结出来的。这种方法的主要特点是，让学生在已学过的知识基础上进行尝试练习。教师根据教材内容的内在联系和儿童的心理特点安排教学顺序，其教学过程可归纳为五步：出示尝试题，指导学生自学课本，尝试练习，学生讨论，教师针对难点进行讲解。1982年以来，全国许多学校先后开展了运用尝试教学法的实验，取得了一定的成果。

《中国教育报》1998年9月4日以整版篇幅介绍尝试教学法

　　在小学数学教学中运用尝试教学法，有利于培养学生的自学能力。常州市劳动中路小学教师徐廷春从1981年开展尝试教学法实验，在讲三步应用题时，学生自学课本后做尝试题的正确率，实验班达88.2%，而普通班只有54%。

　　运用尝试教学法有利于调动学生的学习积极性，有利于大面积提高教学质量。这次参加会议的实验教师介绍说，每当课堂上出示尝试题后，学生个个跃跃欲试。

通过讨论，教师能够及时发现问题，有的放矢地进行讲解。

　　尝试教学法减少了教师讲解时间，学生课堂练习增多，减轻了学生课后作业负担。江苏省金湖县农村小学五年级实验班平均每堂课练习 15 道题（除口算题），课后留 20 分钟作业，错误率只有 6%；普通班平均每堂课练习 8 道题，家庭作业近 1 小时，错误率达 15%。

　　这个研讨会是由北京、天津、上海、昆明、常州等地 24 个单位联合发起的。来自 26 个省、市、自治区的 400 多名代表参加了会议。

记者　张玉文

（载《中国教育报》1985 年 4 月 24 日）

（二）《人民日报》（海外版）报道
中国历经十年研究和实验　尝试教学法推广已获实绩

　　被公认为适合中国国情的教学法——尝试教学法历经十年的实验研究和推广应用，已获实绩。其创立者邱学华新近进一步提出了具有中国特色的"尝试成功教学理论"的构想。

　　有着 40 多年教学实践和理论研究经验的邱学华，1980 年创立的尝试教学法以较强的实用性、可操作性而受到中国教育界的关注。10 多年来，尝试教学法的试验和应用已遍及全国 30 个省、市、自治区，应用尝试教学法的教师已达 32 万人，受教学生达 1 500 多万人。

　　尝试教学法提出以尝试为核心的教学模式，一改以往教学中教师"填鸭式"的灌输方式，让学生进行尝试练习，并提出了简便易用的教学程序。大量实验资料表明，以"先练后讲"为基本精神的尝试教学法有利于培养和提高中国学生的探索实践能力和自学能力，符合中国大部分学校目前的教学条件和需要。邱学华所著《尝试教学法》一书 1989 年获全国首届优秀教育理论著作奖、江苏省教育科研成果一等奖，并引起国外教育界瞩目。1986 年，日本学者即将尝试教学法编入《世界有特色的教学法》一书。有关尝试教学法的论文已被译成日、英、德等多种文字。据悉，台湾师范院校数学教育专业已将《尝试教学法》一书列为参考书目。

邱学华日前在第六届尝试教学法研讨会上，系统阐述了其尝试教学理论的构想。来自全国 30 个省、市、自治区的 1 700 多名教育工作者云集常州，探讨这一新的教学理论。

记者 陈 琪

（载《人民日报》海外版 1992 年 5 月 4 日）

（三）新华社电讯稿报道
我国教改尝试教学理论研究与实践获得新突破

全国已有 45 万老师、50 万个班级推行尝试教学法

由"先讲后练"满堂灌式的教学转变为"先练后讲""先试后导"的尝试教学，经过 16 年的教学实践和理论探讨，已经逐步证实并为广大教师所接受，目前我国已有 45 万名老师，50 多万个班级推广应用了尝试教学法，受教学生达 2 000 多万人，取得了显著的学习收效，被称之为具有中国教育特色的新教法，在国内外引起了热烈的反响，并被译成日文、英文、德文，在一些国家得到尝试应用。这是记者从全国教育科学规划领导小组办公室基本理论组最近（10 月 12 日至 15 日）在湖北省十堰市召开的全国教育科学"八五"规划重点研究课题"尝试教学理论的研究"专家鉴定会暨全国协作区第八届尝试教学研讨会上获得的。

尝试教学法是现任中国科学院心理研究所现代小学数学研究中心副主任、中国教育学会数学教育研究发展中心尝试教学理论研究会理事长邱学华教授，从 1980 年开始，博采众长，结合古今教学中的有益经验，按照中国教育的特点，探索出的一种尝试教学法，就是将"先讲后练"的传统教学模式转换成"先练后讲"，让学生在尝试练习的过程中指导学生自学课本、引导学生讨论，然后老师再有针对性地讲解。这样做可使学生在尝试中学习，充分发挥其学习的积极性、主动性，开动脑筋，获得更佳学习效果，提高学生素质。10 多年来，经过大量的教学实践已经证明学生尝试的成功率一般都在 90% 以上。同时，也不断提高了教师的教学水平，易被教师吸收应用。目前，尝试教学法的推广应用已遍及全国各省、市、自治区。宁夏回族自治区有 1/3 的小学教师掌握了尝试教学法。广西壮族自治区灵山县有 1/2 的小学教

师掌握了尝试教学法。湖北省十堰市参与尝试教学实验的学校达 100 余所，实验班 250 多个，形成了一个"以数学科为试点，向其他学科渗透；以小学为试点，向中学渗透；以普教为试点，向职教特教渗透；以城区为试点，向县市渗透"的一个多层次、多学科、普教、职教、特教统筹发展的尝试教学实验网络，受到与会专家老师们的好评。

尝试教学理论，根植于丰富的教学实践。随着尝试教学法的开展，尝试教学理论的研究得到了突破性进展。据全国协作区尝试教学法研讨会统计，10 多年来，全国各大中小学校教师撰写的有关尝试教学的论文、实验报告、经验文章达 4 万余篇。1994 年经国家教育科学规划领导小组批准，被列入全国教育科学"八五"规划重点研究课题，这次经全国教育科学规划领导小组教育基本理论组成员、该课题成果鉴定组组长查有梁教授，华中师大教授姜乐仁、副教授翟天山等专家评审，认为我国目前在尝试教学法理论的研究上有三个方面的新的突破：首先在理论研究上克服了通常的从理论研究到理论，而尝试教学是从实践—认识—再实践—再认识的基础上进行理论的研究，即应用性的理论研究；其二，在教学模式的创新上，根据尝试教学理论的实质和"先练后讲、先试后导"的基本特征，在教学实践中构建了一套"准备练习→出示尝试题→自学课本→尝试练习→学生讨论→教师讲解→第二次尝试练习"的简单易行、操作性比较强的尝试教学模式；其三，在提高教学的质量上，突出了教师在教学思想、方法上的转变，教学科研意识的增强，有助于提高教学水平。同时重视了学生学习的主动性、积极性，有助于提高学生素质，为从应试教育转变到素质教育作了一个很好的尝试。以及在应用范围上有了很大的突破，在全国出现了一个尝试教学推广研究热，全国各地有 106 个子课题配合研究这一主课题。仅在这次会上，全国各地就有 1 800 名老师前来十堰参会，不少教师是自费参会学习。在现场授课、演示交流时，加之十堰市各县自行来的听课老师，会场走廊、主席台周围的空地上都挤满了人，会上书面交流尝试教学论文报告 500 余篇，成为规模空前的一次盛会。国家教委基础教育司给予了充分的肯定："尝试教学法取得了很好的效果，促进了我国各地教法改革的广泛开展。"

记者　袁正洪

（中央人民广播电台 1996 年 10 月 27 日播发，并刊于全国许多报刊）

（四）新华社电讯稿报道

尝试教学正在改变中国传统教学模式

"先练后讲""先试后导"的尝试教学正在中国学校中逐步推广，从而对"先讲后练"的传统教学模式产生巨大的冲击。

中国教育学会尝试教学理论研究会理事长邱学华教授日前在湖南张家界举行的第九届尝试教学法研讨会上宣布，目前中国已有近 50 万名教师、60 万个班级推广应用了尝试教学法，受教学生达 2000 多万人。

这位尝试教学法的创始人说，尝试教学法模式的核心是"先练后讲、尝试中学"。其操作程序是先出尝试题，通过学生自学课本、尝试练习、相互讨论，最后由教师作针对性的讲解，因此它改变了传统教学模式"满堂灌"的做法。

现年 64 岁的邱学华早年是江苏农村一所小学的教师，他发现，传统的教学，教师讲得辛苦，学生听得也辛苦，但课后学生并没有真正掌握多少东西。80 年代初，邱学华在一个小学中班数学课开始进行"让学生先做题，然后教师再讲"的实验，取得了成功。

1985 年 4 月，在邱学华的主持下，国内 24 个教学、科研单位联合在常州举行第一届尝试教学法研讨会。来自全国各地的 400 多位中小学教师参加了这次研讨会，并把这一教学实验带到了全国各地。

常州市劳动中路小学徐廷春老师所教的四年级试验班，试用尝试教学法一年多后，学生自学能力普遍得到提高。学生自学课本做三步应用题尝试题的正确率，试验班达 88％，而普通班只有 54％。江西省于都县的对比试验也发现，应用尝试教学法的试验班学生的自学态度和探索精神都大大超过其他班。"尝试教学理论的研究"课题专家鉴定组组长查有梁教授说，尝试教学法能让学生的主体性和老师的主导性有机地结合在一起，增强教学兴趣，提高师生素质。

邱学华所著《尝试教学法》一书 1989 年获中国首届优秀教育理论著作奖，并引起国际教育界瞩目。从 1986 年起，日本新算数研究会副会长片桐重男教授三次到中国考察尝试教学法，并把这一教学法介绍到日本。有关尝试教学法的论文还被译成日、英、德等多种语言在国外教育杂志上交流。目前，尝试教学法的应用范围已从小学发展到了幼教、中学、大学，并有 100 多个子课题在中国各地配合进行验证性研究。

记者　胡作华

（新华社 1998 年 10 月 14 日向国内外播发）

（五）《人民日报》报道

10、20、50

——关于尝试教学法的数字化速写

前不久的全国协作区第十届尝试教学法研讨会，距 1980 年最初试验整 20 年，又恰逢创始者邱学华从教 50 年，三喜临门。

这三个数字是 10、20、50。也许正是简描邱学华的尝试教学法的恰当语言。50 年前，16 岁的邱学华在慌乱中用故事度过了第一节课，也埋下尝试教学思想的源头——以学生为主，激发兴趣。5 年后，身为校长的他考取华东师范大学教育系。从留系教研起酝酿 20 载，1980 年邱学华针对传统教法弊病开始系统试验——从"先讲后练"到"先练后讲"，成效显著。1982 年，《福建教育》刊出其论文《尝试教学法的实践与理论》，各地相继转载，纷纷开展此教学法。

转首 50 年。如今，当初的一个实验班已发展到 60 多万个；范围遍及大陆、港、澳、台及国外；覆盖中小学及幼儿园各学科；建立起 1 500 多个实验基地；有近 100 个市、县（区）全面推广尝试教学法。华东师范大学名誉校长刘佛年教授指出："（其）发展之快，规模之广，在过去是很少见的。"

孟子曰："我虽不敏，请尝试之。"本次年会上，来自内蒙古自治区阿拉善盟的汇报有力地说明了尝试教学法的成功实践。1984 年内蒙古全区小学毕业会考，该盟阿左旗木仁高勒苏木（乡）塔尔岭嘎查（村）的小学数学平均分为 40.8 分，及格率仅为 37.4%。是年秋至 1996 年秋，教师王旗荣连续对 11 个毕业班进行了尝试教学法的实验教学，结果 11 个班参加阿盟统考最低平均分为 91.4 分，最高平均成绩为

《教师报》（2002 年 3 月 3 日）整版篇幅介绍尝试教学理论

99.7 分，11 个班的总优秀率为 92％。

记者　白　直

（载《人民日报》2000 年 11 月 3 日）

（六）《人民教育》（尝试教学专辑）编者按

在比以往更加关注人才培养模式改革，更加强调创新人才培养的今天，我们推出《"尝试教学"专辑》，是出于一种对未来教育改革发展趋势的价值判断。当前无论是实施素质教育，还是推进新一轮课程改革，说到底都是为了提高教育质量，提高人才培养水平。这就要求我们不断地探索教育规律和人才成长规律。

植根于中国教育土壤，经过 30 年持续的实验、研究与推广，尝试教学首先以其思想、理念的科学性、创新性，成为教学改革中极具生命力的教学理论之一，同时又因其在实践中有比较完备的操作模式，易于教师把尝试的思想运用于课堂，而使其充满实践的魅力。"先学后教"作为尝试教学的核心思想和教学策略，改变着传统教学中教师教的方式和学生学的方式，它将学生推向前台，更加有效、主动地学习，使教学过程成为学生提高学习能力、思维能力、探索能力的过程。

有一种说法，"我们今天缺少的不是理论，而是实践。"尝试教学法创始人邱学华在30年的理论建构中，一天也没有离开过教育实践，这让其理论与实践亲密起来，有了较强的转化力。

本专辑从三个方面对尝试教学的思想、理念、价值和方法进行全方位介绍。第一部分重点在于理论探讨；第二部分展示的是运用尝试教学思想，探索出的各有特色的实践案例；第三部分是区域推进尝试教学实践的经验。

对教育规律的探索是无止境的，尝试教学还在行进中，仍然需要不断完善。推出这个专辑，我们更看重的是尝试教学对于教学方式转变、人才培养模式转变的启示作用。希望更多的学校、教师加入到教育规律、人才成长规律的探索中，实践、创造、总结出更多符合教育教学规律的思想、理念和方法，为提高中小学教育教学质量、提高人才培养水平，作出我们共同的努力。

（《人民教育》2011年第13—14期第18页）

三、教育行政部门的评价

（一）国家教育委员会基础教育司

欣闻"全国协作区第六次尝试教学法研讨会"召开，并且正值邱学华同志从教40周年，谨致热烈祝贺！

尝试教学法在10年来的试验中，取得了很好的效果，目前已广泛应用于小学各学科的教学中，并且试验分布在全国许多省、市、自治区，促进了我国各地教法改革的广泛开展。

我们希望，通过这次研讨会，尝试教学法能够在理论和实践上更加完善和发展。

（1992年4月给全国协作区第六次尝试教学法研讨会的贺信）

欣闻全国协作区第七届尝试教学法研讨会在南宁召开，谨向大会致以衷心的祝贺！向出席大会的各位代表致以诚挚的问候！

尝试教学法自创立以来，历经十几年，得到了迅速的发展，目前全国已有许多地区进行此项教改实验。全国广大教师的实践，为尝试教学法的研究提供了宝贵的经验，在其创立者邱学华老师和广大教育研究工作者的共同努力下，尝试教学研究取得很大进展，尝试成功教学理论的研究不断深入，为我国教学理论的发展做出了贡献。

希望你们继续努力，更加丰富尝试教学理论和实践，为我国教育事业的发展做出新的贡献。

祝大会圆满成功！

（1994 年 7 月给全国协作区第七次尝试教学法研讨会的贺信）

（二）国家教育部总督学　柳　斌

您长期以来坚持不懈地推广尝试教学法，对您在这一领域取得的成果表示祝贺！同时也感谢您 50 年来对教育事业呕心沥血的投入和卓有成效的工作！

希望您进一步研究和完善尝试教学方法，使其进一步适应素质教育和培养创新人才的要求。

（摘自 2000 年 9 月柳斌给全国协作区第十届尝试教学法研讨会的贺信）

1998 年，柳斌亲自为"尝试教学理论研究丛书"题词：

深化教改实验，建设有中国特色的教学理论体系。

深化教改实验，建设有中国特色的教学理论体系。

为尝试教学理论研究　题　柳斌

柳斌先生题词

（三）江苏省教育委员会副主任　周德藩

邱学华同志是从小学教学实践中成长起来的小学数学教育专家，他始终坚持理论联系实际，从未脱离小学教育实践，为提高小学数学教育质量，为提高小学数学教师教育水平，坚持不懈地进行小学数学教学法的研究，致力于推广他创立的"尝试教学法"，并取得明显成效。

我们希望更多的教育专家关心小学教育，研究小学教育中的理论与实践问题，帮助小学教师提高教育水平，从而在小学教师队伍中成长起更多的像邱学华同志这样的教育专家。

（1991 年 3 月为《邱学华小学数学教育文集》题词）

（四）广西壮族自治区教育委员会副主任　潘鸿权

江苏省特级教师邱学华同志，是我国当代著名的小学数学教育家和教育改革家。从 1981 年以来，他先后 9 次来到我区各地讲学，并亲自上示范课，在我区小学教师中有很高的声望。他所创立的尝试教学法已为我区城乡广大小学教师所采用，并取得了很好的效果，促进了全区各地教学改革的广泛开展。

（摘自《小学数学尝试教学法教案范例》序言，

接力出版社，1992 年版）

（五）常州市人民政府市长　杨晓堂

首先，代表常州市人民政府并以我个人名义祝贺您从教 40 周年的丰硕成果，并对您 40 年来为我市小学教育倾注的满腔热情、毕生心血表示崇高的敬意。

40 年来，您辛勤耕耘，埋头钻研，默默奉献，著述几百万，桃李遍神州，对我国基础教育的赤诚之心，可嘉可敬。请接受一个学生对老师的敬礼。

1991 年 10 月

（六）江苏省教育科学研究所

尝试教学实验研究从最初的"尝试"，到今天硕果累累，已走过 20 年探索、创新的历程，邱学华老师在我国改革开放这一新的历史时期，敢于打破传统教学模式，走改革创新之路，并在长期孜孜不倦的探求中，将尝试教学法升华为尝试教学理论，对我国教学改革做出了重大的贡献，是值得庆贺的，也是值得科研工作者学习和发扬光大的！

（2000 年给全国协作区第十届尝试教学法研讨会的贺信）

（七）宁夏回族自治区教育厅教研室

1985 年以来，在区教育厅教研室直接领导下，全自治区有计划地应用和推广尝试教学法，取得令人瞩目的成绩。据不完全统计，目前全区能够运用尝试教学法进行教学的教师有 3017 人，占小学教师总数的 36.9％，有 3542 个实验班，教学质量显著提高。几年来各校共上 1579 节尝试教学法研究课，其中 315 节被评为优质课；总结经验文章 755 篇，其中 228 篇在县以上教学研讨会上发表，43 篇获奖，38 篇在报刊上发表。全区已有 12 个县市先后召开了尝试教学法研讨会。这些数字表明，尝试教学法已在宁夏山川城乡广为传播、生根、开花、结果。

事实充分说明，在师资业务水平尚不太高，一时又难以很快提高的情况下，有计划、有选择地推广这一易学有效、切合实际、比较先进的教学法，是大面积提高课堂教学效率的有效途径。

尝试教学法在我区的广泛推广和应用，其意义远远超过其方法本身，它有力地促进了我区广大教师教育思想的转变，促进了教育理论的学习，促进了教研活动的开展和教材教法的改进，提高了教师的业务水平，使全自治区小学数学教学改革呈现出前所未有的生动活泼的局面。

（八）湖北省十堰市教育委员会

为了促进课堂教学改革，有效地提高教学质量，我市于 1994 年秋开始在城区 6 所中学、6 所小学的 20 多个教学班进行尝试教学法实验。通过一年的实验表明，实验班学生的学习积极性和主动性均比对比班好，学习成绩显著提高，如及格率比对比班高 10 个百分点，优秀率比对比班高 8 个百分点。为使这一先进教学方法在我市得以推广，我市教委于 1995 年 5 月成立了以市教委主任王福海为组长的尝试教学实验推广领导小组，以市教研室书记可传发为组长的尝试教学实验课题组，负责领导和指导全市的尝试教学实验推广工作，并将实施方案及其相关要求以市教委〔1995〕22 号文件下发到各县市区，要求在全市范围内全面推广尝试教学法。到目前为止，全市参与尝试教学实验的学校达 100 余所，实验班 250 多个。通过贯彻实施"以数学科为试点，向其他学科渗透；以小学为试点，向中学渗透；以普教为试点，向职教特教渗透；以城区为试点，向县镇渗透"的推广战略，现已初步形成一个多层次、多学科和普教、职教、特教统筹发展的尝试教学实验网络。

（九）云南省玉溪市教育局

中国并不缺乏先进的教育思想、理念与改革的成功经验和成果，缺乏的是能持之以恒推广应用的行动者，理论与实践有机结合的探索者。

邱学华先生建立的尝试教学开始实验至今，经历了 30 个春秋的艰苦实验研究和推广应用，目前，已形成了国内具有强大影响力的"邱学华尝试教学思想流派"。参与实验研究和推广应用遍及 31 个省、市、自治区以及香港、澳门、台湾地区等，中小学（幼儿园）实验基地 1 500 多个，实验推广教师 50 多万人，接受教学的学生达 3 000 多万人。实验从当初的小学数学，拓展到了小学各个学科，延伸到了中学各个学科以及大学，并渗透到了幼儿教育。尝试教学发展速度之快、影响力度之大、研究成果之丰、教学效果之好，在我国教育教学改革史上是少见的。特别是随着新课程改革的不断深入，尝试教学的发展有了更加广阔的空间，其前景将更加美好。

为什么有许多先进的教育科研成果在推广过程中随着时间推移逐渐衰减甚至消失，而尝试教学实验研究成果在全国的推广应用中能够经久不息、长盛不衰，并正以强大的生命力在新课程改革中发挥着重要的推动作用呢？

究竟是什么力量起到如此大的推动作用？我们通过实践、总结、思考认为：一是邱学华尝试教学思想的先进性、教学认知过程的科学性、课堂教学模式的易操作性能够被广大老师认同和接受，能够在专家的引领下有效内化为广大老师自觉的教学实践行为，产生了良好的教学效果，促进了学生的健康成长和教师的专业发展，这是起着决定作用的"内因";二是建立了行之有效的推广应用尝试教学的长效管理机制,这是起着保障和促进作用的"外因"。两者是互为依存、相互促进、相伴发展的,这是课题研究的价值所在。成果的推广应用既是教育科研的目的,也是教育科研的归宿。是金子就要设法让它发光。具有创新性、实用性和有价值的教育科研成果就是要把它有效地推广应用,转化为现实的"教学生产力",提高教育教学效果。尝试教学就是一项不断发展创新和具有强大生命力的研究成果。

(十)湖南省湘西土家族苗族自治州

我国著名教学法专家邱学华于1982年11月发表的《尝试教学法的实践和理论》一文,在我们湘西自治州的小学数学教师中引起了很大的反响。仅短短两年间,全州303所乡镇中心学校的数学教师,都在不同程度上学会运用尝试教学法进行教学,出现了迅速而大面积地推广的奇迹。

尝试法方法简单,容易学会,适合我州小学数学教师的实际情况。我州共有小学教师1.7万多人,其中45%是没上过师范的民办教师,他们迫切需要掌握一种易于学习的新教法,去取代传统陈腐的注入式教法。而尝试法恰好具备教学程序相对稳定,方法十分简便,易学易用,且能收到良好教学效果的特点。一方面广大教师有学习新教法、改革教学的迫切愿望;另一方面,尝试教学法又恰好适合他们的需要,这样两相结合,便促进了这种教法的推广和应用。

(十一)黑龙江省鸡西市教育局

90年代初,开始关注当代教育家邱学华先生。从尝试教学法到尝试教学理论,再到尝试教学理论。邱学华经过30多年的实践和总结,形成了一整套教育教学理论体系。近几年,鸡西市不仅应用"尝试教学理论"推进课堂教学改革,而且也应用"尝试教育理论"指导德育工作实践。

针对学校德育普遍存在的重说教、轻实践的问题,我们将尝试教育理论引入德育工作中,把加强和改进德育工作的重点放在"创新德育形式,强化尝试养成"上,更加关注学生的道德、意志、行为,强调学生行动,让学生大胆尝试,采取"先行后知","先做后导"策略,在尝试中去养成、去实践、去体验,凸显学校德育的主体性和实践性。

（十二）四川省宜宾市翠屏区教育局

推进课程改革尤其是课堂教学改革，必须有先进的教育理论作指导。为寻找适合我区教育改革发展的理论支撑，我们历时数年，行走大江南北，参加过无数次课改培训。最后，经分析对比我们选择了尝试教学法。

1. 基于邱学华老师的魅力感染

邱学华老师是自学成才的尝试者，从教 60 余年，矢志不渝地投入尝试教学研究，编著和主编著作 278 本，在国内外教育杂志发表文章 600 余篇。而今，虽已是年逾古稀的老人，但仍奔走于全国各地推广运用尝试教育理论，编织着他的教育梦想，不愧为当今教育家。仅 2011 年，他就先后两次到翠屏区开展课堂教学调研和指导。他严谨的治学态度，儒雅的学者气质，简朴的生活作风，和善的待人方式给我们留下了深刻印象。他对于翠屏区的帮助远远不只是课堂教学指导本身，更在于他高尚的人格魅力。

2. 基于尝试教学法的学术感召

尝试教学法不只是一种教学方法，也是一种教育理念，"先试后导、先练后讲"的鲜明特征充分体现了学生的主体地位，有利于大面积提高教学质量，提高全民族的素质；有利于培养学生的创新精神，促进智力发展；有利于提高课堂教学效率，减轻学生课外作业负担；有利于教师教育思想的转变，提高教师素质。它既汲取了中国古代教育思想的精华，又从中国教育的实际出发，为改革人才培养模式，全面实施素质教育提供了鲜活的经验。

它真正能促使学生从被动学习转化成自主学习，真正能落实学生的主体地位。

3. 基于先进学校和地区的经验启迪

无数事实表明，尝试教学法对于各级各类学校都具有很强的适应性，尤其是在改善薄弱学校方面成功的实例更是不胜枚举。我们熟知的洋思中学、杜郎口中学、东庐中学等学校，在运用尝试教学思想推进课堂教学改革中的成功经验都给予了我们深深的启发。区域整体推进尝试教学法，实现教育质量大面积提升的事例也比比皆是。云南省玉溪市 20 年坚持运用、推广和发展尝试教学法，全面提升了区域教育质量，促进了一大批教师在实践探究中不断成长，促进了薄弱学校的转化，探索出了提高民族地区教育质量，促进教育均衡发展的成功之路；湖北省房县推广尝试教学法 15 年，促进了全县中小学教育质量的提高，教育研究和教育科研水平也得到了同步提升，彻底改变了一个国扶贫困县教育发展的落后面貌……

4. 基于均衡发展的现实需要

"十一五"期间，我们通过实施学校标准化建设工程，新增资源向薄弱学校倾斜，优化校长、教师资源配置等措施，基本达到了办学条件均衡。但我们深知，均衡发展是一项长期的艰巨任务和系统工程，在办学条件实现基本均衡以后，怎么样深入下去，最终实现办学水平和效益的均衡是我们一直在思考的问题。我们清楚地认识到，前一阶段我们所做的工作主要是向薄弱学校"输血"，而要持续解决教育均衡发展问题，必须尽快提升薄弱学校自身的"造血"功能。当前，深入推进新课程改革对于所有学校都是一个新课题，对于所有教师也都是一个新起点。因此，采取区域性推进尝试教学法，实现课堂教学的根本性变革，可以把所有学校放在同一起跑线上，原来的强校已没有太大的优势，只要坚持课改，薄弱学校也就有可能成为强校，从而实现每一所学校的科学发展，达到在整体优质前提下的均衡发展。

(十三) 河北省永年县教育局

我县推广"尝试教学法"应从 1994 年开始算起，经历探索、研究、推广三个阶段。至目前为止，全县 450 所小学的教师和部分乡初中数学教师，已初步掌握、运用了尝试教学法。在短短几年的时间里，就在全县范围内大面积地推广。

通过几年的推广、实践，我们收到了明显的教学效果。1998 年初中招生，分数线平均提高了 37 分，1998 年中考优秀生上线率比 1996 年翻了一番，受到了教师、学生、社会的普遍好评。

由于种种原因，进入 21 世纪后，我县推广尝试教学法的工作曾一度中断搁浅。由于没有人抓，很多学校又回到老路上去了，教育质量明显滑坡。

2009 年 9 月，教育局新一届领导班子成立。教育局领导审视了全县课堂教学，教学观念陈旧、教学方法落后、教学效率低下等不尽如人意的现状，着实堪忧。回

想 20 世纪 90 年代永年教育曾经创造的辉煌，"尝试教学法"这个曾经令永年教育人引以为傲和自豪的字眼，再次闪现在教育局领导班子眼前，决定要把尝试教学法重新请回。

2010 年 7 月，阔别 14 年后，邱学华先生再次踏上永年大地，为永年教育人传经送宝、解惑答疑。邱先生执着追求、诲人不倦的布道精神，令我们深深感动和景仰；尝试教学法简便灵活、不容置疑的神奇魅力，令广大教师难捺跃跃心动和神往。教育局发文，要求在全县各学校以尝试教学法为主线全面推进教学改革，博采众家之长，结合我县实际，探索具有永年特色的教学改革模式，目前教育质量已有明显提高。

（十四）山东省泰安市泰山区教育局

泰山区是较早进行尝试教学实验的县区，拥有 16 个实验基地，开展尝试教学成效显著。在省市教科所的支持下，我区于 2001 年、2007 年两次承办尝试教学主题活动，均取得圆满成功。

我区尝试教学研究工作大致经历了三个阶段，第一阶段，理论学习阶段——尝试教学"生根发芽"；第二阶段，试点应用阶段——尝试教学"茁壮成长"；第三阶段，区域推进阶段——尝试教学"枝繁叶茂"。

通过十多年来的研究，我们明白一个道理，在一个区域要持续、有效地推广尝试教学，关键在领导、核心在教师、重点在培训、根基在持之以恒。

（十五）湖南省卢溪县教育局

泸溪县地处湖南省西部，是一个国扶和移民库区贫困县。由于历史和地理的原因，经济欠发达，文化较落后。在这种背景下，如何提高我县的教育教学质量，已成为全县教育工作者共同研究的新课题。为此，我们积极谋求一种适合我县县情的好方法和好途径。1983年，我们终于寻到了尝试教学法。三十年来，由于领导重视，教师青睐，学生喜欢，尝试教学法在我县得到了全面推广，教育教学质量稳步提高，基础教育名列全州前茅。

我县自1983年运用尝试教学法以来，经历了从一个教学班到全县推广，从小学到中学，从数学学科到多门学科的发展历程。现在我县已有尝试基地学校19所，研究课题16个，有会员398人，采用尝试教学的教师1 500多人，使用学科14门，受教学生达23 800多人。

（十六）浙江省武义县教育局

深化课堂教学改革是提升我县教育教学工作品质的重要抓手。课堂教学改革需要的不是概念创新，而是要克服重教轻学的惯性，以教学行为改进的内在意义激发教师的学生意识，从而使课堂教学真正受到学生的欢迎。

近年来我国涌现出众多的教改典型，如洋思中学、杜郎口中学、东庐中学等。这些学校在各自环境下，根据课堂教学规律，探索和总结了较为成熟的教改模式。这些经验虽各有特点，但有许多共同的地方：一抓尝试自学；二抓练习达标。这也正是邱学华尝试教学法的精髓所在。

我县以尝试教学法研究为抓手，以校为本，在借鉴别人经验的基础上，充分认识教学活动变化的内在意义，以形式改革走向实质改革，形成具有学校特色的教学改革实践体系。

（十七）湖南省桑植县教育委员会

我县地处湘西边缘，是贺龙元帅的故乡，也是一个少数民族聚居的经济文化落后的山区。近几年来，我们引进了邱学华同志提出的"尝试教学法"并取得了可喜的成绩。为了大面积地推广"尝试教学法",我们举办了讲习班,邱学华同志牺牲了自己的休息时间,顶着烈日,冒着酷暑,长途跋涉,千里迢迢来到我县,为我县教师义务讲学、上示范课。

邱学华同志在我县讲学期间的一言一行、一举一动,不仅显示了他的博学多才,更重要的是充分体现了他那极其高尚的共产主义情操,用他自己的话来说就是"这次来讲课,一不要讲课金,二不要礼品,三不要宴请,一切从简,为少数民族地区的教育事业尽一分力"!简单而朴实的语言,蕴含着何等崇高的品德!他真不愧是教育战线的"活雷锋",是我们桑植人民学习的楷模。我县全体教师将以邱学华同志为榜样,全心全意地投入教学改革,让"尝试教学法"在我县教育园地里结出累累的硕果。

四、教育理论界评价

(一)华东师范大学名誉校长　刘佛年

尝试教学法问世七八年来,影响已遍及全国,发展之快,规模之广,在过去是很少见的。我想这是因为邱学华同志提倡的这种方法有它的特点:它既吸收了古今中外一些有影响的教学法的积极因素,又符合我国大部分学校当前的教学条件与需要;它既有一定的理论基础,而实践的方法又简便易行,几乎每个小学教师都能掌握,每个学生都能适应;它虽有一个大致的模式,但又反对机械搬用,强调从实际情况出发灵活应用;它在实践中已显示了巨大的效果,但又实事求是地指出自己的局限性,承认它不是万应如意的灵药。这就使这种教学法具有观点比较全面,实践方法比较灵活的特点,因此也就给它带来了较强的生命力。

尝试教学法问世七八年来，已由上海及全国。好处之多，规模之广，在世界上很少见。我型立言认为邱学华同志提倡的这种方法有它的好处：它吸取了古今中外一些有影响的教学法而形成的，既符合我国大部分学校，条件的多数学校条件与而言；它又有一定的理论基础，而实施的方法又简便易行，几乎每个小学教师都能掌握，每个学生都能适应；它虽有一个大致的模式，但又不对机械刻板，强调以实际情况出发，灵活运用；它在实施中已显示了巨大的效果，但又要看到它目前推广阶段的局限性，不认为它不会有应该完善而要者。正视这种教学具有这三大好处，实践就此推广的好处。国内中小学给它带来了新的生命力。

刘佛年

（1988年为《尝试教学法》一书题词）

（二）中国教育学会副会长　朱永新

"中国是一个人口大国、农业大国，农村小学占了绝大部分的比例，大面积、大幅度的关键首先在农村，现代教育家陶行知、梁漱溟、张宇麟等早已认识到这个问题，但真正取得成效的可能首推尝试教学法。""之所以如此，是因为邱学华考虑到农村学校师资水平相对较低、教学设备相对较弱、教学经费相对较少、学生水平参差不齐等特点，使尝试教学法易学易用，'照顾了教师目前的需要'，'几乎每个教师都能掌握，每个学生都能适应'（刘佛年语）。这是尝试教学法的生命所在。"

（摘自朱永新：《中华教育思想研究》一书）

（三）华东师范大学教授　张奠宙

探究、发现是科学家创新的过程。除特殊情形外，学生主要是模仿探究发现，其实也就是"尝试"而已。尝试和探究一样，能够激发学生的思考，体现学生的主体意识，培养学生的创新精神，只是程度不同。然而，对基础教育而言，尝试教学有探究发现教学的同样优点，却比"探究发现"更切实际、更有效率。理由有三：

1. 尝试教学是每个学生都能参与的，探究发现却并非人人都能做到。学生进行尝试，门槛低，心理负担轻，适合基础教育实行。

2. 尝试教学是每堂课都能进行的。尝试可以进行到底，也可以中途停止，机动灵活，自由处置，不像"探究、发现"那样的沉重。也就是说，教学成本较低，可以日常实施。

3. 尝试教学是每个教师都能驾驭的。尝试的本意是"先学后教""先做后说"。尝试之后，还是要教师"讲"和"说"的。教师依然起主导作用，不会出现"放羊式"的混乱，或者因能力不够"无法发现"困境。

这就是说，探究发现教学法，高高在上地处于云端，说得好听却不能落实。尝试教学把创新教育的思想，落实到日常教学，成为中国广大教师喜闻乐见的教学模式，符合中国国情，因而值得珍视。

（四）华中师范大学教授　陈佑清

邱学华老师于 20 世纪 80 年代创造的"尝试教学法"，至今已在我国大范围地推广应用。其产生的影响不仅仅是在小学数学教学实践领域，更为重要的是它对当今课堂教学改革的启示。因为，尝试教学所改革的对象及其体现的教学思想触及了当今我国课堂教学改革的核心主题，并提供了可以借鉴的经验。

尝试教学主要体现了以下几种教学思想：

第一，在价值取向上，强调培养学生大胆尝试、主动探索和解决问题的精神。为此，尝试教学在教学过程的组织上，主张学生通过自己看书、尝试解题、与人交流等活动形式，亲身经历获得知识的过程。另外，在教学过程中，教师首先"出示尝试题"，以明确本堂课教学要实现的主要目标。这种目标呈示的方式与一般课堂教学明显不同，它创造性地以"出示尝试题"代替以概括性的语言描述教学目标。

第二，在教学方式上，突出了学生的探究性学习。尝试教学借鉴了布鲁纳的发现学习思想，重视教师指导下学生的探索发现学习。尝试教学确立的核心原则是"有指导的尝试原则"，即教师不把现成的结论教给学生，而是引导学生先自己去尝试解决问题，在解决问题的过程中获得教材上的知识技能。

第三，在教与学的关系上，实现了先学后教。尝试教学采用的基本教学程序由以下五步构成：（1）出示尝试题；（2）自学课本；（3）尝试练习；（4）学生讨论；（5）教师讲解。"先练后讲"是其基本精神。可见，尝试教学在教与学的先后顺序上，突破了传统教学的"先教后学"的惯例，学生尝试后，教师再有针对性地讲解。这一方面为学生独立主动学习提供了时空条件；另一方面，又为教师实现有针对性的讲解提供了可能。

尝试教学的上述思想正是当今课堂教学改革要突出的。当今课堂教学改革的核心主题是突出学生在课堂教学中的本体地位、主体作用和自主学习方式；改革的主要策略是，通过调整、改变教与学的关系、教与学的方式、教学组织形式等，来落实这一改革主题。尝试教学对于传统课堂教学变革的创新之处就在于，它改变了教与学的关系、教和学的方式。它为当今课堂教学改革核心主题的突破提供了宝贵的经验和借鉴。这说明，诞生于20世纪80年代的尝试教学改革实验确实体现出了它的超前性和先进性。尝试教学的有些精神如"先练后讲"，对于后来的一些教学改革产生了示范和启示效应，如后来洋思中学、杜郎口中学等学校提倡的"先学后教"的改革思路，可能就是对"先练后讲"思想的改造与发挥的结果。

（陈佑清：华中师范大学　教育科学学院教授）

（五）首都师范大学　方运加

邱学华从教60周年了！这意味着什么呢？我们都知道，他可不是平静如水般地走过60年的，他是在中国教育领域中顶风冒雨走了60年；他可不仅是在一个或某个教室的讲台前站了60年的教师，我想不出在咱们中国（包括台湾、香港、澳门地区）哪儿的讲台上没有过他矗立的身影；他可不是手持着出版社出版的课本，教了一辈子书的那种老师，他是创造者，他创造了正在走向世界的尝试教学理论；他可不仅是创造者，他还是践行者、示范者、传播者，是老师们的老师。这些"不是"和"是"聚集于他一身，这使得任何溢美之词都是多余的。在我心中，在最近的30

年中，在中国，邱学华老师是小学数学教师的排头兵，是第一兵。

（方运加：中国教育学会数学教育研究发展中心主任、首都师范大学数学科学院教授　《中小学数学》杂志主编）

（六）哈尔滨师范大学教授　唐文中

"尝试教学法"从我国教学实际出发，吸取了古今中外先进教学方法的长处，为大面积提高教学质量开拓了广阔的实践领域。其特点是"先练后讲""先学后教"，充分肯定与发挥学生学习的主体地位与主动精神，使他们独立获取知识掌握技能，不仅增进了学生知识技能的牢固性，而且锻炼了思想，培养了智能。10多年来，他们的实验已从数学一个学科扩展到语文、理化、常识等多门学科，从小学扩展到中学、大学。在实验与应用范围上已遍及全国30个省、市、自治区。影响广泛，成效显著。这是其他教学方法推广中不多见的。在这里，谨向邱学华同志和参与实验的同志所取得的丰硕成果表示由衷的祝贺。

（摘自唐文中：《祝贺·期望》一文）

（七）中国科学院心理研究所研究员、博导　张梅玲

从出示尝试题到教师讲解这五个步骤来看，尝试教学法最核心的一个问题是它把学生看作一个生动、活泼、积极、自觉的认识主体。这个认识主体是一个在教师指导下发挥主观能动性的探索者，它在不断愉快地探索其认知对象。这也是尝试教学法之所以能在实践中取得成功的一个主要原因。

（摘自张梅玲：《解悟认知与尝试教学法》一文）

（八）华中师范大学教科所教授　姜乐仁

尝试教学法从时代的要求出发，根据我国国情和小学数学教学实际，强调培养学生的探索精神和自学能力，并巧妙地把两者有机地结合起来，指导思想和教学要求明确，一看就能使人明白；基本理论和方法不需过多解释，易为广大教师所接受。任何一种新理论、新方法，它之所以富有生命力，都必须是在实践中产生并在实践中证明是行之有效的，能经受得住种种考验，才能得到发展。尝试教学法是从多年的小学数学教学实践中总结出来的，符合学科特点，并从哲学认识论、教学论、心

理规律等方面得到了论证。

（摘自姜乐仁：《要大力提倡教学法的研究实验》一文）

（九）鲁东大学教育科学学院院长、教授　苏景春

在中国现代教育史上，有两位伟大的教育家得到人们永远的景仰，一位是陶行知，一位是陈鹤琴。他们的共同特点是，先有长期的教育实践，然后才有教育理论建树。因而，他们的教育理论具有创造性，是对中国教育实实在在的贡献。

开始不急于构建理论体系，脚踏实地埋头于教育改革与实验，是名副其实的教育家的相似经历。在此意义上，与其他专家相比，教育家的成功更需要艰辛，更应该淡泊名利。我们欣喜地看到，20 世纪末 21 世纪初，尝试教学理论逐渐在我国的教育理论和实践中占有一席之地，在教育工作者的心目中深深地扎下根。尝试教学理论可谓瓜熟蒂落，水到渠成。它有邱学华 50 年的孜孜以求，全身投入的教育实践沃土，有 20 年如一日的尝试—成功的摸索道路。小学数学尝试教学法→尝试教学法→尝试指导教学原则→尝试教学理论；学生能尝试，尝试能成功，成功能创新。这是理论与实践相结合的结晶，每一阶段都凝聚了邱学华对教育实践的默默追求和教育理论的理性思考。邱学华及其实践给教育工作者以深刻的启示，只有一生痴情于教育改革，深深扎根于教育实践，才能达到成功。

（苏景春给邱学华从教 40 周年的贺信）

（十）杭州师范学院教授　汪刘生

尝试教学论发展到今天，依然生意盎然，生机勃勃，愈来愈具有时代性，这确实是教学论研究发展史上的奇迹，值得每一个教学论研究者思考。

实践是理论的源头活水。尝试教学之所以愈来愈具有时代性，之所以在当今时代能立于不败之地，是因为尝试教学论来之于实践，又服务于实践，在实践中提高，在实践中升华。

（摘自汪刘生：《尝试教学理论和理论价值》一文）

（十一）中央教育科学研究院　研究员　华国栋

尝试教学的过程本身也是一个探究的过程。尝试教学法要求学生敢于尝试、乐于尝试、善于尝试。尝试题就是学生在探究中要解决的问题，而在解决问题过程中学生需要确定解决问题的方案，他们需要学习课本，需要相互切磋讨论，从而提高了他们学习和探究的能力。

所以我认为尝试教学法的本质就是自主与探究。正因为尝试教学法顺应了时代对人才的要求，顺应了时代对教育的要求，它才得以不断发展，不断壮大。当然尝试教学法的成功也与邱学华老师长期以来一直坚持实践—认识—再实践的辩证唯物主义认识论的过程分不开的，从实践中提炼理论，理论又去指导实践，并在实践中接受检验，从而使尝试教学法不断完善。

（十二）《人民教育》总编辑　傅国亮

邱学华先生尝试教学法是较早关注学生自主学习，研究学习的教学法之一，它给予学生终身受益的思维方式，其价值长存，其意义深远，在中国小学教学史上留下浓墨重彩的一笔。

（十三）《课程 教材 教法》编辑室主任　刘启迪

邱学华在尝试教学及研究方面走过 50 年不平凡之路，也收获 50 个春华秋实，成绩斐然，令人敬佩。尤其是您开创了具有中国特色和民族本色的教育理论。本刊能够推广中国自己的教育家的理论成果，是非常有意义的事情！我们希望能更多地拥有像您这样伟大的教育实践家和思想家。这样，中国教育事业必兴，中华民族复兴必成！

（十四）日本国新算数研究会副会长　片桐重男

培养每一个儿童具有能够自己决定应该做的事并能独立解决问题的能力和态度，这是教育的重要目标。

要培养这样的能力和态度，必须让儿童投身诸如此类的行动中去。而教师则必须在他们参与这些行动的过程中给予指导，使他们能够比较自主地决定自己的行动，自主地解决问题。

从这一点看，尝试教学法先让儿童进行思考讨论，然后给予指导，它不失为一种理想的方法。

当儿童兴味盎然地进行学习时，他们对新学内容的掌握也比较好。为了激发儿童兴趣，使他们产生积极的求知欲，必须使他们明确哪些是自己已知的东西，哪些是自己还不知道的，并对任何事物都能问一个为什么。从这一目的来看，尝试教学法先让学生思考和讨论，它同样也可说是一种十分重要的教学法。

（1988 年为《尝试教学法》一书题词）

（十五）德国巴州教育督导、上海市师资培训中心专家　岗特·雷纳

衷心祝贺您 40 周年教学生涯和作为教育家所取得的成功。

我相信，您在未来的岁月里定将为中华人民共和国教育事业的发展继续做出有效的贡献。祝愿您在教育工作中取得成就！

邱学华（右一）陪同德国专家岗特·雷诺先生（右二）考察尝试
教学研究实验基地学校，尔后岗特·雷诺先生亲自推荐尝试教学法
论文在德国教育杂志《教育世界》上发表

（1991 年给邱学华从教 40 周年的贺信）

（十六）美国佛州大学教授　瓦格纳

　　我很荣幸地应邀参加这次尝试学习理论国际研讨会！值此尝试教学实验进行三十年和邱学华先生从教六十年之际，我表示衷心的感谢和热烈的祝福！在这里，我的内心充满敬意！作为美国总统领导下的教育科学基金评审小组三人评审成员之一，我有机会了解世界各地不同教育流派和各种教育实验，看了邱先生尝试教学研究的简介，我反复领略其中精髓，我谈两点感受与各位分享。

1. 创新性

　　不久前，中国刚刚发布了《国家中长期教育改革和发展规划纲要》，里面就鼓励教育教学要创新。尝试教学法的"先学后教""先练后讲"思想将学生推向前台，有利于学生更有效地、主动地学习，有利于教学的创新；在学习理论中，全面、系统地提出和实践尝试教学理论，我还是第一次听到，这本身就是一种创新。

2. 系统性

　　它不是单一的教学行动，而是系统性的教育教学改革过程。它不是单一的、粗浅层次的教学实验，而是有着全面的、较高层次的教学实验，其中的五步教学体现了系统教学的科学思想。

尝试教学理论在中国得到广泛应用，有七八十万名教师，三千多万名学生参与，令人惊讶，这是世界最大规模的教育实验之一。

最后，预祝大会圆满成功！祝福邱先生健康、长寿，继续为世界的教育教学做出更大的贡献！

（瓦格纳：美国佛州大学教授、美国总统领导下的教育科学基金评审小组三人评审人员之一，国际著名智能测量专家。此为瓦格纳在首届尝试学习理论研讨会的讲话稿）

（十七）乌克兰国家教育科学院通讯院士　瓦·哈依鲁莲娜

2009年10月，我和帕甫雷什中学校长瓦·德尔卡契一起，应邀到中国深圳市南山区松坪学校出席了"理论国际研讨会"，了解了尝试教育这项实践的发展过程、主旨思想、操作要义和推广现状，看到了邱先生年届七十高龄仍然如此执着地坚持和发展此项教育实验，看到了深圳市乃至中国广大中小学教师、校长和教育科研工作者如此热心地从事此项研究和实践，我们深深地被打动了，同时我们从内心深处感到：邱学华教授的教育实践和思想与苏霍姆林斯基教育思想是一脉相承的。

首先，邱学华教授五十余年如一日，坚持奋斗在中小学教育实践第一线，即便在教育科学研究所工作也从不离开学校，他像苏霍姆林斯基那样，把"永远不离开学校"看作是自己的崇高职责！他也是那样脚踏实地，敬业有加，乐此不疲，呕心沥血，全身心地通过尝试教育这项研究，为广大中小学生的健康成长和全面发展贡献自我。正如苏霍姆林斯基所言："教学和教育的技巧和艺术就在于，要使每个儿童的力量和可能性都发挥出来。"邱学华教授的事迹，我们认为就是苏霍姆林斯基大力提倡的"我把心灵献给孩子"的思想之典范！

其次，邱学华教授写的书，深受广大中小学第一线教师和校长的欢迎，这说明他同苏霍姆林斯基亲力亲为的"教育科学理论通俗化和大众化"的思想是一致的，当今，我们独联体的教育理论界仍然存在着一种不良倾向，这就是学者们热衷于关在书房里，写出那种脱离实际又晦涩费解的著述，他们瞧不起实践第一线的教师和校长，还装腔作势吓人。这种作风恰恰是苏霍姆林斯基竭力反对的，深恶痛绝的。我们正在以苏霍姆林斯基教育思想为武器，同这种不良倾向作斗争。邱学华教授的研究方法和风格是正确的，所以他受欢迎，所以他能成功！

（瓦·哈依鲁莲娜：乌克兰国家教育科学院通讯院士、基辅市苏霍姆林斯实验学校校长此为瓦·哈依鲁莲娜在首届尝试教学理论国际研讨会的讲话）

（十八）澳大利亚南澳洲教育厅课程开发中心　约翰·特纳

最近我很高兴地拜读了一篇论文：《尝试学习的原理、策略和实践》，作者邱学华先生已经站在中国教育的前沿，并正在促进中国的教学改革。在我看来，在哲学理念上他的主张与澳大利亚正在进行的教育改革的理念是相关联的。

在他的文章中，以他研究和实践了30年的尝试教学理论为基础，为教育改革提出了强烈充分的理由。他批评"说和听"模式，这在历史上曾经同是东西方文化教育的顽固势力，也是我们大多数人都经历过的。那里"粉笔加讲课"被广泛地运用着。当然"粉笔加讲课"是澳大利亚的表述，来描述课堂上老师一直讲课并在黑板上写下重点，而学生们只是听课并抄写所有重点。

邱先生提倡这样一种学习环境，老师鼓励学生通过尝试和体验成功来学习。尝试学习展望了一个教育权利从老师向学生的转移。学生在学习过程中被给予了更多的责任，这也就影响了他们的学习，促使他们达到成功。

我认为邱先生或许在语义上把西方的"尝试与错误"和中国的"尝试与成功"进行了划分。然而这两者关键词都是"尝试"，而两种途径的目的都是学生能够通过尝试而成功。但是错误也是强有力的学习事件，学生从错误中学习，就如同他们从成功中学习一样，同时他们能够重新聚焦，建立新的想法并走向成功。

（约翰·特纳：原澳大利亚南澳州教育厅课程开发中心主任、现任浙江省宁波市国际学校校长。此为约翰·特纳在首届尝试学习理论国际研讨会上的讲话。）

（十九）全国教育科学"八五"规划重点研究课题

《尝试教学理论研究》专家鉴定意见

由特级教师邱学华牵头的"八五"全国教育科学规划重点研究课题："尝试教学理论研究"，从 1992 年 4 月起，到 1996 年 10 月，已完成课题总报告《尝试教学理论研究与实践》及系列成果：《尝试教学理论研究》，1994 年；《尝试教学法》，1995年；《尝试·成功·发展》，1996 年。鉴定组的三位成员姜乐仁教授、翟天山副教授、查有梁研究员一起参加了"全国协作区第八届尝试教学法研讨会"，评审了报告和系列成果，听了 7 节尝试教学法的观摩课，并综合了鉴定组戴汝潜研究员和朱永新教授的书面鉴定意见。鉴定组的意见如下：

尝试教学理论提出一个基本观点："学生能在尝试中学习，而且能成功"。

基本方法是："先试后导，先练后讲"。基本模式是：出尝试题→自学课本→尝试练习→学生讨论→教师讲解，此外还有四个变式。

教学原则是：（1）尝试指导原则，（2）即时矫正原则，（3）问题新颖原则，（4）准备铺垫原则，（5）合作互补原则，（6）民主和谐原则。

提出"尝试成功的因素"是：（1）学生的主体作用，（2）教师的主导作用，（3）课本的示范作用，（4）知识的迁移作用，（5）学生之间的互补作用，（6）师生之间的情意作用，（7）教学手段的辅助作用。

——尝试教学理论，重视从古今中外的一些有影响的教学法中吸取积极因素，又重视密切结合我国大部分学校当前的实际条件和需要，易于为广大教师所理解和掌握。孔子提倡启发式，主张"不愤不启，不悱不发"，即是"先愤后启，先悱后发"。这就是"先试后导"。孟子主张"我虽不敏，请尝试之"。《学记》提倡："力不能问，然后语之。"这也是"先试后导""先练后讲"。可以说，尝试教学理论，主要是在中国古代优秀的教学思想基础上升华出的现代教学理论。

——尝试教学理论，对于克服一味"满堂灌"和单纯"注入式"的弊端，很有效。它强调要让学生"尝试"，在"尝试"中学习，有指导地"尝试"，力求取得成功。这就为发挥学生的主体性和教师的主导性找到了一种切实可靠的途径和方法。

——尝试教学理论，对于提高教师的科研意识，从而改进教学方法，提高教学质量，成效显著。要让学生尝试，教师必先尝试，要让学生尝试成功，教师必须充分准备。这就大大促进教师去研究学生实际、钻研教材内容、设计辅助手段，充分发挥尝试成功的各种因素。这就有利于教师转变教育思想，提高教师素质。

——尝试教学理论，能促进学生的探索精神、创造精神，提高学生学习的积极性。有效地实施尝试教学，能减轻学生负担，增强学习兴趣，提高学习质量，已有大量的教学实验证明这一方法的有效性和可靠性。

——尝试教学理论，从实践到理论已经历了15年的实践检验。开始从小学数学教学领域取得成功，现已逐渐发展到小学的其他学科和中学的学科教学。实践证明，尝试教学法是一种"兼容性"较强的教学方法，它同"目标教学法""问题教学法""自学教学法""协同教学法""愉快教学法""成功教学法""读启教学法"等是相容的、互补的。因此，尝试教学法普适性强，已成为基础教育的重要教学方法之一，值得推广。

——尝试教学理论，在研究和推广过程中重视以教学示范和案例作为引导，简单易行，能让广大小学教师较迅速地掌握要点，因而得到相当快的普及。经8次全国性的协作研讨会，为广大教师提供了交流的机会，发动了广大教师一起研讨尝试教学，从广大教师中来，又回到广大教师中去。这就为教育科研成果的推广找到一条行之有效的捷径。

尝试教学理论，今后需要在教学实践、模式构建、理论研究上继续深化，进一步从理论上研究尝试教学法的"认识论""条件论""模式论""技术论""艺术论""方法论""比较论""评价论"。在理论研究中应强调构建模式，特别是构建针对不同学科的子模式；同时，又要强调超越模式，即是要灵活应用多种教学模式，使尝试教学理论更加丰富，在实践基础上得到更大发展。

总的说来，我们认为"尝试教学理论研究"这一课题的成果，为基础教育的学科教学改革做出了重要贡献，实际效果显著；它为建立有中国特色的教学理论做出了卓有成效的新尝试。

五、教育实践工作者评价

（一）全国劳动模范、辽宁省特级教师　魏书生

每位学生都潜藏着巨大的自学能力，尝试教学法是开发学生潜能的有效工具，20 年来已取得累累硕果。衷心祝愿参加实验的老师们，更上一层楼使越来越多的学生意识到心灵世界的无限广阔，从而扶植起一个主动进取、乐学会学的自我，为 21 世纪的祖国多做实实在在的事情。

（2000 年给全国第十届尝试教学法研讨会的贺信）

（二）全国劳动模范、北京市特级教师　马芯兰

您从教的 40 年，是执着追求、努力奋进的 40 年。您为了探索小学数学的新方法，推进小学数学的教学改革，提高小学数学的教学质量，40 年如一日，不辞辛苦，不怕困难，坚持不懈，忘我奋斗。功夫不负有心人。您 40 年不停地追求和奋斗，终于获得了累累硕果，取得了卓著的成绩。

（1991 年给邱学华从教 40 周年的贺信）

（三）江苏省泰兴市洋思中学校长　秦培元

洋思中学从小到大，由弱而强，由经验型学校向理论型学校转变，无不浸透着您邱老先生的关注、关心、关怀。多少次您为我校作教育教学讲座，多少次您为我校规划发展蓝图，多少次您为我校总结教学经验……洋思的每一点进步、每一次发展无不凝聚着您的心血。您未在洋思工作一天，却始终把自己看做一个洋思人，无时无刻不在用心指导着洋思，洋思的成长与发展是您精心培育的结果。

邱老先生，您经常讲，洋思是中国的洋思，洋思创造了国际教育史上的奇迹，有责任保护好洋思，发展好洋思，宣传好洋思。所以，您将您的尝试教学法与洋思

的"先学后教，当堂训练"教学模式有机融合，使洋思教学模式更加科学，更为领先；您在多种场合，做洋思的义务宣传员，宣讲洋思，总结洋思，让洋思经验更好地走向全国，走向世界。

（给邱学华从教 60 周年的贺信）

（四）山东省茌平县杜郎口中学校长　崔其升

邱先生"一生为尝试"而来，情系教育，不辞辛苦；笔耕不辍，著书等身，自成中国著名教育流派，深深影响了中国的教育，推动了中国教育的发展，是教育的"光明使者"，当之无愧的教育家。

我先学习了尝试教学理论，然后有幸结识了邱先生，您欣然同意我们的邀请担任杜郎口中学教学总顾问。我们把您的尝试教学理论作为我校"三三六"自主学习模式的重要理论基础之一，也因此使杜郎口中学的课堂发生了彻底的变化，焕发出勃勃生机，在中国教育界刮起了"杜郎口旋风"，迄今为止，前来杜郎口中学参观学习者包括美国、澳大利亚、瑞典、加拿大等以及国内教育同仁达 50 万人次。尝试教育理论强调"先试后导，先练后讲，先学后教"真正发挥了学生的主体性，培养了学生的探索精神，培养了学生的自学能力，发展了学生的智力，从而使学生学得有趣、有得、有效，是提高课堂效率的好方法，符合教学规律和认知规律，具有普遍的指导意义，推广性极强，可学、可取、可用。

我坚信：邱先生的"尝试教育理论"必将对素质教育改革向纵深发展起着越来越大的不可低估的作用。

（给邱学华从教 60 周年的贺信）

（五）湖南省吉首市教师进修学校　王本慈（土家族）

几乎每天在全国各地都有举行各式各样的学术研讨会，可是 10 月 26－27 日在湖南省吉首市举行的全国协作区第十一届尝试教学法研讨会却与众不同。除了有高水平的专家报告和特级教师观摩课外，还突出了教育扶贫。

邱学华老师已四次到过吉首，他的报告和观摩课每一次都产生极大的反响。几乎每一位教师都知道邱学华和尝试教学法。他对湘西贫困山区的教育一直关心支持，经常赠送教育图书和学生读物。邱学华为了教育扶贫，精心安排了这次研讨会。

大会邀请的专家和特级教师一律义务讲学，住普通客房，不宴请，不收礼。在会议期间组织沿海地区学校和湘西山区学校一帮一结成友好学校，互帮互学。在会上，邱学华和许多专家教师纷纷捐款扶贫。所有捐资集中帮助一所学校——山区苗族三岔坪小学，购买课桌椅送到学校，使300多名苗族孩子都坐上崭新的课桌椅。

26日晚上，三岔坪村的父老乡亲们举行简单隆重的篝火联欢会，用苗族热情和纯朴的山歌和舞蹈来表达他们的感激之情。来自全国各地的代表和他们围着篝火一起跳起苗族接龙舞。此情此景是任何一次学术研讨会所看不到的。

邱学华创立的尝试教学理论使千千万万师生受益，他通过学术研讨会进行教育扶贫，使贫困山区师生实实在在得到帮助，这是邱学华的一种尝试创新的办法。现在有些人利用学术研讨会搞创收，在学术研究中搞不正之风，应该从这里得到启示。

（六）四川省宜宾市翠屏区教培中心主任　唐元毅

1. 尝试教育理论是以我国著名教育家邱学华为代表的千千万中国教师历经数十年精心的探索和艰苦的实践而创造出来的具有很强操作性的一种教学方法，是一种具有中国特色的教学理论。

2. 尝试教育理论的探索和实践之所以几十年经久不衰，是因为它抓住了学习的本质，即学习是学习者的一种主动探究过程，它是一种科学的学习理论，它顺应了当今时代对创新人才培养的需求。

3. 尝试教育理论以尊重主体的学习地位，以满足学习主体的"需要——创造"的意愿为出发点和归宿，具有重要的现实意义和无限的生命力。

4. 尝试教育理论遵循了学生的认知活动是在已有经验基础上逐步"同化"与"顺应"的教育心理学原理。尝试教育思想是贯穿中国经典教育思想的一条鲜明的红线，尝试教育理论的核心是"学生能尝试，尝试能成功，成功能创新"。

5. 尝试教育理论体现了"知识可传授，能力只有通过训练"的道理，尝试过程本身就是训练，学生的自学能力、表达能力、思维能力能够得到良好的培养和训练，尝试教育从而成为了一种能力培养方法。

6. 尝试教育理论以倡导学生自主学习为主，把课堂还给学生，把时间还给学生，把学习的主动权还给学生，让学生成为课堂教学的真正主人，为实施素质教育、推进新课程改革提供了具有操作性的课堂教学的成功范式。

（七）西藏自治区拉萨市教研所副所长　尼玛（藏族）

20 世纪 80 年代以来，西藏的教育事业得到了迅速发展，特别是拉萨市全面普及了六年义务教育，相继又实现了普九目标。学校办学条件逐步得到了改善，教师队伍的学历层次也逐步发生了结构性的变化。教师也越来越关心、重视自身的专业发展，新的教学方法、新的教学模式得到了很多学校和很多老师的青睐。特别是 1992 年，尝试教学法的创立人邱学华老师应邀来到雪域高原古城拉萨，举办了小学数学教法讲习班，首次在拉萨推广了尝试教学法。在西藏引进先进的教学方法起到了里程碑的作用。

当时，邱老师不仅进行了生动的理论讲座，还亲自运用尝试教学法给藏族学生上了几堂非常精彩而且具有启发性的观摩课。活跃的课堂气氛、融洽的师生关系、不一样的教学环节、充分的自主学习空间……给师生带来了震撼，学生积极主动、兴趣盎然，教师大开眼界、深受启发。大家对尝试教学法产生了极大的兴趣，对课堂教学改革充满了期待。通过短期的培训，通过理论和实践的有机结合，参加培训的教师们基本了解了尝试教学法的重要意义、基本精神和基本结构。随后以点带面，使尝试教学法在拉萨市广大小学数学教师中得到了广泛的传播。

（八）广东省深圳市南山区松坪学校校长　罗楚春

很遗憾，我们在对以往教育的自省与反思中发现：课堂教学始终没有从根本上改变。我们的每一次改革的探索，每一次课题的研究，虽然都把课堂教学当作其中的核心变量进行研究，但结果却总是不尽如人意。长期以来我们所期待的课堂教学应有的生机与活力仍然迟迟不能激发出来，学生在课堂中的生命活力总是得不到释放，课堂的面目依然是似曾相识，甚至千篇一律，那么，问题出在哪里？我们感到迷茫，我们一直在思考。

我们从洋思中学、杜郎口中学等课改典型的成功经验了解到，这些学校之所以有所突破，都是源于邱学华先生所创导的"先练后讲，先学后练"的尝试教学思想。因此，我们千方百计寻找邱学华先生来我校讲学。

邱学华讲学，说理透彻，通俗易懂。他说：课堂教学以学生为主，已经喊了几十年了，为什么还是"主"不起来，毛病就出在"先讲后练、先教后学"的传统教学模式。设想一下，教师讲、学生听，教师问、学生答，已经把学生定位在被动的位置上，他们怎样能主动呢？根本的办法应该把"先讲后练，先教后学"改成"先练后讲，先学后教"。正是他的这席话使我们恍然大悟，茅塞顿开。

笔者近30年的研究和思考，使我深切的体会到，传统"先讲后练，先教后学"的课堂教学模式不能完成实施素质教育的任务。只有改革并重建新的课堂教学模式，才能从根本上提高学生素质，这也是我们重建课堂教学模式的出发点和归宿。

（九）黑龙江省鸡西市园丁小学校长　王春梅

几年来，园丁小学大胆进行课堂教学改革，以尝试教学法为思想引领，以提高教学质量为中心，以学生发展和教师发展为根本；立足高效教学模式的探索，立足校本教研的创新，立足学生学习能力的培养，探索出符合我校校情、生情的"五段课堂教学模式"，真正实现课堂教学从有效向高效的转变。

根据"先练后讲，先学后教"的尝试教学思想，我们试用"五段课堂教学模式"：

第一段：出示目标，以标激趣；第二段：自主学习、以学解标；第三段：展示交流、以展化标；第四段：点评提升、以评验标；第五段：检测验收、以测达标。

"五段"尝试课堂教学模式彰显四个带进课堂：把"自主"带进课堂，让学生成为学习的主人；把"合作"带进课堂，让学生学会学习；把"展示"带进课堂，让每个学生都有成功的体验；把"创新"带进课堂，让学生学会创造。

（十）北京市朝阳区陈经纶中学　李升华

尝试教学走进陈经纶中学，我们是以一种欣喜和期待迎接她。因为当"教育思想、学科专业知识、有效的经验和方法"构成经纶个性化教师专业发展的总内涵时，我们需要站在示范校的平台上，共同追求以个性化而非习惯化的方式自处，追求不以自己的经验和工作定式，不以自我为中心来表现错误的个性。平等的合作化心态，专业的个性化思想，开放的多元化课堂必将是经纶"减负、提质、高效"的素质教育标准落实的重要特征。课堂以一种怎样的方式呈现，学生的参与如何组织，课堂的效果如何评价——面对诸多难以整合的问题，我们期待着一种简约而成熟的新的课堂建构；我们需要她能作为经纶学子新的学习观——尊重老师、学习老师、质疑老师、超越老师的新的支撑。

2011 年 9 月，在全国两千多所尝试教育实验校如雨后春笋般在中国基础教育领域呈勃发之势时，邱学华校长带着砥砺四十载的"尝试教学法"走进北京，走进陈经纶中学。一份热爱，一种执着，一腔热忱，一种境界，我们被感动、感染，更多的是敬佩和仰慕。带着这种感情和渴望，嘉铭分校开始了适合经纶特点的尝试教学的探索和实践。

（十一）云南省峨山彝族自治县小街中学校长　姚金福

您应云南省玉溪市教科所邀请，全国第一个彝族自治县峨山彝族自治县教育局的聘请，不辞辛苦、辗转万里于 2006 年 8 月出任我校名誉校长，亲自指导并参与我校新课改的实践研究，3 年任期内整整来了 12 次。

授人以渔，胜过授人以鱼！您融尝试教学理论的实践性、可操作性为一体，确立了"以尝试教学思想为指导，以洋思经验为依托，以推行学案为抓手"的教学改革思路，为我校长足发展提供强有力的理论支撑和实践保障。

您在小街中学 3 年，把自己当作小街中学的一员，没有架子，不怕条件艰苦，协助学校制订规划，帮助教师备课，深入课堂听课、评课，更可贵的是不取报酬，是一位编外的义务校长。这 3 年使学校发生了巨大的变化，使我校教学成绩从名不见经传跃居全县农村初级中学第一名，实现了教师、学生、学校全面发展的目标。

（十二）山东省临清市第一中学校长　李彦军

自 1990 年前后，尝试教学法逐步在山东省临清市小学、初中推广，大量事实证明：尝试教学法能够有效地培养学生自学能力和创新精神，促进教育质量大面积提高。在此基础上，1998 年开始，临清一中结合本校实际，率先在高中引进尝试教学法，逐步形成了"临清一中尝试课堂教学模式"，并通过系列达标课活动、优质课评选活动、同课异构教学活动、教学论坛活动等形式推广。历经 10 年的实践，尝试教学法在我校取得了丰硕的成果：各科教学质量连年提高；教师的专业素养及教学能力不断增强；学校的教学管理水平大大提升。学校先后被评为"山东省教学示范校"

"山东省教育科研工作先进单位"。

在课堂教学改革取得成效的基础上，我校开始搞"大尝试"实验，把尝试教育思想引入到学校工作的各个领域，开始在德育教育方面开展尝试活动的探索，逐步提高学生的自主能力，促进学生的个性发展。

（十三）香港马鞍山圣若瑟小学 谢爱琼

尝试教学与活动教学都是一种反传统的教学思想。尝试教学起源于小学数学改革，主张先练后讲、先学后教，有具体可操作的教学步骤依循；而活动教学强调以"儿童为中心，从活动中学习"。在活动中教学，学生从中学习，也相当于从尝试中学习，但与尝试相比，仍然有所不同。尝试教学中，学生的尝试是紧密结合课本，不但发挥教材的示范作用，而且更要培养学生的自学能力，而活动教学过分重视学生的直接经验。

尝试教学与传统教学所做的对比实验十分多，理据充分，成效显著，说服力强；而活动教学在香港的试验只有 3 年就全面推行。尝试教学法是土生土长的，由下而上的、植根于国内经验，由点到面，逐步推广，并且不断有广泛的教师参与实验和应用；活动教学是吸收外国的经验，经试验满意后，由上而下推行的教学改革。

尝试教学与活动教学不是对立的，而是能够互相结合、互相配合、互相辉映、综合应用的两种有互补作用的教学法。

（十四）江苏省常州市聋哑学校 姚再卿

从 1985 年开始，常州市聋哑学校应用尝试教学法到现在已整整 10 年了。10 年来，我们从怀疑到尝试，从尝试到成功，教师喜欢用尝试教学法，课堂教学明显地活了，聋哑学生也喜欢尝试教学法，学习积极性大大提高了。10 年来的事实证明，尝试教学法完全适用聋哑学校。

在江苏省特殊教育会的支持下，聋哑学校应用尝试教学法的范围像滚雪球一样越来越大。首先在常州、南京、无锡、苏州的聋校试用，后来苏北和邻近的安徽、浙江等兄弟省市的聋校也纷纷前来参加教研活动。

10 年前尝试教学法就像春风一样吹进了特殊教育这块封闭沉睡的土地，许多聋校教师怀着改革教学方法的热情和积极性，解放思想，更新观念，按照尝试教学法的"五步六结构"的模式，改革了课堂教学结构，以学生为主体、教师为主导、练习为主线进行教学，提高了课堂教学的效率。

（十五）江苏省常州市北环幼儿园　李馨、徐冬妹

经过了一年的尝试，尝试教学法的应用得到了可喜的效果。

（1）尝试活动，转变了幼儿的精神面貌。许多幼儿一改过去任性、胆怯、懦弱、依赖性强的缺点，取而代之的是大胆、勇敢、独立，具有克服困难的能力。

邱学华在广西壮族自治区南宁市和孩子们在一起

（2）尝试活动，提高了幼儿的学习能力。幼儿通过尝试活动，操作技能提高了，主动学习的兴趣和探索的欲望增强了，上课爱动脑筋、积极发言的人数多了。

（3）尝试活动，提高了幼儿的生活自理能力。许多幼儿在家与在园都能做一些力所能及的事情，特别是自身的卫生工作（包括早晚刷牙、洗脸、洗手、穿衣、穿鞋等）。同时也能积极为集体劳动和服务。

（4）尝试研究，推动了幼教工作的改革，更新了教育观念。教师的教学水平也得到提高。

（5）尝试研究，转变了家长的教养观念。家长对幼儿不再是百依百顺或强制压抑，而是要求孩子去试一试。

（十六）西安石油学院教授　刘树信

在一次全国专业会议期间，笔者看了有突出贡献的中青年专家、尝试教学法的创立者邱学华先生的数学尝试法示范课，并多次交谈，深受启发。自己教改中长期思索而未能解决的问题，有了解决思路。

我在"电路分析基础"课拟定了"尝试法与传统法循环对比试验"教学方案，并征询了著名教育学家潘懋元教授，以及邱学华的指导意见。

尝试法优于传统法亦可由学生的切身体会与看法说明。试验结束时，任课教师组织了一次无记名评价。统计结果是这样的：认为尝试法比传统法"好"和"比较好"的学生人数超过了参加试验总人数的80%，特别是在提高学生的学习积极性、主动性，培养独立思考能力方面具有明显的优势。

评价时许多学生写出了自己的感受，大家要求继续实行尝试法，并加以推广。一位同学写道：学生对传统的填鸭式教学法已经受够了。尝试法把学生从被灌的被动状态拉出来，对发挥学生的能动性起很大作用，培养自学，为将来学习和工作铺平道路。另一位同学称：尝试法是一种科学的、系统的方法。大多数学生认为，尝试法可以促进学生的学习主动性、积极性，有利于培养自学能力和独立思考能力，便于抓住重点、难点，找出疑点。听课精力集中，记得牢，是一个好方法。

六、学生的评价

（一）福建省泉州市实验小学四年级学生　许盈盈

上课铃响了，邱学华老师走进来了。大家又紧张，又兴奋。出乎意料的是他一走进教室，就面带笑容地说："同学们好！"听到这亲切的问候，同学们一下子感到轻松多了，也活跃了。我原以为邱老师是一个令人敬而远之的大人物，一看，原来是一个可敬可亲的老师。

他对我们说："今天我们要学习五年级四步复合应用题……"我心头一惊：什么？五年级的？我们四年级的学生怎么会做呢？老师又接着说："但是我相信，四（1）班的同学能做好。有信心吗？""有！"大家信心十足地喊着。于是他出了几道题，让我们试做，还告诉我们分析应用题的两种方法：一种是相差关系比较，另一种是倍数关系比较。我们做题时不但要分清应用题有几个量，还要分析量与量之间的关系。

不知怎的，这几道题我都会做了。同学们也都会做了。老师趁热打铁，由浅入深，又出了几道题，我们对答如流。"会做这几道题还不算稀奇，还要会做更难的四步复合应用题！"老师说。听了这番话，我的心一下子跳到嗓门上去了。最后，我们还是懂了。我越发奇怪：我们怎么懂了……到现在，我才深深地体会到老师用的方法实在妙。他要求我们自己先尝试，让我们在实际解题练习中渐渐地掌握解题规律。这种方法，比死记硬背要有效果得多。

接着，我们又进行了应用题运算竞赛。虽然我们小组只得了第 3 名，但是，我们却挺高兴，因为我们学会了五年级的课程。

啊，这是多么有趣、多么生动的一节数学课啊！它给我留下了难忘的印象。

（二）河南省栾川县第一实验小学五年级学生　孙一迪

他身体微胖，面色红润，浓眉下深藏的一双炯灼的眼睛，那里面饱含着无边的慈爱，宽大的嘴角上，浮着意味深长的笑——这便是给我班上课的邱学华老师。

邱老师今年已经 68 岁了，说出来你也不信，看着他焕发的精神、稳健的步履、洪亮开朗的谈笑……谁能相信那是一个 68 岁的老人呢？……

9 月 22 日下午一点半，我和班上的同学一块去电影院上课。王玉玺用她那甜润的歌喉领唱了一首《小机灵的歌》，从同学们唱歌的神情与动作，可以看出同学们一点也不紧张。邱老师到了，台上台下掌声连成一片。邱老师穿着件白色上衣，走上台和老师同学们打招呼。上课了，邱老师首先自我介绍，然后又让我们对他随意进行提问。

"请问您高龄多少了？"啊！原来是马俊。

"你猜猜，小朋友！"邱学华笑眯眯地回答。

接下来成了"抢答赛"，"20 多！""30 多！"……"其实你们说得都不对……"话还没说完，"60 多！"贺锐锋最后一个说。好家伙！邱老师怎么有那么老？"对，我就是 60 多，你猜猜我有 60 几了？""大概有六十五六吧！""今年我正好 68！""68？哇噻！"我吐吐舌头，这时我忽然想起一个问题：他和我爷爷同龄，可他怎么看上去比爷爷年轻得多呢？"邱老师，请问您是怎样保持这种年轻、健康的状态呢？"我不假思索地问。顿时台下笑声传来，我竖起耳朵听，还夹杂着一些教师的掌声呢！

"噢？这个问题问得好，因为我这个人向来很乐观、很爱运动！"哇！多么巧妙而又直率的回答。接着邱老师又回答了同学们提出的问题。并且让我作自我介绍。

"上课！"随着我的喊声，同学们立即从交谈中醒过来。"邱爷爷好！"因为邱老师年龄大了，所以我们叫爷爷更亲切一些。邱爷爷一点击鼠标，屏幕上出现了"神奇的数字编码"这七个大字。邱老师先提问我们几个有关我国各大城市的区号和邮编的问题，同学们一个接一个地回答。正当我们想继续往下说的时候，屏幕上一连出现了许多电话号码。噢！原来是让我们说出每个电话号码分别是哪个城市，同学们都对答如流。神奇的数字编码是书上没有的，邱老师让我们从三部分了解：第一部分是电话区号码，第二部分是身份证代码，第三部分商品条形码。

当老师让我们自己编一个身份证号码时，我快速地在黑板上写"410324199101113008"。虽然我现在没有身份证，但是 18 岁时，我希望这个身份证号码正是我现在编的。

邱老师的课全部都是新方法，与以前老师教的大有不同。邱老师提出让学生大胆尝试，这样我们的认识才更清晰。我也懂得了数学原来和生活这样贴近。可以肯定地说："学好数学不是想象中的那样难。"还可以说："数学是思维的体操；数学是逻辑的修炼；数学是时空的艺术；数学是智力的阶梯……"

这一短暂的相识，将会成为我永恒的记忆！

（三）山东省济南市燕山中学初中二年级学生　王　鹏

我十分喜欢邱老师给我们班讲的《平面直角坐标系》那堂课。我认为，不论从课堂气氛还是整节课的效果上，这都是一节很不错的课。

这堂课气氛活跃，我们被老师调动起学习的兴趣，全身心地投入进去。既让我们轻松愉快地做游戏，又学到了平面直角坐标系的知识，不能不说是一节愉快而成功的数学课。这堂课上得好，主要是由于邱老师的教学方法新颖。先让我们自学，使我们对这堂课的学习内容有了大概的了解，在课堂上老师没有长篇大论的讲解，而是让我们讨论，提出问题，特别是通过游戏让我们做练习，实在让我们兴奋不已。能够这么轻松地上一堂课，又学会了不少数学知识，这是我们期待已久的好事。

（四）大连师范学校三年级（1）班学生

我们是通过《师范教育》这本杂志认识您的。读了您的事迹后内心很受感动。因此，我们一致认为您就是我们寻觅的"偶像"。

我们还有几个月就要毕业了，但心里总不踏实，因为我们虽然知道上好第一堂课很重要，但不知从何下手。还有，怎样才能处理好师生之间的关系？只有严厉才能树立起教师的威信吗？另外，您是怎样安排一天的时间的？您只有工作，没有业余生活吗？

我们知道您很忙，但您若能抽出一点儿时间给我们回一封短信，我们将终身感谢！

（五）澳门大学小学教育学位课程专业四年级学生　姚　伟

在听毕邱学华老师的讲座后，对邱老师好学不倦的数学教学探究精神实在感到敬佩不已。讲座上，邱老师以轻松幽默的手法，将他累积多年的教学经验及研究心得跟与会者分享，令澳门的教师获益良多。

"要学生学好数学，首先要使学生喜欢数学。"这一点大家都非常认同。若学生喜欢数学，对教师可说是一件乐事。相反，假若学生因常常体验到不愉快的学习经验而对数学科产生恐惧，日后当其他的教师无论再如何竭尽所能，可能也是事倍功半，也可能不易改掉学生害怕数学的事实，教学对于这些教师来说也成为了一件苦事。当然，要学生喜欢数学，那就要看教师的本事了。

至于学生的"双基训练"也是非常重要的，但本组认为"双基训练"应由教师开始，包括加强基础数理知识训练及教学能力的训练。

邱老师所提倡的"尝试教学法"对提升学生的自学能力及探究精神实在不可置疑。当然，要将这套教学法引进到澳门的学校，也要视乎学生对数学的学习与兴趣是否浓厚，数学双基训练是否恰当，同时因为要照顾学生的个别差异问题，所以也要考虑每个学生的自学能力是否足够去适应这套新式教学法。

总括来说，邱老师今次到澳门的讲座，实令本地的教师得益不少，有助于大家今后对数学教学的反思。

（六）内蒙古自治区阿拉善盟左旗教研室　王旗荣（蒙古族）

我这个只有初中文凭的普通牧民的儿子，在偏僻简陋的山村牧区简易小学成长为阿盟（市）小学数学学科带头人、全国优秀教师，教改实验能够长期取得优异而又稳定的显著成绩，其实质和动力是什么？究其原因就是邱学华老师的亲切教诲和尝试教学理论思想的指导。尝试教学研究不断深化发展，鼓舞我发奋上进，长期坚持教改实验。20 年来，尝试教学法经历了有指导的尝试原则，尝试教学理论，到今天的尝试创新教育。我的教改实验也和尝试教学同步发展，步步深入。尝试教学法已成为我们阿拉善盟各民族学校教师最乐于接受，最受欢迎的教学方法。

回眸我自己成长的道路，总结我的教改实验工作，蕴含着邱老师的心血、关注和崇高的品德。最难忘的是 1984 年春季，我抱着试一试的心情向邱老师发出了第一封请教信，没想到他并没有放弃我这个连初中课程都没有学完的山村牧区学校的普通（蒙古族）教师，立即回信，解答了我所请教的问题，并寄来了书籍和实验资料，鼓励我努力工作，进行教改实验。1985 年又邀请我到常州参加培训学习，由于路途遥远，当我赶到常州时，培训班早已结束。邱老师只好在旅店给我一人讲解什么是尝试教学法，如何操作尝试教学法，又在常州师范学校他的办公桌前教我如何备课、讲课。还陪我进商店，逛公园。有幸的是 1987 年 7 月邱老师顶着烈日，冒着酷暑，千里迢迢应邀来到我们祖国大西北的边陲小镇巴音浩特为阿盟地区义务讲学，上示范课。为我修改教案，指导我怎样撰写实验报告等。并且不辞辛苦、风尘仆仆地到我所任教的不足百名学生的山村牧区简易小学进行考察。邱老师的一言一行，一举一动，充分体现了他极其高尚的情操，激励我不断进步，努力工作。我为有这样的导师感到光荣和骄傲，他真不愧是教育战线的"活雷锋"。

（王旗荣：全国优秀教师、内蒙古自治区优秀教研员、阿拉善盟特殊
贡献奖获得者，小学数学学科带头人，中学高级教师。）

（七）江苏省张家港市东昌小学　蔡正清

我爱戴的老师是邱学华老师。邱老师是江苏省第一批特级教师之一，全国著名的小学数学教育家。他给我的印象是中等身材，黑红脸膛，敦厚朴实，永远充满着青春活力。他有南方人那种聪明才气和战无不胜的人格魅力，又有北方人那种强壮的体魄和开朗豪放的气质。他不像有些功成名就的名家一样摆架子，为人随和，健谈而且幽默。已有 66 岁的他，精力仍然很充沛，边做学术报告，边作示范教学。去年 4 月在上海举行的"全国新世纪小学数学创新教育学术报告会暨特级教师课堂教学艺术观摩会"上，我又一次领略了他的大师风采。这次他以给我报销差旅费，免收资料费、会务费等，一切费用由他支付的待遇，情真意切地让我作为特邀代表出席了这次盛会。

他是我的向导，从 20 年前就开始了。1979 年 2 月，我从田埂上走上了三尺讲台。我校是市财政局新建的一所学校，教师都是高中毕业的农村青年，没进过师范的门，既无教育理论，又无实践经验，我们就边教边学。我每次到外地听课学习，都要跑书店，自购的第一本语文教育专著是斯霞的《我的教学生涯》，第一本数学教育专著就是他写的《怎样教小学数学》。20 世纪 80 年代初《福建教育》开辟的"教师进修之友"栏目，几乎每期都有他作的讲座。我觉得他写的文章思想新，方法好，信息量大，能解决教学中的实际问题。也许是命运，我同他结下了不解之缘。1984 年他到我市妙桥镇来讲学，我冒着大雨骑着自行车去听他讲小学数学尝试教学法。从那以后，我开始运用尝试法进行教学实验。

两千多年前，我国著名教育家孔子，周游列国，收弟子三千，其中只有七十二贤。而邱老师周游全国，传道、授业、解惑，培养骨干，弟子达 50 多万，其中佼佼者何止万千。我可算他桃李满天下中的一名普通代表。

在我成长的道路上，是他给了我无私的关怀和真诚的帮助，与他交往，听他教诲，似春风化雨。我将深深地把恩师对我的每一份期望铭刻在心。

（八）湖南省龙山县第二中学　鲁开国（土家族）

1984 年开始，我担任高中数学教师，很多人劝我在高中不要搞实验了。万一升学率上不去，会有很大风险。我想，小学生都能尝试，高中生难道就不能尝试了？

我坚信尝试教学的普遍性，继续在高中数学教学中试验，打破"高中不能搞教改"的神话。

由于在实验中遇到许多问题，我急于向邱学华请教，千方百计寻找邱学华的地址。1984 年下半年，刘校长把我带到湖北，参加鄂州市中学数学教学年会，我向大会宣读了我应用尝试法在初中数学教学中的显著成绩。在这里意外地发现鄂西州小学的尝试教学法应用的成果已选入《鄂西教育》，并惊喜地找到邱老师的地址，我高兴地带着"邱学华"老师满载而归。我开始同邱老师通信，很快就收到邱老师的回信。信中写道："开国，您好，看到您的来信十分感动，您为研究尝试教学法吃尽辛苦……"字字句句，令人感动。

以后，邱老师经常寄图书资料给我。

1989 年尝试教学法实验班理科高考数学均分为 63.54 分，超自治州均分 6.6 分。学生陈武焕以数学 108 分（满分 120 分）考入上海交大，用它打破了"高三毕业班不能搞教改"的思想框框，1990 年 9 月，我接任高二文科班时数学平均分仅 40.5 分，时过一年，高三全省毕业会考，这个实验班平均分高达 82.8 分，令师生惊叹！1996 年高考全县文科状元及数学单科第一名均出自尝试教学法实验班门下。这再次向世人宣布，尝试教学在中学数学教学中有巨大作用。我与邱学华相知在频频的书信交往中，十年来每每接到邱老师的鼓励、赞许和安慰。使我感受到无论遇到多大的困难，都不能动摇，要坚持实验和研究。

1995 年 7 月，我多年来的愿望实现了，我在西安同邱老师见面了。我克服了种种困难到西安参加尝试教学理论讲习会。在会上我直接聆听了邱老师的尝试理论讲座，亲眼看到老师的和蔼可亲，深深体会到了老师的创造精神及踏实的工作作风。邱老师亲自安排我向 1000 多名中小学领导和教师介绍运用尝试教学法坚持十年所取得的成绩，并向与会人员带来尝试教学理论能在中学得到成功的希望。

时间过得真快，我追随尝试教学法和邱学华近 20 年了。邱学华先生用如此长的时间培养了我，一个人如果没有对事业的追求，对人的真诚帮助是很难做到的。我从农村中学的教书匠成为科研型的教师，同邱先生的引导和帮助是分不开的，从中可以看出他的高尚品质和人格的魅力。

（九）广东省深圳市福田区教育研究中心副主任、特级教师　黄爱华

邱学华，一个平凡的中国人的名字；尝试教学，一种不平凡的全世界的财富；邱学华和尝试教学联系在一起，便是榜样和力量的完美结合。

学华（中）和两位弟子黄爱华（右　广东省特级教师）林良富（左　浙江省特级教师）共同参加 2004 年教育部数学教育高级研讨班

1992 年，我有幸成为邱学华老师的"弟子"，从此便与邱学华老师结下了不解之缘。在十几年的交往中，已记不清跟邱老师有过多少次的心灵碰撞，但却能清楚地记得在一次次心灵撞击之后我对"尝试教学理论"会有更加深刻的理解。因此，作为邱学华老师的学生，更作为一位较早的"尝试教学理论"的实践者，对"尝试教学理论"的热爱就不言而喻了。我想，一种理论受追捧抑或是一种方法受关注，人们关心的不外乎是它能解决什么问题，可以在多大程度，多大范围内解决问题。"尝试教学法"之所以能引起教育界众多有识之士的青睐，这首先依赖于"尝试教学法"与现代教学观念相吻合，倡导通过学生亲身实践与探究获得知识、提高能力，把学生的发展作为终极目标；其次，"尝试教学法"适用面广，从学生范围上来看适

用于小学、初中、高中、大学，从学科分类上来看适用于文科、理科、综合各科。

　　二十载春秋弹指一挥，邱老师像对待自己的孩子般呵护着"尝试教学理论"，为此所付出的艰辛与困苦个中滋味只有他才能体会。面对这样一位视"尝试教学法"为自己生命的全部的智者、强者，我们又能说什么呢？我们只能从心底里默默地为这位古稀之年的教学"新秀"祝福，愿他与他割舍不下的尝试教学理论一起"茁壮成长"。记得邱老师曾赠予我四句话，与其说是勉励我的，倒不如说就是邱老师本人的真实写照，写于此与各位共勉：

　　抛开世事浮华，不负人生年华，任凭岁月蹉跎，看我有益天下。

　　邱老师是一种榜样！
　　尝试教学理论是一种无穷无尽的力量！

（黄爱华，广东省深圳市福田区教育研究中心副主任、广东省特级
教师、深圳市十大杰出青年，曾获广东省南粤教师
特等奖，全国小学数学课堂教学一等奖）

附　录

读《邱学华与尝试教育人生》有感选辑

　　《邱学华与尝试教育人生》出版后，引起教育界的关注，受到读者的欢迎，在网上纷纷发表评论，在"google"中搜索"读《邱学华与尝试教育人生》有感"竟有65500条。山东省青岛市教育局把该书作为必读书目推荐给教师，《青岛教育》开辟"读书沙龙"专门讨论这本书。以下摘要刊登几篇作为附录，以供参考。

　　在书房柔和的灯光下静静捧读《邱学华与尝试教育人生》，一种由衷的敬佩之情油然而生。在江南水乡这片人才辈出的热土上，邱学华老师用他的毕生精力与全部才思所培生出来的尝试教育，像燎原之火一样，点燃了基础教育领域内原生创新——尝试教育——的革命，推动着我国基础教育的创新、改革与发展。这实在是一件非同小可的丰功伟业，因而理当是我们所应深深尊敬与认真研学的宝贵思想资源。

　　基于对教育的无限热诚，依据尝试的教育信念，在长期的一线教育教学的实践探索中，经过理论升华，邱学华建构起了自己的基础教育教学理论——尝试教育。他坚信，学生能在尝试中学习，在尝试中成功，在尝试中创新，只要敢于尝试，学生就能在已知的基础上自主探索未知并最终获得新知。按照这一认识论，邱学华数十年潜心研究，以其不倦的躬亲实践，乐此不疲地进行尝试教育的实验，并最终取得了成功——使尝试教学法成为当代中国著名的教学流派之一。

　　坚持原生性的创新，是邱学华尝试教学法的这一理论建树的一大特色。在国内教育领域崇洋之风盛行的当今，邱学华立足于我国的本土实践，从实践出发提炼教育理论，着实令我们感动与敬佩。尽管他没有那些理论知识素养与思维功底深厚的象牙塔中的教育学研究者的权威背景，然而邱学华凭借对教育的信仰和执着的坚持，在博采众长的基础上，结合我国教育教学的实际，创造性地提出了尝试教学法这一崭新的教学理论，并成功地推广开来，使众多师生受益匪浅。这样的草根式的不懈努力，正是我国目前教育界所缺乏的。一如中国教育学会会长、北京师范大学教授顾明远先生在评价邱学华尝试教学法时所言，教育实践是教育理论的源泉，这正好印证了马克思主义教育哲学所主张的教育理论与实践观。

邱学华深信实践出真知这一颠扑不破的真理。在风风雨雨的数十载教育教学的丰富人生历程中，他不但深入教学实际，而且还自己亲自参加教学实验，在教学第一线获得了尝试教学法的许多第一手的宝贵材料。在从事尝试教学法的实践探索的过程中，他从未停止过对其进行理论探究。理论与实践相得益彰的完美结合，结出的硕果便是广为各家各方所称赞的尝试教学。正如他所云："我深信，教育实践是教育理论的源泉，因而我始终没有离开讲台。我的许多新方法、新思想，都是在教育实践的过程中萌发出来的。"在当今这个浮躁与理论虚华的时代，这是一种非常值得我们学习的难能可贵的教改精神。

《邱学华与尝试教育人生》一书客观地全程记录了邱学华与尝试教育的风雨路程，也无声地记载了他的尝试教育人生。掩卷沉思良久，蓦然醒知，我辈当以邱学华前辈为师，在每天的教育教学过程中以"尝试"的精神书写人生的精彩华章。但愿我们的国家能够涌现出更多的如邱学华式出类拔萃的原生教育创新者——此乃学生之幸，教师之盼，国家之福。

——肖川等

前一段时间由于做课题需要写读后感，一直想寻找关于小学数学教育方面的书籍来阅读，在网上看到了有不少网友推荐《邱学华与尝试教育人生》这本书，邱学华何许人也？我有点好奇，既然大家都说这本书好，那就看看吧！

读了这本书后，我才了解了邱学华其人。邱学华，我国尝试教学理论的创立者，为搞尝试教学实验研究，进行了长达二十多年的教学实践，吸收中外教育理论精华，创立了尝试教学论，成为现代教育史上著名的教育家。

这本书最让我感到震撼的是邱学华对教学永不满足的精神。他16岁时开始在一所农村小学当代课教师，因工作出色，20岁时又当上了中心小学的校长。当小学教师的第5年，他为了研究小学教育，决定考大学。于是他白天教学，晚上自学借来的高中课本，终于考上了华东师范大学教育系。在上大学时，主编了30多万字的《小学算术教学法讲义》。毕业后，留校教授《小学算术教学法》，他一边当大学教授，还一边到华东师大附小讲课，进行算术教学改革实验，走上了理论联系实际的教研之路。这条路一走就是 50 多年，尽管这期间他和他的理论曾遭受质疑，在"文化大革命"中眼看就要被迫中断教学研究，他到一所农村中学主动要求教数学，主要原因就是不离开讲台，离他喜欢的小学数学更近一些。但是他在数学方面的基础只有高一的水平，为了教好学，他总是先自学例题，看懂了再做练习，这样他就能了解难点，知道如何突破难点，并且把自己的自学方法教给学生，于是有了"先练后讲"这一尝试教学法的雏形。"文化大革命"后进入常州师范学校教学，1980 年创办了全国第一个"小学数学教学研究班"，并且以研究班为依托，正式进行尝试教学的实验研究，在他 1983 年成为这所师范学校的校长后，不但给教师、师范生上课，还给小学生上课。也是为了更好地进行尝试教学理论的研究，1988 年他辞去常州师范学校校长的职务，成了一名专职教研员，开始到全国各地宣讲尝试教学法，指导实验工作。每到一地，他总是先讲学，讲尝试教学法理论，再借班运用尝试教学法上示范课，使教师清楚地看到尝试教学法在课堂教学中是如何操作的，得到听课者的一致赞同，使得尝试教学法很短时间内，在全国的幼儿园、小学、中学、大学、特教学校都得以推广应用。

了解了邱学华不断追求的人生，我感觉到很惭愧，邱学华和他的尝试教学法已 20 多年经久不衰，可我却现在才知道，所以我从中意识到：人，特别是教师，精神上应该有点追求，不管是在教育教学方面还是在教育理论方面，都应该不断学习，充实自己，提升自己，不去主动学习，就会落后于时代，将被时代所淘汰。

——江苏省徐州市姚庄小学　史先玲

利用假期我细读了《邱学华与尝试教育人生》。邱学华勤奋敬业的教育与教学实践，满腔热情执着与教育教学改革，全面系统的教学法实验，富有创意的教育理论升华，综合展现了教学实践与教学理论融为一体的人生经历，使得他实现了由教师向教育家的自然转型，也为教育界提供了教育家成长的典型范例。

邱学华的尝试教学法特征是"先试后导"，"先练后讲"，这也是尝试教学法的精髓所在。在学生有一定的旧知识的基础上，在教师讲授新授课的时候，就可以利用尝试教学法来逐步地引导学生，让学生利用已知，加上自己的思考，再加上同学之间的讨论，初步得出一个结论。然后，通过我们教师的正确引导，令学生明辨结论的对错，从而使学生们真正地牢记所学的知识。接着，通过练习，让学生通过实践，巩固所学知识，使其学习更加扎实。最后，教师再做一个简短的总结，可令学生的头脑更加清晰，以达到最佳的学习效果。

邱学华尝试教学法的好处很多，不但可以让学生养成课前自学的好习惯，令学生对所学新知更加清晰地掌握，还可以充分地调动学生的积极性，令其对学习充满兴趣，激发学生们的尝试精神、探索精神和创新精神。我也从中感受颇深。

今后在教学中我将以此为鉴，改变思想上的传统观念，不断学习，努力提高自身的教学水平，从以前固定思维的"先讲后练"，去尝试"先练后讲"，按照我们教学需要和所教学生的自身特点，加以适当的变化，充分发挥学生的主动性，让学生学会尝试，以此达到教育的最终目的。

——新华小学　闫春华

自这月开始读《邱学华和尝试教育人生》这本书。感慨颇多。

这是一个需要教育家的时代，中国有过举世公认的孔子、孟子、韩愈、朱熹、陶行知、蔡元培等著名教育家。他们凝聚着民族智慧的教育思想。需要我们继承，创新和发展。

这是一个产生教育家的时代，党和国家的教育政策，广阔的教育领域，为教育家的成长提供了施展才华的巨大空间。全面实施素质教育的创新实践，为教育的成长提供了用武之地。

邱老师的这本书我才读到了89页，但是我却被邱老师的精神所感动，尤其是他的"尝试"，我感到尝试的重要意义，关于尝试，邓小平高度概括成一句通俗易懂的话，"摸着石头过河"意思是，要知道河的深浅，不要站在岸上看，要亲自去尝试，摸着石头过河。正是这句话，他带领全国人民走上了改革开放的道路，建设有中国特色的社会主义道路。

尝试既然这么重要，为什么不把尝试思想引进到教学活动中来？尝试教育的最初做法，是在课堂上面，先不要讲解，而是大胆的让学生试一试，做对了很好，做错了也无妨，学生尝试后，教师根据学生在尝试中存在的问题在进行针对性地讲解。结合邱老师的教学方法，今后我会进行大胆地尝试。

　　读邱老师的书，获益匪浅。今天就先写到这儿，今后我会将理论联系实际，将我的课堂发展成师生互动，生动有趣，人人爱听的好课堂。

　　眼看新马腾空日，坐待黄龙痛饮时。邱学华，尝试教育人生。用梦想去点缀绚丽的教育事业。

——河南省郏县城关一中　吕慧艳

　　利用暑假，我细读了《邱学华与尝试教育人生》一书，让我感受颇深。此书记录了邱学华与尝试教育的风雨路程，综合展现了教学实践与教学理论融为一体的人生经历，读完后一种敬佩之情油然而生。邱老师满腔热情执着地进行教育教学改革，全面系统地进行教学法实验，使得他由当年只有初中文化让人不放心的小老师，成为今天的教育家，实现了由教师向教育家的转型。邱学华老师用他的毕生精力与全部才思所培育出来的尝试教育，是值得我们深深尊敬与认真研学的宝贵思想资源。

　　邱老师16岁时是高中一年级的学生，但因家庭经济原因而辍学。但他没有被命运折服，而是积极地面对人生，抛开自己的梦想，到常州陆桥的一所中心小学当教师。单单这一点，就让我非常佩服他，很多人面对困难时只会自怨自艾，不肯面对现实，不懂得迎难而上，因而一蹶不振，这样的人注定要失败。我们应该像邱老师一样，能屈能伸、直面人生。虽是学历不高，但邱老师为人勤恳，想了很多方法教学生：模仿其他教师；听老教师讲课；有问题请教其他教师；到书店寻找各种有用的参考书……通过种种努力，邱老师工作不久就获得学生的欢迎，且教学效果显著，因而很快被提拔为教导主任。四年后，在他二十岁时，被提升为中心小学的校长。邱老师并不满足于这点成功，为了深入钻研教育，为了能提高学生的学习成绩，邱老师决定考大学，以便学习更多的教育理论。通过努力备考，邱老师考进了华东师大教育系，走进了研究教育的大门，也走进了成为教育家的大门。他这种坚持不懈，肯钻研，肯吃苦的精神深深地感染了我。

　　掩卷沉思，我深深地被邱学华老师一生的尝试精神所折服，记得有一句话说："高明的教师引导学生走路，笨拙的教师牵着学生走路，无能的教师代替学生走路。"在学习了有关尝试教学法理论的基础上，我也在实践中尝试运用，力图和"基于教学案形式下的自主学习型高效课堂"有机地结合起来，提高课堂教学的效率。此外邱学华的人格魅力也使我赞叹不已，我坚信，只要向邱学华那样孜孜不倦执着于教学，自己的课堂教学水平一定会一步步提高。

——江苏省常州市武进区湖塘实验中学　胥红芬

邱学华先生以尝试教育研究书写了一段传奇。

从少年煤油灯下苦读，到华东师大里博采众长，从助教岗位上的潜心钻研，到中学讲台上的实战演练，再到教科所里的专职研究，邱学华的教学生涯就是尝试的历程。

半个多世纪的耕耘，他为我们呈现了一片生机勃勃的愿景，也将奋斗实践的激情注满每个人的心间，在古今中外教育苑囿里寻找属于自己的那个坚固支点——先练后讲、先试后导，众人赞誉他"有胜于古，有胜于洋"。邱学华就像那浑厚悠远的晨钟，呼唤出教育天空下美妙的一缕黎明……

"古人学问无遗力，少壮功夫老始成。纸上得来终觉浅，绝知此事要躬行。"陆游对侄儿的谆谆教诲恰恰阐释了邱学华先生对教育的不懈追求——摒弃急功近利，摒弃喧嚣浮躁，让教育之花沉静绽放。

朱永新说：在中国教育界，有一位创造了许多纪录的长者……这位不知疲倦的长者，走遍祖国大江南北，山山水水，他做过数百场报告，上过数百场公开课，他有三千万学生，六十万弟子？他就是邱学华老先生。

"衣带渐宽终不悔，为伊消得人憔悴！"也许没有这一片痴心，就不会有这份传奇。

——山东省青岛市中心聋校　刘美芸

第一次阅读《邱学华与尝试教育人生》是在两年前，当我在阅览室无意中翻看这本书时，就被邱学华老师对教育的执着、对课堂的热爱及其新颖的尝试教学理论所深深折服，一口气将书读完，却意犹未尽，多次翻阅之后，这本《邱学华与尝试教育人生》便成了我的案头书。不仅如此，我还将书推荐给学校老师们阅读，曾经有一段时间，邱学华和他的尝试教育成为大家谈论的话题。

　　其实，之所以对这本书如此情有独钟，在我的心底还有另外一种情愫。两年前，学校新一轮的三年规划即将启动，是墨守成规还是敢于尝试，是拿来主义还是开创一条自己学校的发展之路，当我还在举棋不定的时候，这本《邱学华与尝试教育人生》给了我答案，它让我明白了，只有敢于尝试，机会的大门才会向你敞开。可以说，《邱学华与尝试教育人生》伴随着三年规划的不断推进与我们一路同行，每每遇到困惑，就拿来这本书翻翻，书中的智慧帮我们解决了不少工作中的问题，真正成为大家的"良师益友"。

——山东省青岛市台湛路小学校长　邱　涛